保育者・教育者になる人のための
特別支援教育
―当事者の声を聴く―

小林芳文 監修・著　武藤篤訓 著者代表

萌文書林
Houbunshorin

はじめに

　このテキストを開いている皆さんは、これから保育士や教員になろうとしている人が多いでしょう。保育士や幼稚園教諭を目指すのに「特別支援教育」をどうして学ぶの？　という疑問をもつ人も多いのではないでしょうか。

●

　筆者は、生まれつき脳性小児麻痺を有する保育者養成校の教員です。もっと詳しくいえば、言語障害と運動障害をもっています。そのため、教員免許を取得し教員採用試験を受験するものの、当時の教育委員会は「障害をもった教員が教壇に立った前例がない。子どもたちの危険を回避できない」との理由で、「受験は認めるが。採用される可能性はほとんどない」と言い、受験はしたものの当然不採用という結果でした。

　皆さんは『ぼくたちのコンニャク先生』（写真・文：星川ひろ子、小学館、1996）という写真絵本を知っていますか？　このコンニャク先生は、近藤先生という方で、筆者と同じく先天性脳性小児麻痺をもつ保育士です。歩くことも話すことも十分できないのですが、なぜか子どもたちに慕われているのです。足で絵を描いたり、マジックテープをつけたりして、子どもたちからは「この先生はすごい」と思われているのです。このような例からも障害をもっているから、教員や保育者になれないということはないでしょう。大切なのは、子どもたちを想う気持ち、自分らしく生きている姿を子どもたちに見せているからこそ、子どもたちは、その人についていくのだと思います。知的障害をもつ子どもが優しくスキーの指導をしてくれたことがあります。そんな彼らを当時のマスコミは「心の遅れた人」と表現していたのです。私たちのどこかにそうした思い込み・偏見・優越意識はないでしょうか？　障害をもっていても、いなくても、個性や欲求は人さまざまなのです。金子みすずさんの詩「私と小鳥と鈴」では、「みんな違って　みんないい」と書かれていますね。

このテキストでは、障害をもっている当事者たちの声をたくさん紹介しています。それは、障害についての知識だけでは「私たちと違う人」「助けてあげる人」という気持ちを生み出しかねないからです。同じ人間として対等に生きるためには、相手のことをよく知ることが必要でしょう。保育士や幼稚園教諭を目指す皆さんには、そんな気持ちを大切にしてほしいと強く願ってのことです。

　それとともに、保育者はやわらかでしなやかな感性と、どんな子どもにも対応できるやわかな実践力が必要でしょう。ピアノでも、絵本でも、手遊びでも、相手に合わせて行うことができなければ、現場では役に立たないでしょう。皆さんのしなやかな感性と表現力を使って、目の前にいる子どもや利用者たちが「どうしてこんなことをするの？」「どうしたらもっと楽しく過ごせるの？」と考えるのが、このテキストのねらいでもあります。

　また、このテキストでは、さまざまな子どもたちに対応できる遊び心をもった保育者になれるよう、そのヒントもたくさん書いてあります。全国の保育者養成校の先生方に執筆していただくとともに、現場の保育士や幼稚園教諭、介護福祉士、障害の当事者や家族の方など、さまざまな方の声を取り入れています。本書を踏み台にして皆さんが素敵な保育者になれるよう、ともに学んでいきましょう。

2024年12月

執筆者を代表して　武藤　篤訓

・本書の事例やその解説に記述されている人名については、すべて仮名です。あらかじめご承知おきください。
・その他、記載された会社名および製品名は、各社の登録商標または商標です。なお、本文中では、™、©、®マークは明記しておりません。

目　次

はじめに …………………………………………………………………………… ii

第1部　障害と当事者、その保育・教育を理解しよう

序　章　障害ということ

1. 障害ってなに？ ……………………………………………………………… 2
2. 障害は状況による ……………………………………………………………… 3
3. 障害の捉え方 …………………………………………………………………… 4
4. 保育実践における障害の捉え方 …………………………………………… 12
- Column① 　人との関係で変わる課題の見え方 ………………………… 16
- Column② 　障害当事者のきょうだいから見た「発達障害」について ……… 17

第1章　特別な支援ニーズの子どもと インクルーシブ保育・教育

1. 障害のある子どもの保育・教育について ………………………………… 18
2. インクルーシブ保育・教育って どのような支援や課題があるのだろう …………………………………… 24
- 【事例1】自閉症の子どもをもって　―成長を支えてくれた保育― ───── 26
- Column③ 　肢体不自由を支えた楽しい活動 ―健太、ひまわりのように― …… 30
- Column④ 　君は見学でいいよ ……………………………………………… 31

第2章　障害児・者の歩んできた道

- ❶ 古代・中世の障害児・者の歩んできた道 …………………………… 32
- ❷ 近世の障害児・者の歩んできた道 …………………………………… 35
- ❸ 明治維新の社会の転換と障害児・者 ………………………………… 37
- ❹ 障害を持った人の活躍 ………………………………………………… 38
- ❺ 近代社会における障害者施策 ………………………………………… 40
- ❻ 障害のある子どもの保育・教育の展開 ……………………………… 41
- ❼ これから保育者になる皆さんへ ……………………………………… 45

第2部
障害のタイプと子どもや保護者の思い、その援助を理解しよう

第3章　肢体不自由児・者の思いと理解・援助

- ❶ 肢体不自由の理解 ……………………………………………………… 48
- ❷ 肢体不自由のある生活の理解 ………………………………………… 50
- ❸ 肢体不自由児（者）・親の思いへの理解 …………………………… 52
  - 【事例1】親の手記：肢体不自由のある子どもを育てる親の気持ち ── 53
- ❹ 保育における援助と配慮 ……………………………………………… 54
- ❺ 遊びの工夫・援助 ……………………………………………………… 57
  - Column⑤　ともに育ち合うとは　─Nくんの存在が2時間で友達を変え、
  　　　　　　1年間で大学生の人生も変えた─ ……………………………… 61

第4章　視覚障害児・者の思いと理解・援助
　　　　　─視覚障害と感覚─

- ❶ 視覚の成り立ち ………………………………………………………… 62
- ❷ 視覚障害の主な眼疾患と見え方 ……………………………………… 68
- ❸ 視覚障害児と発達 ……………………………………………………… 72

④ 視覚障害児・者への援助　―合理的配慮― ………………………… 75
⑤ 視覚障害者への接し方 ………………………………………………… 75
Column⑥　視覚障害を持つ子どもとして園に通った日々の思い出
　　　　　―専門家やボランティアと連携していただくことの大切さ― ………… 79
Column⑦　視覚障害（全盲）の親の子育てと保育所
　　　　　―対話を通して個別のニーズを知っていただける喜び― …………… 81

第5章　聴覚障害児・者の思いと理解・援助

① 聴覚障害とは ……………………………………………………………… 84
② 聴覚障害をめぐる当事者の思い ……………………………………… 88
③ 聴覚障害児への保育における配慮 …………………………………… 90

第6章　知的障害児・者の思いと理解・援助
　　　　―知的障害の理解とその世界―

① 「知的障害」とは何か？ ………………………………………………… 94
② どうしたら個人の具体的なニーズを把握できるのか？ …………… 99
③ 特別支援学級に通わせる子どもを持つ親の声 ……………………… 101
④ 「知的障害」のある子どもの特性の把握に向けて ………………… 104

第7章　発達障害児・者の思いと理解・援助Ⅰ
　　　　―自閉スペクトラム症の理解とその世界―

① はじめに　―自閉スペクトラム症とは― …………………………… 110
② 自閉スペクトラム症の歴史的変遷 …………………………………… 111
③ ASDの子どもと養育者の状態像について …………………………… 113
【事例1】生後3か月のAと母親 ───────────────── 114
【事例2】1歳6か月のAと母親 ───────────────── 117
【事例3】2歳4か月のAと母親 ───────────────── 120
【事例4】3歳9か月のAと母親 ───────────────── 121
④ ASDと問題行動 ………………………………………………………… 121
⑤ おわりに　―自閉スペクトラム症の子どもと関わる― ………… 122
Column⑧　「好き」から始まり仲間とともに育ちあう関わりを ………… 125

第8章　発達障害児・者の思いと理解・援助Ⅱ
―注意欠如多動症・限局性学習症の理解とその世界―

- ❶ 発達障害と感覚特性 ………………………………………… 126
- ❷ ADHDの子ども ……………………………………………… 127
- 【事例1】おいしそうな桃とコウちゃん ――――――――――― 127
- 【事例2】不注意優勢のレンちゃんと多動・衝動性優勢のアオイちゃん ― 128
- 【事例3】気持ちをおさえること・伝えること ――――――――― 132
- ❸ LDの子ども …………………………………………………… 133
- 【事例4】字がうまく書けないけど……保育士を目指すサトウさん ― 133
- 【事例5】努力してもできない……自信を失ったイトウさん ――― 136

第9章　保護者の思いと支援、関係機関との連携

- ❶ 保護者とのかかわりを考える ……………………………… 140
- ❷ 保護者の思いを想像する …………………………………… 141
- ❸ 親子を支えるシステム ……………………………………… 143
- ❹ 障害告知後の保護者の思いを想像する …………………… 144
- ❺ 診断を受けることと保護者の思い ………………………… 147
- ❻ 親子を支えるさまざまな機関の連携 ……………………… 148
- ❼ 保護者との信頼関係を深めるために ……………………… 149

第10章　発達支援のしくみと個別支援計画

- ❶ 発達支援の歴史と考え方 …………………………………… 152
- ❷ 障害児通所支援の種類としくみ …………………………… 153
- ❸ 発達支援における個別の計画 ……………………………… 158
- 【事例1】Bくん親子の障害児支援利用計画書 ―――――――― 159
- 【事例2】個別支援計画の作成 ――――――――――――――― 162
- Column⑨　明日が待ち遠しいと思える保育へ ……………… 167

第11章　多様な支援を必要とする子どもの思いと理解・援助　—貧困・虐待・外国につながりのある子・性別違和等の子—

- ① 多様な支援の必要な子どもとは ……………………………………… 168
- ② 貧困と子どもとその家族について …………………………………… 168
- ③ 子どもの虐待とその影響 ……………………………………………… 171
- 【事例1】ネグレクトが疑われる障害のあるAくんとその家族 ───── 176
- ④ 外国につながる子どもの保育 ………………………………………… 177
- 【事例2】外国からきた子ども　—多文化化する保育園— ───────── 178
- 【事例3】日本人化の保育から違いを認め尊重する保育へ ───────── 178
- 【事例4】言葉の獲得　—ミゲルとマリアの場合— ─────────────── 179
- ⑤ ジェンダーバイアスと性別違和のある子ども ……………………… 181
- 【事例5】自分らしさを仕事につなげたハルキの話 ─────────────── 181
- 【事例6】性別に違和のあるワタル ─────────────────────────── 182

第3部
保育における障害のある子どもへの支援を理解しよう

第12章　個々の発達を促す幼児期の教育・保育　—保育場面のなかで個々の発達に応じる—

- ① 幼児期の教育の基本 …………………………………………………… 186
- ② 障害のある子どもの指導 ……………………………………………… 188
- 【事例1】子どもの「楽しい」を捉えて遊びの世界を広げる ───────── 191
- ③ 障害のある子どもの個々の発達を促す幼児期の教育・保育のこれからのあり方 ……………………………………………………… 195
- Column⑩　子どもたちが笑顔になれる音楽活動 …………………… 202

第13章　集団の力の関わりと育ちあい　—保育場面のなかでの集団の力の関わりと育ちあい—

- ❶ 集団生活の意義 ……………………………………………………… 205
- 【事例1】一緒にやろう！　まだ遊びたい！ ─────────── 206
- 【事例2】生活発表会にむけてグループで紙芝居をつくろう ─────── 207
- ❷ 個の育ちと集団（の力） …………………………………………… 208
- 【事例3】安心できる友達ができて集団に溶け込めたＡ男 ───────── 209
- 【事例4】興味のあることを共有することでクラスに溶け込めたＢ男 ─── 209
- 【事例5】得意な絵を媒介に友達とつながったＣ子 ───────────── 210
- 【事例6】本を読んであげたことで友達とつながったＤ男 ───────── 211
- Column⑪　うれしい・楽しい・おいしい ……………………………… 217

第14章　基本的生活習慣や社会性を育てる

- ❶ 保育のなかの基本的生活習慣や社会性 ……………………………… 218
- ❷ 事例から基本的生活習慣や社会性を育むことを考える
  —３つの事例から— ……………………………………………… 221
- 【事例1】基本的生活習慣の援助　—自閉傾向にあるＡちゃん— ─────── 221
- 【事例2】コミュニケーションがスムーズにできるようなったＳくん
  —社会性、集団の一員としての援助— ───────────── 223
- 【事例3】社会性・仲間関係を育む ──────────────────── 225
- ❸ 保育者の専門性 ……………………………………………………… 226
- Column⑫　楽しかった幼稚園生活 ……………………………………… 228

第15章　保育者の保育力を高めること

- ❶ 保育現場の現状 ……………………………………………………… 230
- ❷ 保育者の保育力を高めるための取り組み ………………………… 233
- Column⑬　うちの子、ほかの子どもに近づけないでください
  —園内支援体制で支える— ……………………………… 239

第4部 インクルーシブ保育・教育の実践に向けて

終章 からだ・あたま・こころを育てる —発達の喜びを引き出すムーブメント教育・療法—

1. 「からだ」「あたま」「こころ」の機能が結びついて進む子どもの発達 …………………………………………………… 242
2. 「障害」とは、発達を促進する「喜び」が阻害された状態 ………… 245
3. 喜びを核に、子どもの発達を伸ばす「ムーブメント教育・療法」…… 246
4. ムーブメント活動プログラムの具体例 ……………………………… 251
5. おわりに ……………………………………………………………… 256

Column⑭ 失敗から生まれた多世代交流会 —施設間の交流から、真の地域での多世代交流を目指して— …………………… 258
Column⑮ 特別支援学校に通学する児童の放課後の居場所について ……… 260

監修者・著者紹介 ……………………………………………………………… 262

第1部

障害と当事者、その保育・教育を理解しよう

序　章◎障害ということ

第1章◎特別な支援ニーズの子どもと
　　　　インクルーシブ保育・教育

第2章◎障害児・者の歩んできた道

序　章

障害ということ

1　障害ってなに？

（1）出発点：障害のイメージ

　障害がある、というと、どんな状態を思い浮かべますか。目が見えない、耳が聞こえない、体を自由に動かせない、杖や車椅子を使っていたりする、知的障害や発達障害があって「普通」の人がわかるようなことがわからなかったりできなかったり、逆に「普通」の人がやらないようなことをやったりする、というようなイメージでしょうか。

　障害といってもいろいろな状態があります。種類も程度もいろいろだし、同じ種類の障害をもっている人同士でも、一人ひとり違います。それをどんなふうに理解していったらよいのか、わからないうちはいろいろとまどうかもしれません。

　この本で勉強していきながら、障害について、詳しい見方、考え方を少しずつ身につけていきましょう。そのなかで、とまどいも少しずつ薄れていくかもしれません。

（2）「障害」という文字遣いについて

　「障害」には、「障碍」「障がい」「しょうがい」など、さまざまな書き方があります。それぞれの文字遣いには、そのように書く理由や考え方があります。「障」「害」それぞれの文字の意味を踏まえて、人間の状態をそのような悪い意味の文字で表すのはよくない、というような考え方でひらがな表記にする人もいます。役所や施設などでも、「障がい」の表記を使っているところがあります。

　これについては、絶対に正しい書き方があって、それ以外は使ってはいけない、というほどはっきりした決まりがあるわけではありません。この本では主に「障害」という文字を使いますが、ほかの書き方が間違いというわけではありません。

ですから、自分なりに調べたり考えたりして、自分が使う文字遣いを選べばよいでしょう。

2　障害は状況による

（1）メガネのある世界、ない世界

　私たちの身のまわりには、メガネやコンタクトレンズを使っている人はたくさんいます。自分自身が使っていますという人も多いでしょう。メガネを使っている人は、メガネがなければいろいろなものが見えにくくて不便です。しかし、メガネをかければ、日常生活で特別不自由ということはありません。

　もし、日常的にメガネを使っている人が、メガネを壊したりなくしたりしてしまったときはどうしたらよいでしょうか。メガネ屋さんで壊れたメガネを直してもらったり、新しいメガネを買い直したりすることでしょう。でも、それは現代の日本だからできることです。メガネをなくしたのがアマゾンのジャングルやアフリカの砂漠のど真ん中、あるいは着の身、着のままで戦争を逃れてきた人が集まる難民キャンプだったとしたら？　もう代わりのメガネは手に入りません。そこでは、目が少し不自由な人として生きていくしかなくなります。この人は、メガネのある世界ではとくに不自由はなかったのですが、メガネのない世界では不自由な生活を送ることになります。

（2）手話の島

　アメリカには、世界各地から移住した人たちの子孫がたくさん住んでいます。

　アメリカ東部のある小さな島に最初に移住した人たちのなかに、生まれつき耳の不自由な人がいました。そして、時代とともにその人の子孫がたくさん生まれて、島には耳の不自由な人がめずらしくない状態になりました。家族のなかでも耳の聞こえる人と聞こえない人が同居していることもありましたし、学校や仕事場などでも聞こえる人と聞こえない人が一緒に過ごしていました。そこでは、聞こえる人も聞こえない人も手話を使って会話をしていました。この島では、耳が聞こえる人でも、手話のわかる、使える人がたくさんいたのです。ですから、耳の聞こえない人はコミュニケーションで不自由を感じることはありませんでした。

　しかし、一歩島を出ると状況は変わります。島の外には、手話のわかる人はほとんどいません。この島の耳の聞こえない人たちは、島の外にいくと会話ができなくてとても困りました[1]。

---

1) グロース, 1991.

(3) 与太郎の生活

　落語を聞いたことがあるという人は少ないかもしれませんが、落語の定番の登場人物に与太郎という人がいます。与太郎は、ちょっと頭が弱くて間の抜けた人です。落語の舞台になっている江戸時代や明治時代には、その与太郎は、同年代の友達と一緒に遊んだり、しっかり者の嫁さんに叱られながら大工として働いたりして、社会の一員として普通に暮らしているのです。でも現代の日本に与太郎がいたら、小学校から特別支援学級に在籍し、大人になったら知的障害者として障害者支援施設で暮らしているかもしれません[2]。

　与太郎は、江戸時代に生まれれば普通の社会人として生活していますが、現代に生まれれば障害者として生きていくことになります。時代によって、何が障害か、という捉え方も変わってくるのです。

3　障害の捉え方

　メガネの例でも、手話の島の例でも、同じ人が、ある状況ではとくに困ることはないのに、別の状況では不自由を感じたり困ったりしています。与太郎も生まれる時代によって障害者扱いされたりされなかったりします。

　手話の島で不自由なく過ごしている聴覚障害者や、江戸時代に生まれた与太郎には、障害があるといえるのでしょうか。それとも、彼らには障害はないのでしょうか。

---

2) 水垣, 2006.

障害の有無に関するこの問いに答えるには、障害というものの捉え方から整理してみる必要があります。ここでは障害についての2つの捉え方を取りあげてみましょう。一つは障害の医学モデル、もう一つは障害の社会モデルです。

(1) 障害の医学モデル

医学モデルでは、その人の心身のはたらきがうまくいかない状態を「障害」と捉えます。手話の島の聴覚障害者の例で考えてみましょう。その人は、耳の奥の内耳というところのはたらきが弱くて、かなり大きな音でも聞き取ることができません。普通の人ができることができないこのような心身の状態を「障害」として捉えるのが医学モデルです。手話の島で不自由なく生活を送っていたとしても、音が聞こえていないなら、その人は医学モデルでは聴覚障害者ということになります。

医学モデルでは、障害があるかないかは、あくまでもその人の心身のはたらき具合によって判断します。この立場では、治療などによってその人の抱える不調を改善することが障害への対処法ということになります。

医学モデルではその人の心身の機能や健康状態を重視するので、よく気をつけていないと、その障害によってその人ができることや将来の生活が決まってしまうかのように捉えてしまう傾向があります。

(2) 障害の社会モデル

手話の島の聴覚障害者は、島で暮らしているときには、とくに不自由なく生活を送ることができていました。島を出ると、手話が通じないのでコミュニケーションが不自由になりました。みんなが手話を使う社会か、手話を使う人がほとんどいない社会かという、社会の環境の違いによって、この人の困り方、障害の現れ方は変わるわけです。そこで、障害を持っている人のことを考えないでつくられている社会の仕組みのほうに問題がある、障害者本人に努力や負担を求めるのではなく、社会が変わる必要がある、と考えるのが社会モデルです。社会モデルでは、障害の困難は、障害を持つ人本人の問題としてではなく、その人と社会との関係性のなかで現れるものとして捉えられます。

社会のなかで、障害を際立たせてしまうような要因のことを、社会的障壁（バリア）といいます。社会的障壁には大きく分けて4つの種類があります。

①物理的な障壁

交通機関、道路、建物の施設や設備などで、利用者が困るような物理的な要因です。段差、路上の放置自転車、車椅子の人が届かない位置にあるエレベーターのボタンなど、主に移動に関係するものが多いですが、車椅子のままでは商品ボタンに手が届かない自動販売機なども、物理的な障壁に含まれます。

②制度的な障壁

　学校の入学試験、就職や資格の試験などで、障害があることを理由に受験が制限されたりすることは、現在では法律で原則的に禁止されています。しかし、以前は、そのような制限によって、障害のある人が能力の有無以前に試験を受ける機会が奪われていたことがありました。また、申し込みの受付が電話だけだと聴覚障害者が利用できないとか、書類や試験問題が印刷された紙だけだと視覚障害の人が読み書きできないなど、社会のルールや制度が障害を持つ人にとっての障壁になってしまう場合があります。

③文化・情報的な障壁

　事故で電車が止まったときに、電車内で説明のアナウンスが流れても、耳の聞こえない人には何が起こったのかわかりません。自動販売機などですべてタッチパネルで操作するものは、目の不自由な人には使えません。わかりにくい案内や難しいことばなどは、知的障害の人には伝わらないでしょう。このような、情報の伝え方が不十分になってしまうような状況が、文化・情報的な障壁です。

④意識上の障壁

　「人は〜するのがあたりまえ」「障害者は〜できるはずがない」「精神障害者は何をするかわからないから怖い」「障害者はかわいそう」といった決めつけた見方など、社会の多数派の人たちの偏見や差別、無関心などのことを、意識上の障壁といいます。

　これらの障壁を減らしていくことによって、「障害者」が困る場面は少なくなります。社会にはいろいろな人がいて、障害を持つ人もいるのだから、そういう人も困らないような社会をつくっていくことで、障害が生活上の困難にならないようにしていきましょう、それが社会の側の義務です、というように捉えるのが、障害の社会モデルです。

　社会モデルの考え方に基づくなら、手話の島の外の社会の人々が、聴覚障害を持つ人について理解を深めたり、聴覚障害の人とコミュニケーションをとる方法を身につけたりすることで、聴覚障害を持つ人が困らないような社会にしていこう、ということになります。

　しかし、社会モデルは社会的な環境を重視するので、障害を持つ人本人自身がどのようにしていくかという観点を見落とさないように気をつけなければなりません。

（3）国際生活機能分類（ICF）

　障害を持つ人への実際の対応を考えるときには、医学モデルだけ、社会モデルだけに限定するのではなく、両方の見方を合わせて考えます。その考え方を整理

したものとして現在よく知られているのが、世界保健機関（WHO）の国際生活機能分類（International Classification of Functioning, Disability and Health：ICF）です。ICFは、2001年に国連総会で採択されました。

ICF以前の障害の分類では「できないこと（障害）」を分類していましたが、ICFでは「できること（生活機能）」を分類するという考え方に変わりました。そして、ある人の健康状態やできることを左右するいろいろな要因を整理して、その関係性を図のように整理しました。

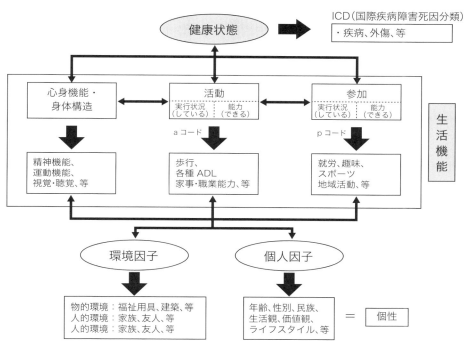

図1　ICFの構成要素間の相互作用
(https://www.nise.go.jp/blog/img/ICF_gainenzu.png)

図を見るとわかるように、いくつもの要因が複雑に結びついています。このなかで中段に3つ並んで書かれている「心身機能・身体構造←→活動←→参加」という部分が生活機能を表しています。ここでは、3つのレベルに整理して障害を捉えています。この内容を詳しく見ていくと、ICFは障害の医学モデルと社会モデルを合わせた統合モデルとして組み立てられていることがわかります。

①心身機能・身体構造

これは、生物レベルで捉えられる心身のはたらきです。心身機能とは、手足の動き、精神のはたらき、視覚・聴覚、内臓の動きなどです。身体構造とは、手足の一部、内臓の一部など、身体の部分のことです。

例えば、生まれつき手足の一部がないとか、心臓に病気があるとか、記憶や思

考に必要な脳の働きが不十分とか、そういったことが、このレベルで捉えられる障害です。

　このレベルでの障害に対処するには、医学的な治療などが必要になります。現代の医学の技術では、手のない人に手を生やすこともできませんし、知的障害の人の脳のはたらきを変える方法も知られていませんが、例えば、心臓の調子の悪いところを手術で治療するなど、医学的に対応が可能な場合もあります。

②活動

　個人生活レベルで捉えたときの心身のはたらきです。食事、排泄、着替えなどの日常生活動作や、歩行、家事、仕事で必要な行動、趣味やスポーツなどの行動で必要な行為がすべて含まれます。

　例えば、脳性まひは、上記①の心身機能・身体構造のレベルでは、脳で運動をコントロールする部分が壊れることによっておきます。いまの医学では脳の壊れた部分を治療する方法はありませんが、訓練や教育によって、歩けるようになったりします。歩けるようになっても脳の壊れた部分は壊れたままですが、それでもできるようになることはあるのです。

③参加

　家庭の一員として役割を果たしたり社会的な活動に参加したりすることです。働くこと、買い物に行くこと、趣味の集まりに参加すること、友達と食事に出かけたりコンサートに行ったりすることなど、幅広い活動が含まれます。

　車椅子や杖を使っている人が利用しやすいように交通機関や建物の段差を解消したり、障害のある人が入学試験を受けるときに別室受験や試験時間の延長、道具の使用を認めるなどの配慮をしたり、知的障害のある人が出かけるときにヘルパーが付き添えるようにしたりするなど、社会的な環境や制度を整えることによって、社会生活への参加の障壁を減らすことができます。

　上記①心身機能・身体構造と②活動のレベルでは、その人への治療、その人への訓練や教育など、個人レベルの対処法が中心となるという意味では、医学モデルの障害の捉え方と通じるものがあります。それに対して、③参加のレベルで対処が必要なのは、主に社会的な環境の整備です。つまり、③参加は、主に社会モデルの発想で障害をみていることになります。

　このような分類をすることで、障害を持つ人の困難に対して、それぞれのレベルで「どうしたらよいか」を考えることができるようになります。医学的な治療ができないので、もうその人はこれ以上何もできない、と考えるのではなく、それでも訓練や教育でできるようになることがある、社会的な環境を整えることでできるようになることがある、というように異なるレベルの対処法を考えられるようになるのです。

④環境因子と個人因子

　ICFには、これまでみてきた3つのレベルの生活機能に加えて、環境因子と個人因子という2つの因子が盛り込まれています。

　同じ障害の状態、程度であっても、その人がどんな場所に住んでいるかによって、その困り方は変わってくるはずです。それが環境因子です。家族や周囲の人たちが障害に理解があって協力的か、障害に合わせた適切な教育を受けられるか、社会的な支援や制度が整っているか、といった、本人の周囲の環境のあり方が、環境因子には含まれています。

　もう一つの個人因子とは、その人自身がどんな人か、ということです。その人の個性と言い換えてもよいでしょう。例えば、年齢によって、生活のなかで困ることは変わってきます。また、障害が生まれつきのものなのか、大人になってから負った障害なのかによっても、その人の生活は大きく変わってくるでしょう。どんな性格なのかによっても、違いが出てくるはずです。生活習慣や価値観の影響もあるでしょう。

　筆者の知人で、事故で脊椎を損傷して下半身が不自由になった人がいました。この人は障害を負う前には、マラソンやスキーなど、さまざまなスポーツを楽しんでいたのですが、車椅子生活になってそれらの競技はできなくなりました。ところが、車椅子での生活に慣れてくると、その人は車椅子マラソンやチェアスキー（座って滑るスキー）に挑戦しはじめました。脊椎損傷による障害がある人のなかで、この人のようにアクティブな生活を楽しむ人は少数派です。この人のライフスタイルという個人因子が、そのような生活の姿に現れているわけです。

　①心身機能・身体構造、②活動、③参加の3つの観点から捉えられる生活機能は、その人のおかれている環境やその人自身の個性によって、現れ方が違ってきます。どのように生活を送れるかが変わってきます。最終的にはそれらの全体的な相互作用の結果が、その人のその時点での健康状態として現れてきます。これが、国際生活機能分類の考え方です。

（4）社会的環境と障害

①産業構造の変化と障害

　落語の登場人物「与太郎」は、江戸時代には社会人として普通に生活を送っていましたが、現代では知的障害者として生活しているかもしれない、ということを第2節で述べました。そのような違いは、どのような社会的な環境の変化によって起きるのでしょうか。

　日本では、1872（明治5）年の推計人口が3,481万人、そのうち農業に従事している人は1,470万人でした[3,4]。つまり、国民の42％が農業従事者でした。農業にはさまざまな種類の仕事があり、知的障害を持つ人にも担える作業や役割がた

3）岡崎, 1986.
4）清水, 1967.

くさんありました（いまでも知的障害者の施設などでは、障害者にもできる仕事として農業生産に取り組んでいるところがたくさんあります）。この時代に、働くことができない障害者として認識されていたのは、主に身体障害を持つ人だったことでしょう[5]。

　その後、20世紀半ばからの「高度経済成長」の時代には、農業をはじめとする第一次産業から、工場などで商品を生産する第二次産業へと、社会の産業構造の重点が移っていきました。工場で働く人は、一定のマニュアルに従って決まった作業をきっちりこなしていく必要があります。それは、知的障害をもつ人にはあまり向いていない仕事です。つまり、第二次産業が盛んになった社会では、知的障害をもつ人の苦手なところがより際立ってしまうようになったといえるでしょう。

　さらに、日本の産業構造はサービス業を中心とする第三次産業が大きな比重を占めるように変化していきました。農業でさえ、生産者が加工や販売まで手がけることが奨励され、サービス業としての側面を帯びてきています。そのような社会では、お客さんを直接相手するサービス業には向いていないタイプの人が、その苦手なところを試されることになります。対人関係に困難を抱えやすい神経発達症（発達障害）の人の存在が社会的に広く知られるようになっている現状は、そのような産業構造の変化とも無縁ではないのです。

②社会的な認識と制度の変化

　産業構造の変化だけでなく、社会における障害の捉え方の変化や、そのことに関連して新たに法律や制度が整備されるという変化もあります。詳細は他章に譲りますが、いくつか例をあげてみましょう。

　例えば、精神病について十分なことが知られていなかった時代には、精神障害者はその家族も含めて差別の対象になりました。また、精神障害者本人は十分な治療を受ける機会もないまま、人知れぬ場所に閉じ込められたりしていました。しかし時代とともに、精神障害を持つ人が治療を受けて社会復帰するための環境も（まだ十分とはいえないかもしれませんが）整えられてきています。

　もう一つ例をあげましょう。国際連合で取り組まれた「障害者の権利宣言」（1975年）と「国際障害者年」（1981年）、国連障害者の十年（1983〜1992年）、「障害者の権利に関する条約」（2006年採択）などを受けて、日本でも障害者基本法（1993年）や障害者総合支援法（2013年）、障害者差別解消法（2016年）などが制定されました。昔は障害を持つ人は当然のように人権を侵害されていました。しかし現在では、障害を持つ人の権利を守ること、そのために必要なら「合理的配慮」を講じることなどが法律で定められ、その考え方や方法は徐々に社会の多くの人に受け入れられるようになってきています。

---

5) 花田, 1987.

近年では、小中学校で使う教科書で「UDフォント」（読みやすいように配慮したデザインの文字）を導入したり、色覚多様性（人によって見えにくい色がある状態、「色弱」ともいう）に配慮した色遣いにしたりするなどの対応が当たり前になってきています。これによって文字が読みやすくなったり、色違いで書かれているものを見落とさずに読めるようになった人もいるはずです。

　このように、社会の変化によって、何を障害と捉えるか、どんな障害が困難を抱えやすいか、どのような配慮をするかといったことが変わってきました。これからもそのような変化は続いていくはずです。

③科学技術の進展と障害

　社会的な環境の変化と科学技術の進展は、障害を持つ人が困難を乗り越える助けとして働くこともあります。

　電子機器が普及する以前には、まひがあってことばを話せない人は、五十音表が書かれた文字盤を指さして文章を綴りながら意思疎通を図ったりしていました。しかし、現在では電子的に文章を再生できる機械を使うこともでき、コミュニケーションを取りやすくなりました。非常に重い障害で自分の意思ではまぶたの開閉しかできない人でも、まぶたの動作によってコンピュータ画面上の文字を選択して文章を綴るというようなこともできるようになりました。重い身体障害をもっている人が、コンピュータを使って仕事をしたりすることもできるようになってきています。

　もう一つ例をあげましょう。インターネットの普及のごく初期のころ、1990年ごろの話です。通信ネットワーク上の掲示板に書き込んで交流する形で、日本のあちこちに小さなコミュニティがたくさんできていた時期がありました。あるコミュニティには、障害を持った人や、その家族、支援に関わる人が集まっていました。そこでは、聴覚障害者は文字で掲示板に書き込み、視覚障害者は点字キーボードや音声表示などを使って掲示板の読み書きをしていました。聴覚障害者は文字や手話は使えますが話しことばは使えません。視覚障害者は話しことばは使えますが手話も文字も見えません。だから従来は、聴覚障害者と視覚障害者は直接対面しても、コミュニケーションを取ることは困難だったのです。それが、コンピュータを間にはさんでいるとはいえ、ほとんどダイレクトにやりとりできるようになったという、とても画期的な状況がそこでは生まれていたのです[6]。

　その一方で、医療技術の進歩と障害の関係性をみていくと、とても難しい倫理的な問題が生じているケースもあります。例えば、妊娠中の人を検査して、胎児に障害があるかどうかを判定する出生前検査という技術があります。この検査で「胎児に障害がある」という診断がでたとき、多くの場合、その妊婦や家族はとても悩みます。そして、その胎児を堕胎（人工妊娠中絶）することを選ぶ人もい

---

6) みんなのねがいネット編集委員会, 1994.

ます。医療技術は、本来は人の命を救うためのもののはずです。しかしこのように、障害を持つ子どもの命を奪うことにつながってしまうような使い方もあるのです。診断技術そのものが悪いわけではありませんが、その使い方に関してはさまざまな立場の違いがあり、どのようにするのがよいか、ということについて社会的な合意はまだできていない状況です。

　これからも、さまざまな新しい技術が生まれてくるでしょう。その技術が、障害を際立たせる方向ではなく、障害で困る人を助ける方向に生かされるような社会を、私たちはめざしていかなければならないのだと思います。

4　保育実践における障害の捉え方

　この本で学ぼうとしている人の多くは、保育や幼児教育の仕事を目指していることでしょう。ここでは、子どもの「障害」について保育のなかでどのように捉えるか、ということについて少し考えてみましょう。

(1) 乳幼児の「障害」

①グレーゾーン

　障害にはさまざまな種類のものがあり、先天性（生まれつき）の障害もあれば、ある程度成長してから、病気やけがなどで障害を負うこともあります。先天性の障害であっても、胎児期からわかる障害もあれば、成長過程で徐々に困難が現れてくるものもあります。

　発達の早い段階でわかる障害の場合、周囲の人は最初から「そういう障害を持っている子」としてその子を見ています。療育や装具の使用などを早いうちから考えることも多いでしょう。

　発達障害（神経発達症）のような障害の場合は、生まれてすぐの赤ちゃんの時期からその障害がわかることはほとんどありません。成長する過程で、「おや、この子は少し普通の子とは違うぞ」というように気づかれることが多いものです。そして、気づかれてすぐ障害の診断や判定を受けるよりは、「障害があるかどうかはっきりしないが、少し気になる子」というように見られることがほとんどです。

　乳幼児期は発達的な変化の激しい時期です。そして、発達は個人差があって、平均通りに成長する子どもは一人もいません。ですから、最初のうちゆっくり発達していても、あとからだんだん追いついていく、というタイプの子もいますし、逆に、順調に発達しているように見えていたのに、途中から足踏みしているように伸び悩むという子もいます。そうやってそれぞれのペースで成長・変化している途中で、すぐに「障害」と決めつけてしまうことができないことは、とてもよくあることなのです。

そのような、気になるところはあるが「障害があるかどうか」をはっきり判断できないどっちつかずの状態のことを「グレーゾーン」と呼ぶことがあります。今、「気になる子」「グレーゾーンの子」と呼ばれるような子どもはほとんどの保育施設に在籍しているという調査結果もあります[7]。保育者は、どこで仕事をするにしてもそのような子どもに出会う可能性があるのです。

② 「気になる」ということ

ある子どもについて保育者が「気になる」と感じるのはどういうときでしょうか。同じ年齢、月齢の子どもたちと比べて発達がゆっくりしているという場合もあるでしょう。気が散りやすく落ち着いて話を聞くことができない姿が気になるということもあるかもしれません。感情のコントロールがうまくいかなかったり、友達との関わりやルールの理解などで困難を示す子どももいます。ただ、それはほとんどの場合、程度の問題です。気が散りやすくてチョロチョロしている子が気になるといっても、ほとんどの子どもが状況によってはそういう行動を見せるものです。ことばの発達がゆっくりだとしても、ゆっくりめの子はほかにもいるはずです。

保育者はそれまでの経験のなかで、ある程度たくさんの子どもを見ています。そして、子どもというのはたいていこんな姿を見せるものだ、という自分なりの「普通の子」のイメージを持っています。ある子が「気になる」という場合、その子が自分の「普通の子」イメージと比較して何か外れたところがある、と感じたときに、「気になる子」という認識を持つのでしょう。「普通」と「普通じゃない」の境界線の引き方は、人によって違う可能性があります。当然、その判断は、個人的で主観的なものです。残念なことに、自分の思い通りに動かない子どもを「気になる子」「障害児」扱いするような人もいます。しかし、一介の保育者が、主観的な判断で子どもを「普通じゃない」と決めつけることは、してはいけないことだとわきまえておきましょう。

(2) 保育のなかでの「障害」

① 「気になる子」、障害児への援助

保育集団に「気になる子」がいるとき、その子をなんとか医療機関や療育施設に紹介して診断をつけてもらおう、とする保育者がいます。もちろん、診断がついていることで利用できる福祉サービスがあったり、投薬を受けられたりといったメリットもあります。

しかし、多くの場合、診断がついても、療育に通うのは週に1回とか月に数回というような場合が多く、それ以外の日はそれまで通り保育所や幼稚園、認定こども園での普段の生活が続きます。生活のベースは、あくまでも保育所や幼稚園

---

7) 日本保育協会, 2016.

などにあります。ですから、子どもに診断がつけばそれで安心、療育に通い始めればそれで安心、ということではないのです。診断がついていてもいなくても、療育に通っていても通っていなくても、保育所、幼稚園などでの日常の生活のなかで、その子が困っていること、抱えている困難に、どのように援助していくかということを、現場の保育者は考えていかなければなりません。つまり、「気になる子」がいたときに保育者が第一に考えなければならないことは、子どもに診断を受けさせることではなく、その子が何に困っているのかを理解し、必要な手助けをしていくことです。そこをないがしろにして、なんとか診断をつけさせようとがんばってしまうのは本末転倒です。

　子どもたちは障害のあるなしにかかわらず、一定の発達の法則のもとで生き、成長する存在です。その発達は基本的に共通していて、地続きであり、「健常児の発達」と「障害児の発達」に分かれているわけではありません。障害があるかないかの判断も、くっきり境界線があって区別できるというものではありません。また、発達途中で変化の多い乳幼児期には、医師もすぐには診断せず、その後の変化の様子を見ながら判断しようとすることがあります。

　そして、障害の診断を受けているか、いないかにかかわらず、その子が成長するために必要な手助けをするのが、保育者の仕事です。保育者は、それぞれの子どもが持っている発達ニーズに応えていくことが一番大事です。そこには、障害があるか、ないかの区別はありません。すべての子どもが、それぞれの発達のニーズを持っていて、それぞれに応じた支援を必要としているのです。

　実際には、保育の現場には「気になる子」といわれやすい発達障害の子どもばかりでなく、さまざまな障害を持つ子どもがいます。それらの子どもたちに対してよく使われている手助けの方法などは、この本のほかの章で、それぞれの障害の種類に応じて取りあげられますから、そこで学んでください。ただし、そこで学んだことも、実際の子どもの「困っていること」とうまくかみ合って手助けになるかどうかを、その都度しっかり考えていく必要があります。その意味で、保育者に求められるのは、「障害の専門家」になることではなく、「その子の専門家」になることであるといえるでしょう。

②保育のユニヴァーサル・デザイン

　保育は集団で展開されることの多い活動です。そのなかで、ほかの子どもと一緒の活動に参加できない子がいるときにどうするかというのが、保育の現場では課題とされることが多いでしょう。

　筆者が以前見学したある認定こども園では、一斉的な活動より、それぞれの子どもたちが興味を持ったことを追求して遊び込んでいくことを重視する保育を行っていました。その保育を見ながら、活動に入れない「はみ出ている子」がいないように感じた筆者は、「支援の必要なお子さんはいますか」と質問しました。そのとき案内してくださっていた副園長先生は「いますよ」と答えて、園庭で遊

んでいる何人かの子どもをさして教えてくれました。

　クラスの全員が一斉に同じことをするスタイルの保育ではどうしても「はみ出て」しまう子が出てきてしまいます。しかし、そうではないスタイルの保育によって、それぞれの子どもがみんな自分の好きな遊びや居場所を見つけることができるのだとしたら、これは保育のユニヴァーサル・デザインではないか、というのが、その保育を見て筆者が思ったことです。

　ユニヴァーサル・デザインとは、障害の有無にかかわらず利用できるようにするデザインの手法をいいます。シャンプーとリンスの容器に、触って区別できるような凹凸がついているのがユニヴァーサル・デザインの代表的な例です。障害の有無にかかわらず子どもたちが参加できるような保育を展開できるなら、それこそまさしく保育のユニヴァーサル・デザインといってよいのではないでしょうか。

　もちろん、ただバラバラの好きな遊びをしているだけではなく、あるときには子どもたちが集団として取り組んでいくような場面は必ずあると思います。そのときに、障害のある子どもができないことがあっても、その子にできることを考えて参加できる場面をつくろうとする、そして、できたときの達成感や成長した自分に出会う喜びに共感する、そういう子ども集団を育てることが大切です。

　互いの成長に共感し合う、そしてお互いの手助けの必要なところを自然に手助けし合う、そういう子どもたちの姿は、保育者自身がそういう関わりを子どもたちに対して重ねていくことで生まれてくるはずです。それこそが、バリアのない社会をつくっていく、とても重要な第一歩なのです。

引用文献

- 岡崎陽一（1986）「明治大正期における日本人口とその動態」,『人口問題研究』, 178, pp.1-17.
- ノーラ・エレン・グロース,佐野正信訳（1991）『みんなが手話で話した島』,築地書館.
- 清水良平（1967）「農業労働力の地域分布動向について」,『農業綜合研究』, 第21巻（1）, pp.259-275.
- 水垣桃紅（2006）「愛すべき『馬鹿』、与太郎」,『ノーマライゼーション　障害者の福祉』, 第26巻（5）, p.33-35.
- 日本保育協会（2016）「保育所における障害児やいわゆる「気になる子」等の受け入れ実態」,『障害児保育等のその支援の内容、居宅訪問型保育の利用実態に関する調査研究報告書』.
- 花田春兆（1987）「日本の障害者の歴史―現代の視点から―」,『リハビリテーション研究』, 54, pp.2-8.
- みんなのねがいネット編集委員会（1994）『障害者のパソコン・ワープロ通信入門』, 全国障害者問題研究会.

Column① 人との関係で変わる課題の見え方

　障害など、みんなと違う部分があると、「その子どもの課題」に視点をおきがちです。しかし、人は人同士の関係のなかにあり、周囲との関係のあり方によって、課題の見え方は異なります。

　年少児のユウちゃんは、入園の面談のときから気になる部分がありました。ことばもなく、落ち着きなく走りまわる様子に、先生方は「ていねいにかかわっていこう」と話し合いました。

　ユウちゃんの担任のミナ先生は保育者になって3年目、率直で飾らない人柄の先生です。「先生～、私、ユウちゃん入れて全員は見れません！」「助けてください～」新年度早々、ミナ先生からまわりの先生へのヘルプ要請です。ユウちゃんは、思いたったらすぐにクラスを出ていってほかのクラスにおもしろそうなものがあれば、そこで遊びます。ほかのクラスの先生もユウちゃんのことを気にとめ、内線で「今、ユウちゃん、きているよ」「出ていったよ」とミナ先生に知らせ、ユウちゃんのことを園全体で見ていく雰囲気になりました。

　ミナ先生は、子どもたちに対しても対等に話をします。「どうしたらユウちゃんはみんなと一緒に遊べるかなぁ」。先生のつぶやきに「○○がいいんじゃない？ユウちゃん好きだから」と子どもが提案、先生は「そっか、試してみるか」と子どもたちと一緒に用意をします。「どうしたらいい？」は、子どもたちにとって『謎解き』のようなものとして、いろいろな「どうしたらいい」が日常的に生まれていきました。「今日は寒いけど外で遊ぶ？」「これ壊れたけどどうする？」、年少さんなりに考えた答えを、先生は自然なこととして受け入れていきました。

　1年が経ちミナ先生は、年中に持ちあがりました。子どもたちは先生の投げかけがなくても自分たちで日常の謎解きを話し合って解決しています。そうしたやり取りのなかから、子どもたちは、ユウちゃんには、短いことばで伝えたほうが伝わりやすいことに気づき、ユウちゃんだけではなく、さまざまな友達に合わせたかかわり方を身につけていきました。

　人と違っていても「どうしたらいい」に引っかからなければ普通のこと、「どうしたらいい」に引っかかれば、みんなで解決する。その経緯のなかで、納得できずに泣いたりすることも、もちろんあります。でもクラスの出来事は、みんなの出来事、だれも置いてけぼりにはなっていませんでした。

　先生たちはユウちゃんが入園したときから障害に気づいていました。両親も認識をしていましたが、年長になるまで診断を受けずにきました。年長の5月に受けた診断は「自閉スペクトラム症（ASD）と注意欠陥・多動性症（ADHD）のある知的障害」でした。でも診断が出てみんなの対応が変わったわけではありません。ユウちゃんは、ユウちゃんで何も変わりません。ミナ先生も含めた人間関係のなかでの互いを尊重し認め合う雰囲気は、ことさら障害を意識せずとも、そこにある普通のこととして過ごしていけるクラスをつくり出したのです。

Column② 障害当事者のきょうだいから見た「発達障害」について

　筆者の2歳年上の兄は重度の知的障害を伴う自閉スペクトラム症（ASD）です。兄が周囲の人と違うと感じたのは、筆者が小学生のときです。兄は質問に対してただ反復したり、急にパニックを起こして大きな声で叫んだり、繰り返しジャンプをして興奮しました。そのような兄を当時は恥ずかしいと感じました。月日が経ち、筆者は保育士養成校を卒業して、障害者施設の生活支援員として働く道を選びました。勤務先ではさまざまな障害がある方と関わっています。仕事を通して、兄に対する見方、感情も変わり、今では兄を誇らしく思います。本コラムでは、障害当事者のきょうだいという立場からASDについて語ります。

　ASDの方々が示す特異な行為は「問題行動」と捉えられがちで、彼らは幼少期から人の何倍も注意されて育っています。周囲が制止しても、その行為は収まらず、エスカレートすることもしばしばです。問題行動といわれるなかには、他者を叩く、露出行為をする、物を投げる行為があります。しかし、私の兄はパニックになると飛び跳ねることはありますが、上記のような行為はありません。その理由の一つは、幼少期から両親が兄を「主体を持った一人の人間」と捉え、兄の正の感情も負の感情も丸ごと受け止め、兄の特性に合わせながら関わってきた結果だと考えます。

　幼少期の兄が不快な感情から叩く、壊す、投げる、服を脱ぐという行為におよびそうになると、両親は「イライラして困るよね」といった様子で受け止め、兄が理解しやすいよう、親自ら故意に痛がる仕草や悲しむ表情を見せ、「もうおしまい」と伝え、ほかの事柄へ注意を向けるよう促していました。両親は兄の特性（聞くことより見ること）に合わせ、否定的なことばを極力使わないよう努めていました。ASDの方は長期記憶に長けており、一度いわれたことばを記憶から消し去ることが困難です。そのため「ダメ」「いけない」のような否定的なことばを両親は使いませんでした。私も両親のそのような姿を見て、自然と兄への接し方を心得ました。

　一方、兄が好きなこと、得意なことに取り組んでいると、両親は「上手」「またやって」と必ずほめていました。兄が一人で上手くできないときには、サポートが必要な箇所のみ手を貸し、最後は自らの力でやり遂げられるようにして、「すごいね」「一緒にやったらできたね」とほめていました。おかげで兄は多少苦手なことでも、周囲のサポートを受けながら自分の力で最後はやり遂げられると自信を持っています。今では手芸の技術が上達し、通所先の障害者施設ではポーチをつくっています。

　ASDの子どもと関わる際には、子どもが過ごしやすい環境を整備した上で、ときに視覚的手がかりを有効に活用しながらコミュニケーションをとり、子どもをいっぱいほめてください。ASDの子どもが育つ力を信じて関わり続ける先生は、当事者と家族にとって宝です。

第1章

特別な支援ニーズの子どもとインクルーシブ保育・教育

　障害のある子どもの保育とは、どのような保育なのでしょうか。本章では、障害があり、さまざまな支援のニーズのある子どもたちが共に育ち合う保育（インクルーシブ保育・教育）について、そして、その対象である子どもたちの様相や支援の概要についてみなさんと一緒に学んでいきます。

1　障害のある子どもの保育・教育について

（1）障害児保育・教育とは

　障害児保育・教育ということばを聞くと、どのようなイメージが浮かびますか。もしかしたら「何か特別なことをしなければならないのかな」「専門的なスキルがないとできなさそう」などとイメージする方がいるかもしれません。すでに保育施設などに実習に行ったことがある方は、具体的にイメージできるかもしれませんし、ことばは聞いたことがあるけれど、よくわからないという方もいるかもしれません。

　障害児保育・教育とは、簡単にいうと、障害のある子どもの個々のニーズ（困っていることや苦手なことなど）に合わせて必要な支援を行いながら保育を行うことです。障害児保育・教育とそうでない保育・教育の違いは何なのでしょうか。そもそもそこには違いはあるのでしょうか。基本的な考え方は、変わりはないのではないかと思います。大切なことは、障害のあるなしにかかわらず目の前にいる子ども一人ひとりとしっかり向き合い、その子どもの好きなことや得意なこと、苦手なことはどんなことなのだろうかと思いをめぐらせ理解を深めていくことです。その上で、子どもの発達段階に合わせた関わりをする寄り添い支援が重要であると考えます。

　「保育所保育指針」[1]「幼稚園教育指導要領」[2]「幼保連携型認定こども園教育・

保育要領」[3]では、障害のある子どもの保育について、次のように示しています。

保育所保育指針
第1章　総則　3　保育の計画及び評価
（2）指導計画の作成
　キ　障害のある子どもの保育については、一人一人の子どもの発達過程や障害の状態を把握し、適切な環境の下で、障害のある子どもが他の子どもとの生活を通して共に成長できるよう、指導計画の中に位置付けること。また、子どもの状況に応じた保育を実施する観点から、家庭や関係機関と連携した支援のための計画を個別に作成するなど適切な対応を図ること。

幼稚園教育指導要領
第1章　総則　第5　特別な配慮を必要とする幼児への指導
1　障害のある幼児などへの指導
　障害のある幼児などへの指導に当たっては，集団の中で生活することを通して全体的な発達を促していくことに配慮し，特別支援学校などの助言又は援助を活用しつつ，個々の幼児の障害の状態などに応じた指導内容や指導方法の工夫を組織的かつ計画的に行うものとする。また，家庭，地域及び医療や福祉，保健等の業務を行う関係機関との連携を図り，長期的な視点で幼児への教育的支援を行うために，個別の教育支援計画を作成し活用することに努めるとともに，個々の幼児の実態を的確に把握し，個別の指導計画を作成し活用することに努めるものとする。

幼保連携型認定こども園教育・保育要領
第1章　総則　第2　教育及び保育の内容並びに子育ての支援等に関する全体的な計画等　3　特別な配慮を必要とする園児への指導
（1）障害のある園児などへの指導
　障害のある園児などへの指導に当たっては、集団の中で生活することを通して全体的な発達を促していくことに配慮し、適切な環境の下で、障害のある園児が他の園児との生活を通して共に成長できるよう、特別支援学校などの助言又は援助を活用しつつ、個々の園児の障害の状態などに応じた指導内容や指導方法の工夫を組織的かつ計画的に行うものとする。また、家庭、地

---

1) 厚生労働省, 2017, p.9.
2) 文部科学省, 2017, p.12.
3) 内閣府・文部科学省・厚生労働省, 2017, p.12.

> 域及び医療や福祉、保健等の業務を行う関係機関との連携を図り、長期的な視点で園児への教育及び保育的支援を行うために、個別の教育及び保育支援計画を作成し活用することに努めるとともに、個々の園児の実態を的確に把握し、個別の指導計画を作成し活用することに努めるものとする。

それぞれに記載されていることをまとめると以下の3点がポイントになります。
① 他児と共に生活すること（集団生活）を通して、全体的な成長・発達を促す。
② 子どもの障害の状態や発達の状況に合わせた個別の支援計画を立て、保育・教育の中で活用する。
③ 家庭や関係機関等と連携を図りながら保育・教育をすすめていく。

つまり、障害のある子どもの保育などについては、家庭や関係機関と連携をし、情報を共有しながら子どもの実態を具体的に把握し、必要な支援を行うこと。子どもの実態に合わせて計画的に支援内容をアレンジし、展開していくことが求められるということです。また、障害のある子どもの乳幼児期の支援を考える際には、子どものみに焦点を当てるのではなく、保護者の状態や状況を理解し、保護者にも対して支援を共有することも非常に重要であると考えます。上記で示した内容の詳細については、後の章（第9章、第10章、第13章）でそれぞれ詳しく説明をしていきます。

（2）特別な支援ニーズのある子どもとは

障害児保育・教育の対象となる子ども、すなわち特別な支援ニーズのある子どもとは、どのような子どもなのでしょうか。

近年、保育、幼児教育の場においては、自閉スペクトラム症や注意欠如・多動症（ADHD）など、知的障害やダウン症候群、脳性まひなど、医師から何かしらの診断を受けている子どもや、診断はついてはいませんが、集団生活をする上で何かしら支援が必要な子ども、いわゆる「気になる子」の存在が増えているといわれています。

2022（令和4）年に文部科学省が行った「通常の学級に在籍する特別な教育的支援を必要とする児童生徒に関する調査」[4]の結果からは、発達障害の可能性があり特別な支援が必要な小中学生は通常の学級に8.8％、11人に1人程度在籍していると推計されることが示されました。10年前の2012（平成24）年に行われた同様の調査結果（6.6％）に比べ格段に増加している結果となり、保育所等においても同様にさまざまなニーズのある子どもが在籍し、何かしらの支援が必要な子

4）文部科学省, 2022.

どもがいると思っていてもよいかもしれません。

①保育所における障害のある子どもの現状

2016（平成28）年に社会福祉法人日本保育協会が全国の認可保育所約24,000施設の10分の1に当たる2,400の保育所を対象に行った全国的な調査（「平成27年度保育所における障がい児やいわゆる『気になる子』等の受け入れ実態、障がい児保育等のその支援の内容、居宅訪問型保育の利用実態に関する調査研究」報告書[5]からは、回答があった保育所の約6割で障害のある子どもを受け入れていることがわかりました。障害のある子どもの障害種としては、「自閉スペクトラム症」がもっとも多く（35.4％）、続いて「知的障害（19.8％）」「ADHD（14.5％）」「肢体不自由（7.6％）」「聴覚障害（1.9％）」「LD（1.6％）」「視覚障害（0.7％）」の順に数が多くなっています（図1）。

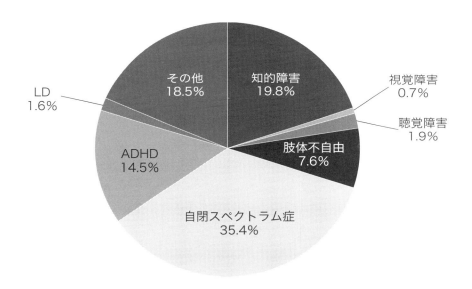

図1　障害のある子どもの障害の種類の内訳
（日本保育協会，2016，p.115より筆者作成、一部改変）

また、同調査の報告では、障害を重複している子どもが多く、自閉スペクトラム症のうち、知的障害を伴うものが半数にのぼるという結果になっています。そのため、実際の保育においては、それぞれの障害に対する理解はもちろんのこと、重複障害への理解や具体的な支援スキルについても求められることになるでしょう。

5）日本保育協会，2016，p.115．

②保育所における「気になる子ども」とは

　保育や教育の現場で「気になる子」ということばをよく耳にするようになってから久しくなりました。前述した日本保育協会の調査報告書[5]によると、回答のあった約9割以上の保育所で、いわゆる「気になる子」がいると回答がありました。この結果から、ほぼすべての保育所に診断などはついてはいないけれど、いわゆる「気になる子」が存在していると考えてよいでしょう。では、いわゆる「気になる子」とは、どのような子どもなのでしょうか。そして誰が気になっているのか考えてみましょう。

　まず、「気になる子」の実態（タイプ）としては、
　　① 「発達上の問題（発達の遅れ、言語、理解力など）」
　　② 「コミュニケーション（やりとり、視線、集団参加など）」
　　③ 「落着き（多動、落ち着きのなさ、集中力など）」
　　④ 「情緒面（乱暴、こだわり、感情のコントロール）」
　　⑤ 「運動面（ぎこちなさ、不器用など）」
があげられています。そのうち気になる子のタイプ別の「大変気になる」度合は、「発達上の問題」「コミュニケーション」の順で多いことが明らかになっています（図2）。

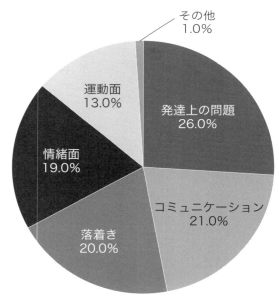

図2　いわゆる「気になる子」のタイプ別の「大変気になる」度合い
（日本保育協会，2016, p.112より筆者作成、一部改変）

　そして、「大変気になる子」の年齢層別内訳（図3）では、4〜5歳がもっとも多いことが示されています。

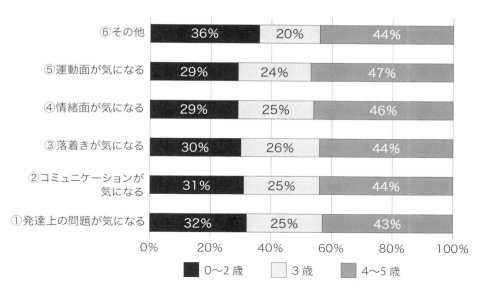

図3 「大変気になる」子の年齢層別内訳

(日本保育協会, 2016, p.24をもとに筆者作成)

　4～5歳になると、集団で活動する場面が増えたり、友達同士の関わりが深くなってきたりするため、上記で示した行動上の特徴を有する場合は、周囲の子どもとの違いが顕著になってくることが多く、その子どもに対して「気になる」状況が生まれやすくなるのではないかと思われます。一方で、0～2歳も3割前後を占めることが明らかになっており、このことも注目すべき点です。もしその子どもたちに障害がある場合は、早期に発見し、療育につないでいくことが、その後の成長を促す意味でとても重要になってきます。しかし、乳児期は、個人差や月齢差が大きいこともあり、障害なのかどうなのか見極めが大変難しいといわれています。また、保護者と子どもの状態について共通理解を図ることに時間がかかってしまうことは多々あります。そのため、保育者に求められることは、障害があるかどうかということに関わらず、園でできる支援を充実させることが大切です。もう少し具体的にいうと、子どもたちの発達が促されるよう、発達の土台となるさまざまな感覚を刺激する遊びを保育の中に意識的に取り入れること、すなわち発達段階に合わせた遊びや環境（写真1，写真2）をたくさん提供していくことが支援につながっていくことになります。

　もう一点確認をしておきたいことは、いわゆる「気になる子」が誰にとって「気になる子」なのかということです。保護者がわが子の成長や行動に対して不安を抱き「気になる」場合もありますが、保育者が「気になる」ことが多いといわれています。そして、その「気になる」は、誰にとっても「気になる」わけではないことや、「気になる」内容も人によって異なるということを理解しておくことが大切です。もし皆さんが保育者になったときに目の前の子どもに対して「なんだか気になる」と感じた際には、その子どものどのような行動がどのよう

写真1　集団での保育、笑顔をもたらす感覚運動―ユランコ遊具による揺れ刺激で―

写真2　友達との協力での遊び―身体のいろいろな部位を使って形板を落とさないように運んでみよう―

に気になるのか、子ども自身はそのことに困っているのか、もしくは困っていそうなのかなどを自分なりに整理しておくとよいでしょう。そうすることで、子どもの困り感が具体的に見え、関わり方のヒントを得ることにつながってきます。「気になる」状況を客観的に捉えるという意味では、ほかの保育者や保護者も同じように感じているのかを確認してみることもよいかもしれません。

2　インクルーシブ保育・教育ってどのような支援や課題があるのだろう

（1）インクルーシブ保育・教育とは

　かつて日本では、障害のある子どもは保育の対象外とされ、保育所や幼稚園では受け入れがなかったり、通常の保育の場とは分離された形で行われたりしていました。1970年代ごろから保育所や幼稚園での障害のある子どもの受け入れが始まりましたが、当時は、障害のない子どもを中心として展開している保育の中に障害のある子どもが入る形で保育がすすめられることが中心だったため、障害のある子どもが無理に適応させられるなどの問題が生じてしまうことが多々ありました。

　現在、保育、教育の場では、1994年に採択された「サラマンカ宣言」により、「インクルーシブ保育、教育」という考え方が徐々に浸透してきています。インクルーシブ（inclusive）とは、直訳すると「すべてを含めた、包括した」という意味になります。インクルーシブ教育については、障害者の権利に関する条約第24条の中で、以下のように定義されています[6]。

---

6) 独立行政法人国立特別支援教育総合研究所, 2020, p.1.

> 「インクルーシブ教育システム」(inclusive education system) とは、人間の多様性の尊重等の強化、障害者が精神的及び身体的な能力等を可能な最大限度まで発達させ、自由な社会に効果的に参加することを可能とするとの目的の下、障害のある者と障害のない者が共に学ぶ仕組みであり、障害のある者が「general education system」(一般的な教育制度) から排除されないこと、自己の生活する地域において初等中等教育の機会が与えられること、個人に必要な「合理的配慮」が提供される等が必要とされている。

　それでは、保育に置き換えると、どのようなことを意味するのでしょうか。インクルーシブ保育については、このように明確な用語の定義はされていませんが、おおむね同義になると考えてよいでしょう。小林ら[7]は、インクルーシブ保育について「日常生活において様々な困難さや弱さを感じている子どもに対して「全ての子どもを受け入れる保育」を行うこと」と述べた上で、さらに「しかし、障害のある子どもとない子どもをただ一緒に保育しただけではインクルーシブ保育にはならない」とも述べています。つまり、目の前にいるさまざまなニーズをもつすべての子どもが楽しく安心して参加できるよう保育プログラムには工夫を凝らしていく必要があります。そして、子どもの困り感に寄り添いながら、必要に応じて個別的な支援を交えるなど柔軟な保育を行うことであると考えます。障害のある子どもとない子どもそれぞれがときにはぶつかり、ときには笑い合いながら共に育ち合う中で、「みんなちがって、みんないいよね」とお互いを一人の人間として理解し、尊重できるようになることがインクルーシブ保育の目的なのです。

　しかし、一方でインクルーシブ保育の展開について、いまだ理念の段階にとどまっていることが多く、保育現場での実践において具現化できているとは言い難いという意見がでているのも事実です。また、実際の保育の現場では、多くの保育者が日常的な保育場面において、障害のある子どもを集団で保育するためのプログラムを展開することに苦慮しているという報告もあがってきています。そのため、園全体で、障害のある子どもを含むすべての子どもが楽しく活動できる具体的なプログラムを考えたり、保育者がスキルを身につけたりしていくなど、インクルーシブ保育の実現に向けて取り組む姿勢が求められています。

　そのような中、筆者らは長年、保育所や障害のある子どもが通う療育施設でムーブメント教育・療法による遊びの支援を行ってきています。ムーブメント教育・療法については、終章で詳しく説明します。ここで、ムーブメント教育を取り入れているインクルーシブな環境の保育所で育った子どもの成長の様子を紹介します。

---

[7] 小林・駒井・河合, 2017, p.12.

> **【事例1】 自閉症の子どもをもって ―成長を支えてくれた保育―**
>
> 　誠が1歳半過ぎたころから、なんとなく上の子どものときと違って、目線が合わず名前を呼んでも振り返らない、笑顔が少なく、抱っこされるのを嫌がり一人遊びを好み、高いところは平気でよくタンスやピアノの上に登っていました。また、一か所にじっとしていられず常に動き回り、少しでも目を離すといなくなってしまい探し回ることもたびたびでした。その上、ことばも話せずトイレにも行けないなど、不安や悩みでいっぱいの毎日でした。
>
> 　2歳を過ぎても状態が変わらず、家庭やまわりの人が心配し病院でいろいろ検査をしましたが、異常がありませんの一言、児童相談所でもとくに異常は感じられませんといわれました。どこへ行っても具体的に教えてもらえず、どうしたらよいかわからず、焦りと不安を抱きながら子どもの後を追いかける毎日でした。障害児保育で理解のあるスタッフに様子を話すと、ムーブメント教育による土曜日の親子教室を紹介されました。
>
> 　そこでは大勢の子どもたちをいろいろなプログラムで遊ばせていました。そして、パラシュート遊びとトランポリンにはなぜかニコニコと自分から寄っていきました。帰るころにはそれまで暗く沈んでいた私には光が見えてきたような気がして、明るい気持ちで帰ってきたのを懐かしく思い出します。数か月後、ムーブメント教育を保育に取り入れている保育園に入れていただきました。ちょうど、新しく建物が建て替えられ、その中に温水プールがつくられました。初めて入ったときの子どもの喜びようは大変なもので、今まで私が一度も見たことがないくらい声をあげて笑い続け、一時間を過ぎてもあがろうとせず、そのときはじめて水遊びが好きだと解り、保育園ではほかの園児と一緒に週3回も入ることがありました。中学校に入ったころから、難しいと思っていた縄跳びも飛べるようになり、今では50回も連続とびができ、釘を金づちで打つこと、農作業もみんなと一緒にがんばれることができ、とても喜んでいます。先生から「今まで大勢の自閉症の子どもと付き合ってきましたが、こんなに明るくのびのびとした子はめずらしい」と言ってもらい、今まで続けてきたムーブメント教育の成果を実感したように思います。
>
> （小林芳文他〔1995〕『いきいきムーブメント教育、保育・福祉の実践現場から』福村出版、一部改変、転載）

（2）インクルーシブ保育・教育の現状と課題　保育者へのインタビューを通して

　筆者は、2022年に特別な支援ニーズのある子どもを受け入れている保育所、幼保連携型認定こども園の園長先生など、15人の保育者に保育所等でインクルーシブ保育を展開する際の具体的な支援について、特別な支援ニーズのある子どもの存在が他児や保育者へ与える影響、他機関連携の実態、保育所等における課題等についてインタビュー調査を行いました。

　その結果、保育所等において、インクルーシブ保育を展開していく際には、「保育者は常に多様な子どもたちを集団で保育する困難点や課題を抱えながら保

育をしているものの、特別な支援ニーズのある子どもに対しては、視覚的な支援や、パニックになった際にクールダウンできるような場所の設置、加配保育者をつけて個別的な関わりを行うなど、「異なるニーズに応じた個別支援の実施」がなされていることがわかりました。また、支援はニーズのある子どもだけではなく保護者にも行われており、保護者と関わる際は、「保護者と良好な関係性を構築するための工夫」をしながら、子どもについての情報を共有したり、子どもが有するニーズについての理解を深めたりしていることが確認されました。そして、ニーズのある子どもや保護者を支援していくためには、園内および他機関との「子どもや保護者のニーズに応えるための連携を充実させること」や「保育者を支えるための人的環境の整備を充実すること」というインクルーシブ保育を行う上で、保育者の下支えになるものが必要不可欠であり、これらが相互に影響し合うことで、「障害のある子どもとない子どもが共に過ごすことでの育ち合い」というインクルーシブ保育の意義につながっていくこと」[8]がわかりました。

これらの結果から、特別なニーズのある子どもを集団で保育する際の支援の方向性や支援者の心構えとして、以下の4点があげられます。

① 一人ひとり異なるニーズに応じた個別支援の充実
② 特別なニーズのある子どもの家族支援の充実
③ 専門機関（児童相談所、児童発達支援センター、子ども家庭支援センター）との連携の充実
④ 障害のある子もない子もすべての子どもが共に育ち合うことの意義を保育者が理解すること

とくに④がとても重要になってくると考えます。保育者からのインタビューからは、インクルーシブな環境下では、子ども同士の自発的な関わりが促され、年齢が上がっていく中で、自分とは違う存在の理解の深まりが生まれることなど集団としての育ちや、特別な支援ニーズのある子どもが周囲の子どもから刺激を受け成長する様子が語られています。また、周囲の子どもたちに思いやりの気持ちが育つなどの情緒的な成長が見られ、子どもたちが双方向的にそれぞれ刺激を受け合い成長していく様子についても語られました。そして、子どもたちだけではなく保育者自身も知識やスキルの向上や障害や支援についての理解が深まるなど保育者として成長していることを感じ、特別な支援ニーズのある子どもを保育することで保育に対するやりがいや達成感が生まれていくことが語られていました。

「人は人の中で育つ」とよく言われます。またムーブメント教育では、「人も環境」という考えのもと支援が行われます。障害のある子ども、障害のない子ども、そして保育者が相互に影響を与えながら育ち合う保育が実現できるよう、日々保育現場での実践が積みあげられていくことが望まれます。

8）袴田, 2023, p.66.

（3）インクルーシブ保育・教育の今後に向けて

　2022年9月に国連の障害者権利委員会から日本の特別支援教育のあり方に対して勧告があり、インクルーシブ教育の権利を保障すべきとの内容が提示されました。勧告は、インクルーシブ教育についての内容ではありましたが、保育の現場でも同様にインクルーシブ保育の実現に向けて物理的環境や人的環境を整える必要があるといえるでしょう。インクルーシブ保育の展開については、いまだ理念の段階にとどまっていることが多く、「保育現場での実践において具現化できているとは言い難い」[9]との指摘が数多くあります。そのため、私たちは、どのようにしたら目の前にいるすべての子どもが安心して過ごせるのか、そのためにはどのような支援が必要なのかということを日々考えていく必要があります。

　2022年12月に厚生労働省から、「保育所等におけるインクルーシブ保育に関する留意事項等について」[10]という事務連絡の文書が出されました。内容としては、2023（令和5）年4月から保育所と障害のある子どもが専門的な支援を受ける場である児童発達支援事業所が併設している場合、必要な保育士や面積の確保に当たって保育士の交流や保育室を共用することなどを可能するということです。つまり、これにより保育所に通う子どもと児童発達支援事業所に通う子どもを一体的に保育することが可能になります。現在、保育所等と児童発達支援センターや事業所を併用している子どもたちが非常に多くいます。そのため、保育所等の中でより専門的な支援を行うことができるようになったり、障害のある子どもにかかわる職員間での連携が図りやすくなったりなど、保育の幅が広がることが期待されています。

　最後に、新しい保育のうねりとして、医療的ケアを必要とする子ども（医療的ケア児）の保育所等での受け入れについて触れておきます。

　2021（令和3）年9月に「医療的ケア児及びその家族に対する支援に関する法律」[11]が施行されました。この法律が制定された背景には、医療技術の進歩に伴い医療的ケア児が増加しており、医療的ケア児の心身の状況等に応じた適切な支援を受けられるようにすることが重要な課題となっていることがあげられます。この法律では、主に以下の5点が基本理念として掲げられています。

　① 医療的ケア児の日常生活・社会生活を社会全体で支援
　② 個々の医療的ケア児の状況に応じ、切れ目なく行われる支援（医療的ケア児が医療的ケア児でない児童等と共に教育を受けられるように最大限に配慮しつつ適切に行われる教育に係る支援等）
　③ 医療的ケア児でなくなった後にも配慮した支援
　④ 医療的ケア児と保護者の意思を最大限に尊重した施策

9）直島, 2022, p.1.
10）厚生労働省, 2022.
11）厚生労働省, 2021.

⑤　居住地域にかかわらず等しく適切な支援を受けられる施策

　これにより保育所では、医療的ケア児の受け入れに向けて、看護師等または喀痰吸引等が可能な保育士を配置することが努力義務から責務として求められるようになりました。今まで保育所での受け入れが難しい状況にあった医療的ケア児も含め、すべて子どもがそれぞれのペースで安心して過ごしながら、共に成長し合えるインクルーシブ保育の場が広がっていくことを願わざるを得ません。

引用文献

- 厚生労働省（2022）『保育所等におけるインクルーシブ保育に関する留意事項等について』．https://www.cfa.go.jp/assets/contents/node/basic_page/field_ref_resources/e4b817c9-5282-4ccc-b0d5-ce15d7b5018c/d82717f5/20231016_policies_hoiku_36.pdf　2024年7月31日閲覧
- 厚生労働省（2021）『医療的ケア児及びその家族に対する支援に関する法律』．https://www.mhlw.go.jp/content/000801675.pdf　2024年7月31日閲覧
- 厚生労働省（2017）『保育所保育指針』．フレーベル館．
- 小林保子・駒井美智子・河合高鋭編著（2017）『子どもの育ち合いを支えるインクルーシブ保育－新しい時代の障がい児保育－』．大学図書出版．
- 独立行政法人国立特別支援教育総合研究所（2020）『「インクルーシブ教育」とは？』．https://www.nise.go.jp/nc/inclusive_center/incluedu　2024年7月31日閲覧
- 内閣府・文部科学省・厚生労働省（2017）『幼保連携型認定こども園教育・保育要領』．フレーベル館．
- 直島正樹（2022）「日本におけるインクルーシブ保育の実現に向けた現状と課題－障害とインクルージョンをめぐる動向を踏まえて－」『相愛大学研究論集』．38．pp.1-15．
- 日本保育協会（2016）『保育所における障害児やいわゆる「気になる子」等の受け入れ実態、障害児保育等のその支援の内容、居宅訪問型保育の利用実態に関する調査研究』．https://www.nippo.or.jp/Portals/0/images/research/kenkyu/h27handicapped.pdf　2024年7月31日閲覧
- 袴田優子（2023）「保育所に等における特別なニーズのある子どもへの支援の実際－保育者へのインタビュー調査を通して－」．『児童研究』．（102）．日本児童学会．pp.55-68．
- 文部科学省（2017）『幼稚園教育要領』．フレーベル館．
- 文部科学省（2022）『通常の学級に在籍する特別な教育的支援を必要とする児童生徒に関する調査結果について』．https://www.mext.go.jp/content/20230524-mextztokubetu01-000026255_01.pdf　2024年7月31日閲覧

参考文献

- 小林保子・立松英子（2017）『保育者のための障害児療育改定第2版－理論と実践をつなぐ－』．学術出版会．
- 小林芳文監修・阿部美穂子編著（2023）『実践！ムーブメント教育・療法　楽しく動いて、からだ・あたま・こころを育てる』．クリエイツかもがわ．
- 汐見稔幸・無藤隆監修（2018）『〈平成30年施行〉保育所保育指針　幼稚園教育要領・幼保連携型認定こども園教育・保育要領解説とポイント』．ミネルヴァ書房．
- 若月芳浩・宇田川久美子（2021）『新しい保育講座⑭障害児保育』．ミネルヴァ書房．

Column③　肢体不自由を支えた楽しい活動
　　　　　―健太、ひまわりのように―

　吸引分娩の末に生まれた健太は、待望の男の子でしたが、産声もあげず真っ青な身体でした。胎盤の機能が極度に落ちたための酸欠による仮死産だということでした。その後、蘇生し、ホッとしたのも束の間、今度は肺炎を起こしており県立の未熟児センターに移動、そのとき、看護師が「この子が育ったら奇跡だ……」とほかの人に話しているのを耳にして、その場に立っていることもできませんでした。その後、生後45日目に退院して、そして「脳性まひ」ということばを耳にしました。生後6か月目に主治医の先生から訓練機関を紹介され、月2回ボイター法による訓練を受け、家でも一日4回の訓練をこなしてきました。訓練は早朝1回、昼は祖母が1回、仕事から帰ってから2回と、子どもが寝ていようと機嫌が悪かろうと、嫌がる子どもを無理やり押さえつけ、ただハイハイができるようにとそのことだけで頭がいっぱいでした。

ムーブメント教育との出会いで笑顔
　親子ともども疲れ果てた1歳半のとき、担当の保健婦さんから「ムーブメント教育」を取り入れている母子通園センター「たけのこ教室」の存在を教えられ足を運びました。はじめて体験するトランポリンやワンロール、ハンモックは、健太がどういう反応を示すか心配でしたが、大声をあげて笑い喜んで手を叩いていました。こんなことをしていて子どもの発達が促されるのだろうかと半信半疑でしたが、健太はこれまで同年齢の子どもたちとふれあう機会がまったくなかったので、この教室に通うようになりました。3歳のとき、ボバース法による療育センターの通園部にも通うようになり、次男が生まれ、時間的な余裕がなくなり、いつの間にか教室から足が遠のいていました。こんな状態では子ども同志のふれあいが望めなくなってしまうのではと心配して、以前たけのこ教室でお世話になった保育所にお願いに行きました。ここは統合保育に積極的に取り組んでおり、園児たちも全面介助の健太を奇異のものを見ることなく遊んでくれ、私の心配はすぐに消えました。
　それまで、統合保育の必要性はわっていても、それが理学療法や作業療法の訓練にも増して必要なことだと考えていませんでした。保育所では、毎日いろいろなプログラムを組んでムーブメント教育を実践し、たけのこ教室にも参加するようになりました。とくに、温水プールでの活動では、子どもの可能性を過小評価していたなと反省させられました。入園7か月後には、陸上でクラッチを使って数歩歩け、プールでは7足独歩できました。すばらしい保育環境に出会うチャンスに恵まれたことに感謝しています。

（小林芳文他〔1995〕『いきいきムーブメント教育、保育・福祉の実践現場から』，福村出版より一部転載.）

Column④　君は見学でいいよ

　筆者の小学校時代、体育の授業も運動会も、ほとんど「見学していなさい」といわれさびしい思いをしたことが、今でも思い出されます。読者の皆さんだったら、こういわれたら「体育をしなくてもいいんだ、ラッキー」と思うでしょうか？　私は、たとえかけっこがビリになっても走りたかったのです。サッカーも、野球も、水泳も、みんなとやりたかった。でも大人は、「君は無理しなくていいよ。怪我をしたら大変だ」という理由で、体を動かすことを禁止してしまいました。

　体育だけではありません。音楽も、図画工作も、演劇も、私は何でもやりたかったのです。人間は子ども時代、身体を動かしてさまざまな経験をすることが一番求められています。身体を動かすことで、心や頭も活性化するのだと思います。幼児期の遊びが強調されるのは、この時期の原体験としての遊びが、大人になってからの基礎となり、生きる力や喜びをもたらすからでしょう。

　大人でも、子どもでも、好きなことには夢中になれるものです。まわりの大人がそれを受け止め、適切な遊び環境とちょっとしたアドバイスをしてくれたら、どんなにいいことでしょうか？　各地で「冒険あそび場」といわれるプレーパーク運動が行われています。これは禁止事項をなくして、子どもが自由に活動できる環境と権利を保障しようとする運動です。プレーパーク運動は、ヨーロッパにはじまり、日本に紹介されたものです（詳しくは下記のホームページを参照）。

　これらを拡大して障害を持つ人にも適用する提言などがIPA-Japanのホームページで紹介されています。保育者として、すべての子どもたちに豊かな遊び環境をつくってあげたいものです。

IPA-Japan：子どもの遊ぶ権利のための国際協会
日本支部（https://www.ipajapan.org/）

日本冒険遊び場づくり協会
（https://bouken-asobiba.org/）

第2章

障害児・者の歩んできた道

1 古代・中世の障害児・者の歩んできた道

（1）古代社会の障害児・者

　今日の障害のある子どもの保育を考えるためには、障害児・者の教育や福祉がどのような展開を経てきたのかを踏まえる必要があります。皆さんは『古事記』や『日本書紀』の「蛭子（ヒルコ）」伝説を知っていますか？

　ヒルコは、伊耶那岐（イザナギ）と伊耶那美（イザナミ）という神の間にできた子どもですが、3歳になっても足がたたず、葦船に乗せて流されてしまうという神話です[*1]。後の時代（室町時代）になって、民間伝承のなかでは恵比寿（エビス）と名を変えて、「福の神」として登場すると指摘されています[1]。

　この背景には「穢れ」の価値観が大きく影響しているとされています。穢れとは、病気や死を意味する不浄なものとして、人々は忌み嫌っていました。そして体が不自由なことも穢れの一種であり、ヒルコは不吉な子とされてしまい、海に流されることになったのです。この穢れを払う行為が「禊」です。神社仏閣に手水舎が備えられているのは、皆さんもご存知でしょう。穢れを忌み嫌う価値観は、現代日本人にも受け継がれています。

　これらの例をあげ、障害者を排除・差別する社会といわれることがありますが、「それは一面的な見方ではないか」と堀は指摘します[2]。古代日本における法制は「律令」といいます。律令制下では、軽度障害者を残疾、中度障害者を廃疾、重度障害者を篤疾の3つに分け、税の減免や免除、さらに介護を要する人には侍丁といわれる介護人を一人与えるとともに、罪についても、廃疾、篤疾については軽減されていたといいます。古代社会であっても障害のある人に対する対策が法制度化されていたのは意外に思うでしょうか。

　また槇は、ヒルコの伝説も男尊女卑の考え方からきた伝説であろうと説いてい

ます[3]。

（2）中世社会の障害児・者

中世の11世紀頃（平安時代）になると、福子思想がもととなる「福子伝説」が成立します。これは障害児が生まれると、その子が家族の不幸を一身に引き受けてくれるので、障害者のいる家庭には不幸がやってこない、そうした子どもが生まれると、その子が一生困らないようにと家族全体が心を合わせて仕事に励む結果、その家を栄えさせることになるというものです。

その家族にとっては、たいへんな努力と苦労に違いないでしょうが、近所から見ると、いかにも障害児が福を呼び寄せるように見えたのでしょう。見方を変えると、この福子伝説の広がりが、障害児たちを生かすことに役立ったと思います。

『福子の伝承』[4]によると、精神薄弱の障害児・者は「福子」「宝子」「福助」などと呼ばれ、大事に育てられたという報告が多数あります。家に富をもたらす守り神的な存在であると捉えられ、また、彼らがいることによって、家族はその子のために家に富をもたらすといわれています。

また『日本民俗宗教辞典』によると「天日一箇神（鍛冶屋の祖神・一つ目）、エビス神（生産神、福神、盲、ろう、骨なし、成施、両性具有、左ききほか）、山の神（生産神、盲目）、便所神（産神、盲目、手がない）、龍神（火の神、台所の神・器量が悪い）、荒神（火の神、台所の神・盲目・聾・啞の三重苦を負った神）、大神（来訪神・一本足）」を不具神としてあげています。不具神とは、身体的に障害を持っている神仏のことをいいますが、これらは不具神であるとともに、幸福をもたらす神仏でもあると述べられています。

障害児・者は、少し違った人間と見られたのでしょう。とくに知的障害をもつ子どもや成人がとる言動のなかには、我々と異なる「非日常性」があるように見えるかもしれません。本人が発することばと場や動き（空間の動作）には、一般の人には理解しがたい面があるのかもしれません。そのことが空間的に「異界」に存在するものとして、もしくは「異界の入り口」にいるのではないかと想定されるのでしょう。また、そうした神話や民間伝説を語り継ぐ役を果たしていたのが、盲人をはじめとする障害者であったことも忘れてはならないでしょう。盲人の記憶力のよさもあげられますが、これらの人々は狩りとか田畑に出るよりも、家にいて、囲炉裏の火を守ったことが考えられます。「イロリは人々の集まる場所であり、今で言うならば情報の中心を把握していたことになるので、重要な位置を占めていたことになりましょう」と花田は述べています[5]。

---
*1　国生み（国産み）神話。ヒルコ伝説は、古事記では葦船で流される記述が、日本書紀では楠（くす）でつくった船になるなど、内容は少し異なります。
1) 中村, 1991.
2) 堀, 2014.
3) 槇, 2017.
4) 大野・芝, 1983.
5) 花田, 1977

2　障害児・者の歩んできた道

33

それとともに障害児・者を否定的にとらえる立場、すなわち異人であることで共同体から疎外・排除される存在とする視点があります。多くの障害者の場合、この視点で共同体から疎外・排除されてきた歴史的経緯があるのも事実です。新村は「古代、中世社会においては、障害者は共同体の外に追い払われていました。それは、障害者が罪を犯した者であること」と指摘しています[6]。異なる言動のために穢れ、不浄、災いを持つ者として捉えられていたのです。

　先に述べた知的障害の子どもは、その理解不能な言動ゆえに、異界に属する子どもと捉えられていたのではないでしょうか。そのために畏怖されたり、あるいは畏怖の対象として見られたのかもしれません。一方で、その存在に積極的な意味を見いだす視点も存在します。「福子」は、社会集団とともに生活できました。それも「福神」として大切にされたのです。このように福子と異人という両方の概念が入っていたのが、この時代の障害児・者に対する見方です。古代・中世においては、本質的には共同体のなかで健常者と「ともに生きる」状況が続いていたといえます[3]。そのあり方に変化をもたらしたのが、中世社会の貨幣経済の伸長でした[*2]。貨幣による物の売り買いが急速に広がり、商品経済が支配的になりました。貨幣経済という社会の変化は、人々の価値観も変化させていきました。

（3）貨幣経済と障害児・者、人々の価値観の変化

　貨幣経済の本質は、貨幣さえあればほしいものは何でも手に入り、権力をも手中に収めることができる点です。したがって、貨幣をより多く持っている者ほど、「立派な人」であるという価値観が生まれていったと考えられます。言い方を変えれば、貨幣を持っていない者、貨幣をあまり手に入れることができないも者は、「劣った人」であるという価値観も同時に生まれたでしょう。

　このような価値観の変化が生まれたにしても、それによって中世社会が急激に変化するわけではありません。障害児・者と健常者が「ともに生きる」という本質的な状況を根底から崩壊するまでには至っていません。その状況を根底から崩壊させるのは、私たちが生きる現代社会と地続きであると考えられている近代社会（明治期以降）に入ってからのことと思われます。

　ただこのような価値観が、障害児・者を見る目に大きな影響を与えていることは否めない事実でしょう。

5）花田, 1977
6）新村, 1989, p.7.
*2　貨幣自体は奈良時代から鋳造されていました（8世紀の「和同開珎」など）。わが国で貨幣経済が定着したのは、12世紀なかばの平安時代、貿易により中国（当時の宋）から大量の銅銭が流入してからです。銅銭の使用が社会に浸透し、商品経済が発展していきました。

2 近世の障害児・者の歩んできた道

(1) 江戸幕府と盲人保護

　豊臣政権から権力を奪取して成立した徳川氏の武家政権を「江戸幕府」といいます。将軍職は徳川氏が世襲し、15人の将軍がたつのですが、そのなかの9代目の家重は「幼少期から多病で柔弱」であり、「不明瞭な言語」の重度障害者であったと伝えられています。家重の言葉を理解できるのは、幼い頃から近侍していた小姓の大岡忠光だけであり、彼が将軍の意向を伝えて指示をするほどの権勢があったとされます。そういった障害を持ちながらも、懸命に生き抜いた将軍であったでしょう。また、13代目の家定は篤姫の夫として有名ですが、虚弱であり、明らかに不随意運動（脳性麻痺と推定されています）の症状が見られたと伝えられています[3]。しかし、アメリカのタウンゼント・ハリスが来日したときにも、堂々と歓迎の言葉を述べていて、決して無能力とはいえないようです。ところが、障害を持つ将軍を2人出しながらも、江戸幕府は身障者保護の政策を打ち出していません。

　例外として盲人保護政策があります。これは手厚く徹底したものでした。検校制度の公認と奨励がそれです。検校制度は、大まかにいうと盲人たちを総検校、別当、拘当、座頭・市の4段階に分け、一番上の検校となると社会的には大名クラスの待遇を受けたといいます。そうした制度の影響もあり、優れた盲人たちが活躍します。この時代には、按摩（あんま）、鍼（はり）、灸など、医学的な面で盲人の職業が開けました。箏（琴）の名人として現在の日本の箏曲の基礎をつくりあげた八橋検校、歴史学者として当時の第一人者となった塙保己一などが有名です。

　しかし、優れた力を持っている盲人ばかりではありません。検校制度は、もともと室町時代初期に盲人の生活扶助のために組織された「当道座」に始まりました。足利尊氏の庶流（分家）といわれる明石覚一が、平家琵琶・箏・あんま・はりで生計を立てる盲人の組織「当道座」をつくり、座に属さない人がそれらの諸芸をすることを許さないようにしました。

　その特権は、江戸幕府によっていっそう保護され、盲人は室町時代に結成された職業組織である「当道座」に属することが奨励されました。さらに職業団体としての特権を有する組織となり、この当道座には盲人間の争いに対する裁判権が付与されたり、加盟する盲人は一切の税を免除され、金貸し業を営む特権が与えられるなどの保護政策がとられていました。江戸時代の障害児・者に対する幕府や民衆の意識も、固定化された身分制度に基づく封建社会においては、あくまでも「上」から「下」への「慈悲」が中心です。「慈悲」に基づく社会保障は、過度に華やかな場所か、過度に貧しい場所しか障害児・者に対して与えることがで

きず、当然ながら、そこには現代社会でいわれるノーマライゼーションの思想まで見いだすことは困難です。この封建社会のなかでの「慈悲」に基づいた社会保障政策は、理念を引きずったまま、その後の明治を通して現代に引き継がれ、二極化の社会ではなく、ごく普通の日常を望んでいる障害児・者にとっては、厳しい現実を生み出したのかもしれません。

（2）江戸時代の障害児の教育

江戸時代になると武士ばかりではなく、江戸や大坂の商人たちをはじめとして庶民にも学問をする環境が整っていきます。そうした町人の子どもが相手の小さな学校が寺小屋と呼ばれるものです。とくに注目されるのは、その寺小屋で学んでいた子どもたちのなかに、意外にも障害児が割合として多くいたという乙竹の記録[8]が残っていることです。

聾唖児が中心ですが、まだ人々の大部分が文盲である世の中です。両親が簡単でも読み書き・ソロバンができれば、たとえ身体は人並みに動かない体でも、生きていくために困らないだろうし、軽蔑されることはないだろうと思ったに違いありません。なかには低能児、吃音児も含まれていたようです。しかし、貧困・障害を理由に不就学をする子どもは、多くいたようです。

また、この時代に庶民の間で盛んになった俳句には、足の悪い人や盲人などの障害者たちも多く親しみ、名を残している人々もいます。文学の世界では怪異小説『雨月物語』の作者として知られる上田秋成は、幼いときにわずらった天然痘がもとで、両手の指に一生涯治らない障害を負っていました。さらに庶民の芸術として浮世絵がありますが、葛飾北斎のスケッチ（北斎漫画）のなかに「いざり車」を見ることができます。北斎自身は障害者ではありませんが、同時代を生きる障害がある人に目を向けていたことがわかります。いざりとは、膝や尻を地につけたまま進むことをいいます。いざり車とは、平たい木の箱に小さな木の車輪をつけて、人が手で地面をかいたり棒で押したりして進むのです。描かれている身なりの貧しさからして、盛り場や寺社の境内などで物乞いをして生きていた乞食ではないかと思われます。特権階級の将軍とは違う障害のある庶民の姿が、そこにあるような気がします。

図1　いざり車（葛飾北斎「北斎漫画」より）

8）乙竹，1970．

(3) 江戸期の障害児・者の福祉

　先に述べたように、物乞いをして生きなければならないような障害者でも生きていける一つの要素として、町やもう少し狭い隣近所の親睦に役立っていた隣保組織の働きがあったと考えられます。

　武家屋敷とか大きな商店を除いて、江戸の庶民の住居は長屋というスペースの狭い平屋建ての集合住宅でしたから、人々はお互い顔を合わせずに生活することはできなかったのです。さらに江戸幕府は、キリスト教の抑圧を徹底させるために、相互に監視させるねらいもあって、相互の連帯を強化させる政策をとってきました。それはすべての責任を長屋全体で負わなければならないという具合でした。「その真の狙いがどうであれ、隣近所の相互扶助のシステムが障害者にプラスしたことは確かでしょう」と花田は述べています[5]。

　障害者は副次的に追放されたり、排除されることはありましたが、質的には共同体のなかで健常者と「ともに生きる」状況が続いていました。そのあり方に根本的な変化をもたらしたものが、明治維新により誕生した近代国家による全国画一的な社会システムの大転換です。

3　明治維新の社会の転換と障害児・者

　江戸時代に発展した障害者保護政策は、太政官布告第568号「盲人之官職自今以後被廃候事」で1871（明治4）年に廃止され、1874（明治7）年、代わりに「恤救規則」という現在の生活保護法につながる政策が生まれました。これにより、障害者が町のなかで共生しにくくなり、家族のなかでひっそりと暮らすか、生活に困窮している場合のみ行政的な援助が得られるに留まりました。江戸時代までは血縁・地縁関係による相互扶助を救済の基本としていたため、それらに頼ることのできない人（無告ノ窮民）が、恤救規則の救済対象とされました。身分には関係なく救済されましたが、対象者は極貧者、老衰者、廃疾者、孤児などで、救済方法は、米代（下米）換算の現金給付でした。これらは恩恵的な給付であり、国としての救済責任を認めていません。また、劣等処遇の原則（貧困を個人の道徳的責任とし、被救済貧民の状態は最低の独立労働者の状態以下にしなければならない）といった最低限の生活を下まわる程度の給付額でした。そのため、救済を受けることは権利ではなく、恥ずかしいことであるという認識を強くしました。これは1929（昭和4）年の救護法制定まで続くのです。

　他方、1872（明治5）年に公布された「学制」において、寺小屋はすべてなくなり、学校となりますが、学校に通えるのは一部の富裕層という時代です。また、障害児を健常児とは別の学校で教育するという分離教育の体制が打ち立てられ、以降、教育の場において、原則的には健常者と障害者が「ともに生きる」という

体制はつくられていないのです。障害児のための学校を別につくることは定められていても、国によって障害児の学校が建てられるのは、ずっと後のことであり、盲人に対する教育は民間のいわゆる篤志家によって行われるようになりました。

1750年にフランスのシャルル・ミシェル・ド・レペーにより世界最初の聾学校がつくられたことに影響され、1878（明治11）年、日本で最初の盲学校である「京都盲啞院」が建てられ、職業教育として伝統的音楽（琴や三味線）、あんま・はり・灸の三寮が取り入れられました。しかし、ここでも学問を身につけるのではなく、「働く」技術を身につけることが重視され、「働くことのできる」障害者なら社会は受け入れるという考えでした。

また、1883（明治16）年には太政官から医師免許規則が公布され、これ以降は西洋医学を国の医術とする方向が打ち出されました。あんま・はり・灸、漢方などは衰微の一途をたどることになりました。その結果、これを職としていた盲人はその日の生活にも事欠くようになってきました。しかし、庶民の間では「ともに生きる」助け合いのなかで障害のある人も相互扶助で生きてきたと思われます。

4 障害を持った人の活躍

（1）吉田松陰と谷三山

明治維新を行った長州藩士たちに大きな影響を与えた人物に吉田松陰がいます。松陰自身は障害者ではありませんが、弟「杉敏三郎」は、先天的に聴覚に障害を持っていて話すことができなかったそうです。家族のなかでは、筆談やジェスチャー（手話）をして会話をしていました。松陰は、杉敏三郎が文字を書けるように絵本を買ってきて読ませました。文字ばかり読んでいても聴覚障害者にとっては「どのような場面」で使う言葉なのかわかりづらく、絵がついている本のほうが理解しやすいと考えたからです。この絵本を使って文字を習うヒントを得たのは、同じく聴覚障害者であった「谷三山」からの助言によるものでした。谷三山は江戸時代後期に生まれ、11歳のときに目と耳を病気し、14歳のときに聴覚を失いましたが、後に儒学を学び、私塾の「興譲館」を起こし、子どもたちの教育に情熱を傾けたといいます。

（2）野口英世と正岡子規

野口英世は、赤ん坊のときにいろりに落ちて火傷して手の指が棒のように固まってしまいました。彼はその後、学問に精を出し、アフリカの当時の不治の病である黄熱病の研究に勤しみ、ノーベル医学賞の候補になり、教科書にも載り、その後の児童にも大きな影響を与えることになります。また、俳句を近代的な詩としてよみがえらせた功績を築いたのが正岡子規です。彼は俳句だけでなく、短

歌や文章にも新しい生命を与える成果をあげていますが、驚くことにその仕事の大部分を肺結核からカリエス[*3]となって歩行不能ばかりか、寝床に釘づけになった状態でなしとげているのです。この影響でというわけでもないでしょうが、日本独特の短詩と障害者との関係は、より一層深まっていきます。

(3) 岩橋武夫

1923（大正12）年、大阪に盲学校が設立されました。設立したのは、岩橋武夫というキリスト教の神学者で、大学在学中に網膜剝離が原因で中途の視覚障害者になりました。

彼は、後に海外の大学にも留学し、ヘレン・ケラーとも出会い、昭和に入ると「ライトハウス」という視覚障害者向けの施設を設立しました。視覚障害者が文化的な社会生活を確立するために必要な情報を取得したり、見えない・見えにくいことによって派生するできにくいことを解消・軽減して、円滑な日常生活が営めるよう支援することを目的とする総合的な社会福祉施設です。岩橋武夫は、自分ではキリスト教の神学者として多くの書物を書く一方、あんまだけに安住してしまって学問をかえりみない大部分の盲人たちにもどかしさを感じて、そんなことをしていたら「人間」が揉めなくなるぞと警告を発し、成人盲人のためにリハビリテーション、盲導犬、点学による学問の普及に努めました。

(4) 本間一男

本間一男は、1926（大正15）年に北海道増毛に生まれ、5歳の頃に脳膜炎により失明しました。13歳で函館聾啞学校に入るまで在宅で過ごし、「日本アルス児童文庫」や「少年文庫」などを読み聞かせてもらったそうです。函館聾啞学校で「点字毎日」という新聞に出会い、イギリス・ロンドンに点字図書館があることを知り、読書好きの本間は、日本に点字図書館をつくろうと決意します。1936（昭和11）年には視覚障害者にも門戸を開いていた関西学院大学文学部英文科に入学し、そこで先に述べた岩橋武夫と出会うことになります。卒業後、施設の点字雑誌の編集者を1年間務めた後、1940（昭和15）年に東京市豊島区雑司ヶ谷の借家に「日本点字図書館」を開設します。その後、後藤静香の協力も得て、蔵書も増え、点訳奉仕者の育成も始まり、1943（昭和18）年には東京市新宿区高田馬場に木造2階建ての図書館を建設しました。しかし、戦争の激化で茨城と増毛に疎開し、その間に東京の図書館は戦火で全焼します。戦後、1948（昭和23）年に高田馬場に再建し、現在に至っています。

---

*3 脊椎や歯などの骨髄組織が細菌の感染により壊死した状態を意味する医学用語。

5　近代社会における障害者施策

　明治維新を経て近代社会になっておよそ80年間、つまり戦前と呼ばれる時代に障害者だけを対象にして何らかのサービスを提供することを定めた法律は存在しませんでした。生活に困窮する障害者に対しても同じです。明治憲法においても職業選択の自由が定められており、その結果、江戸時代を通して盲人の転職ともされていた三療（あんま・はり・灸）に健常者が進出する状況は年々増大しました。健常者との職業上の競争に負ける視覚障害者は、みじめな生活を強いられることになっていきました。

　極貧で独身の重度障害者の場合、先に述べた「恤救規則」によって救済の対象になるのは、障害があるから救済の対象となるのではなく、極貧であるから救済の対象になるのです。つまり、障害者であることをもって救済対象にしている訳ではありません。障害者が生きづらくされ、健常者を中心にした状況になっていった背景には、近代社会が自由競争を前提として成り立っていることでありますが、その根底には数世紀にわたって徐々に変わってきた価値観の変化があると考えられます。つまり、金を稼げる者が立派な人であるという傾向が生まれていったと愼は指摘しています[3]。底流には社会的支援を必要とする人々を「怠け者」とみなし、そうなることを「自己責任」として排除する見方・考え方がありました[9]。

　また、明治日本の政策も大きな影響がありました。「富国強兵」、つまりとにかく国を経済的に富ませ、強い軍隊を持つという政策です。すべてに優先して軍備が進められていくなかで障害者は、生産性を高めるという点からも十分ではないという見方がされていましたし、ましてや兵隊になることができませんから、国のために役に立たないのだという考えが次第に広まってきました。多くの障害者にとって生きにくい世の中になっていくのです。

　その後、大正デモクラシーと呼ばれるごく短い期間を過ごすと、急速に軍国化を進めようとする軍の勢力に引きずられ、日本は15年間におよぶ長い戦争の時代（満州事変・日中戦争・太平洋戦争）に突入していきます。

　「天皇の赤子として国に尽くす」ことが美徳とされた時代でした。戦争中、多くの障害者は徴兵検査で丙種合格となり、戦力外通告をされます。「障害者なんか役に立たないから早く死んでしまえ」といわれたといいます。なかには戦場に駆り出された障害者もいましたが、太平洋戦争末期になると障害者はまったく無力な存在となってしまうのでした。空襲の激化によって小学生は集団疎開させられましたが、肢体不自由児の集団疎開は、後まわしになってしまいます。

　日本だけでなく、世界でも障害のあるなしに関わらず、「社会的弱者」と見ら

9）武井, 2021.

れた子どもや女性、ハンセン病など病人や体の弱い人、他民族はまとめて「非国民」「穀潰し」と社会の荷物という極端な見方になっていきました。障害児を生むことは母親の責任となり、また、貧困も重なって正当に遺棄される存在であった悲しい時代が続きます。また、戦争期になると「優生思想」が入ってきて、劣悪な子孫の誕生を抑制するために悪質の遺伝形質を淘汰し、優良な遺伝形質を保存することを目的とする優生学が紹介されます。その実践には歴史的に、「生殖適性者」に生殖を促すという積極的なものと、「生殖に適さない人」への結婚禁止や強制不妊手術（断種）などの消極的なものがありました。「生殖に適さない」とされた人々には、障害者や犯罪者が含まれることが多かったとされています。

このように戦争を遂行する近代社会では、障害児・者の存在を否定的に見る風潮が強かったようです。なかには家に座敷牢をつくって障害者を閉じ込めていたという話もあります。この旧優生保護法時代の強制不妊手術の訴訟判決や精神科病棟での不適切な対応は、現代でも新聞紙上で報道されています[*4]。障害児・者に対する差別や偏見が強いことに、筆者は驚きを感じています。

6 障害のある子どもの保育・教育の展開

それでは、日本における障害のある子どもの保育・教育は、どのように展開されていたのでしょうか？ 明治期となり、視覚障害、聴覚障害、言語障害児（聾唖児）支援を行っていた教育機関などでの実践が報告されています。

（1）視覚・聴覚・言語障害

視覚障害では、横浜訓盲院（1889年、盲人福音会として発足）や東京盲学校（1909年、東京聾唖学校から分離）があり、聴覚障害・言語障害児には1878年に古河太四郎が創立した京都盲唖院、京都口話幼稚園（1926年立）、東京聾唖学校（1888年立）などの実践が知られています。

横浜訓盲院といえば、盲導犬の出会いを書いた児童文学『ロバータ　さあ歩きましょう』（偕成社、1977年）を書いた佐々木たづ氏が1年間過ごした施設です。その学院長の中澤氏が、盲ろうの子どもと信頼関係を築くために大切にしていることがあります。「それは丁寧な予告です。その日の予定を象徴するモノを触らせて順番に伝えていきます。これから何が行われて、どういうことが必要になるということを丁寧に、事前に伝えないと、いわゆる闇鍋の世界ですよね。わからないことに突然触らせられる恐怖を与えるので、ひとつひとつ丁寧に予告してくれると、とっても安心できる。人も信頼できます」と述べています。また、東京

[*4] 国は、「旧優生保護法に基づく優生手術等を受けた者に対する一時金の支給等に関する法律」を2019（平成31）年4月24日に成立させ同日施行しています。しかし、各地で強制不妊手術を受けた当事者やその家族によって、その責任の追及と賠償の裁判が起こされています。

大学の教員であった梅津八三は、山梨盲学校で盲教育の可能性を探っていきます。梅津が大切にしたのは、子どもとのコミュニケーションであり、子どもの可能性を信じることから始まります。このように盲・ろう学校の実践が先行していきます。

（2）知的障害

　1890（明治23）年、長野県の松本尋常小学校に落第生学級、1896（明治29）年に晩熟生学級が生まれ、これが知的障害児の教育の源流とされています。その後、5年制の特別学級として存続し、1906（明治39）年、群馬県館林尋常小学校を皮切りに、翌年には岩手県立尋常小学校、1908（明治41）年からは東京、姫路、長野、広島の師範学校の各付属小学校に、次々と知的障害児のための特別な学級が全国にできました。

　1897（明治30）年に石井亮一が滝乃川学園を設立します（孤女学園を改称）。彼は、施設の目的を「学校からも世間からも、あるいは時として家庭からも見放されていたこの子どもたちと起居を共にし、生活全般を教育しようとすること」と述べています。当時の日本では、知的障害児に関しては教育も医療も無力だと考えられていました。しかし、石井は孤女学園（1891〔明治24〕年設立）での実践を通じて、知的障害は「不治」ではなく「遅滞」に過ぎないと考えていました。エドゥワール・セガンの理論や実践は、その確信を裏づけるものとなりました。

　この滝乃川学園が後の知的障害児施設の原型となったことには、大きな意味がありました。石井は、知的障害のある子どもを慈善的な意味で保護するにとどまらず、科学者のまなざしで発達を観察・研究し、その可能性を引き出すための実践に努めました。施設は子どもたちが将来社会の一員として自立生活をしていくための力を養う「通過施設」として位置づけられました。1900（明治33）年の第三次改正小学校令によって、知的障害のある児童の就学義務が免除され、学校教育から切り捨てられるなかで、滝乃川学園の実践は数少ない子どもたちの未来に光を投げかけるものでした。石井は「白痴教育が国家に利益であろうか、利益でないだろうかといふことは私の念頭には起こりませぬ」「信仰と愛、そして最新の科学の力、この三者なくして到底この尊い使命を全うすることはできません」という言葉を残しています。

写真1　滝乃川学園旧本館（1928〔昭和3〕年竣工）（滝乃川学園ホームページ「園内環境歴史」より　https://www.takinogawagakuen.jp/guide/history/）

　石井が滝乃川学園を立ち上げた時代には、世界中で「児童学（Pedology）」という新しい子ども研究が流行していました。石井が二度にわたって視察に訪れたアメリカでは、心理学者のスタンレー・ホールが推進する「児童研究運動（Child

Study Movement)」の世界の中心でした。児童学は、それまでのルソーやロックのような哲学者が示した思索的な子どもの考察とは異なり、生物学的なまなざしで子どもを観察し、その発達を精神活動のみならず身体活動も含めて総合的に研究する学問で、石井がめざす生理学的な教育方法とも重なり合うものでした。この滝乃川学園をモデルに全国で知的障害児施設の設立が相次ぎます。彼は「日本の知的障害者教育・福祉の父」と呼ばれ、日本精神薄弱児協会を設立し、その会長職を引き受け「道を耐えて己を伝えず」を信条としていたようです。

　戦前の日本には、障害児・者の生涯にわたる保護収容を目的とする施設そのものが存在しませんでした。公的な専門施設は皆無で、ほとんどの知的障害者は、福祉的な支援もないままに家族の扶養に任されていたのです。しかし、保護収容するための専門施設がなかったということは、地域で普通の暮らしを送っていたことを意味するわけではありません。重度の障害者のなかには、家庭において座敷牢に閉じ込められ、社会においては孤児院、育児院、感化院などに収容されるなど、別の形で隔離生活を送っている人も多くいました。

　警察からは将来犯罪者となる可能性があるとして厳しく取り締まりの対象とされ、罪を犯して、少年院や刑務所に収監されている人もいました。社会全体がそのような排除の空気に覆われている時代、石井亮一らが興した民間施設は、障害者が安心できる居場所であり、教育を受けられる場であり、自立の力を養う支援機関であり、社会の偏見を払拭するための拠点としての役割を担っていました。現代流に表現すれば、公的制度のはざまで見捨てられた人々に寄り添う、フリースクールやNPOのような役割を果たすものでした。

（3）養護学校

　戦後、1947（昭和22）年に制定された学校教育法において、とくに障害児に関連して「特殊教育制度」の整備が進められ、学校教育諸学校（盲学校、聾学校、養護学校）が成立しました。いわゆる「特殊教育」体制ができあがります。そのなかで戦前、制度整備が進められ、教育実践が行われてきた視覚障害、聴覚障害教育に関しては、戦前の聾唖学校などでの実践を継承しながら、盲学校、聾学校整備と実践を行ってきました。一方で、主に知的障害、肢体不自由、病弱児を対象とした養護学校に関しては、学校教育法で規定された新しい学校種であったこと、戦前の知的障害、肢体不自由を対象とした学校は数が限られており、実践の蓄積が十分とはいえなかったこと、このような状況下で養護学校義務制は見送られたことなどを背景に、その整備は立ち遅れました。障害を理由にした就学の猶予・免除が認められ、各地に入所型の障害児施設がつくられていきます。「教育の平等の権利」をうたった日本国憲法が成立しても、障害児はまだ学校に行くことすら叶わぬ状態でした。

　その後、津守真を中心に障害・発達に遅れのある子どもたちの人間性を重視するという理念を持つ国内ではじめての愛育養護学校が歩みをはじめます。1958

（昭和33）年には、先駆的な養護学校として認可されました。

　しかし、それが一部の自治体にとどまっていたのが現実です。1979（昭和54）年には学校教育法改正により、養護学校の義務化が実施されましたが、一部の学校では障害を持っていることを理由に養護学校への転校を迫った例もあったこともあり、障害者団体から「養護学校義務化」反対の声があがります。重度障害児に対しても、訪問教育という形で教育を受けることが可能となり、就学権の保障という点では評価できますが、「地域で、ともに育ち、支え合う」というノーマライゼーションの理念からは程遠いものでした。そうしたなかで、障害者は、自宅・施設・養護学校といった限られた経験しか持つことができず、移動・就労・住居など、さまざまな面で社会参加が困難な状況があります。

（4）障害のある子どもの保育・教育

　1961（昭和36）年、児童福祉法に基づき保健所での3歳児健診が制度化されました。これにより障害児の早期発見がすすみ、早期支援の場がいっそう求められるようになりました。しかし、これらの就学前の障害児を支援する専門機関は、1960年代にはまだ不足していました。幼稚園・保育所などでの障害児の受け入れも限られた園でしか行われておらず、分離保育が主流でありましたが、やがて統合保育、インクルーシブ保育というように受け入れ児童は徐々に増えていきます。

　このような状況のなかでS. A. カークが1965（昭和40）年に来日して講演し、知的障害児の「教育可能性」を指摘し、精神薄弱児への教育を受ける権利があることにも言及しました。また、カークは就学前期の障害幼児においても障害のない子どもも同様に教育を受ける権利があることに言及しました。その後、各地で「手をつなぐ親の会」がつくられ、幼児グループやポニーの学校等通園事業や「言語治療教室」「幼児ことばの教室」が広がりを見せてきます。こうしたなか、厚生省は障害を持つ子どもを対象とした通園事業を制度化してきました。

　1974（昭和49）年には「障害児保育事業」実施要綱がだされ、最初は障害程度が軽く、おおむね4歳以上、1978（昭和53）年の「保育園における障害児受け入れ」については、3歳未満児の入所が可能になりますが、重度・重複障害児は医療的ケアの体制整備が進まず、民間の保育園では障害児の受け入れを制限している園が多かったのが現実でした。障害の重い子どもを持つ母親は、就労したくともできないのが現実でした。時代はくだり2014（平成26）年には「障害児保育ヘレン」という民間の保育所が誕生し、どんな子どもでも受け入れられる看護師や医療的ケア講習を受けた保育士を多数抱え、保護者が安心して仕事ができることを目的に設立されました。また、企業立の横浜あんじゅ保育園のように多数の看護師を配置し、どんな子どもも受け入れるという保育所も現れてきました。

　これまでは、待機児童の数にさえ入れられなかった子どもにも保育の道が開かれてきたのです。国も2021（令和3）年に「医療的ケア児及びその家族に対する

支援に関する法律」を制定し、日常生活および社会生活を営むために恒常的に医療的ケア（人工呼吸器による呼吸管理、喀痰吸引その他の医療行為）を受けることが不可欠である児童（18歳以上の高校生等を含む）の保育や教育の機会を確保しました。同時に「医療的ケア児等支援者養成研修の手引き」というガイドラインが策定され、幼稚園教諭や保育士も医療的ケアの研修を受けることにより、さまざまな障害を持つ子どもや保護者が安心して保育を受けられる制度ができあがり、これから展開していく段階となっています。

7 これから保育者になる皆さんへ

　先に述べてきたように、障害児・者の「ふつうのくらし」をつくっていくインクルーシブ保育・教育の流れが、少しずつですが確実に形づくられてきたのです。納税や労働といった国民の義務の免除、介護者、保護者、医師、ボランティアによる慈善や温情のなかで生きざるを得なく、障害児・者の主体性が奪われ、一方的な保護対象者としてしか見られてこなかったのですから、歩みは遅くともこれらは重要な前進といえるでしょう。

　社会のなかでは、2001年に「障害者の権利に関する条約」が国連総会で採択され、わが国も2007（平成19）年に批准しています。その後、障害者基本法の改正、障害者総合支援法の成立など、法整備が進められてきました。障害児・者の自己選択・自己決定を前提とした社会福祉基礎構造改革の一環として、従来の「措置制度」から「支援費制度」が導入され、自己決定に基づくサービスの利用環境整備が行われてきました。また、「応能負担」から「応益負担」に変更されました。

　こうして障害者施策は変化してきましたが、その基盤となる思想や考え方まで変化したとは言い難いでしょう。本当に必要なのは、人々の障害児・者に対する意識改革なのです。障害の当事者も受け身一辺倒ではなく、積極的に社会参画し、支える―支えられるといった一方通行の関係ではない対等な関係をつくっていきたいものです。

　私たちは健常者と障害者という枠を超えて、ともに生きる保育を目指すためにも、過去の障害児・者を取り巻く歴史を学んで、インクルーシブ保育・教育に向けて、ともに生きる創造的な生き方を実践し、柔軟で強い保育実践をつくっていくことが必要です。そのためにはこれまで述べてきたような障害者の歩んできた道を学ぶとともに、さまざまな障害者・家族の生き方を学んでいきたいものです。

引用文献
・大野智也・芝正夫（1983）『福子の伝承―民俗学と地域福祉の接点から―』，堺屋図書．

- 乙竹岩造（1970）『日本庶民教育史』，臨川書店．
- 中村一基（1991）「童子神の変容―水蛭子から夷三郎殿へ―」，『岩手大学教育学部研究年報』第51巻第1号，pp.13-21.
- 武井優（2021）『渋沢栄一と社会事業―社会福祉の道を拓いた「養育院」樹立の半生』，鳥影社．
- 新村拓（1989）『死と病と看護の社会史』，法政大学出版会．
- 花田春兆（1977）『日本の障害者の歴史―その文化史的側面―』，中央法規出版．
- 堀智久（2014）『障害学のアイデンティティ―日本における障害者運動の歴史から―』，生活書院．
- 槇英広（2017）「障害者の歴史試論―本質と副次―」，『四天王寺大学大学院研究論集』，11, pp.5-21.

参考文献
- 臼井二美男（2016）『転んでも大丈夫』，ポプラ社．
- 佐々木宏幹・宮田登・山折哲雄監修（1998）『日本民俗宗教辞典』，東京堂出版．
- 生瀬克己（1999）『日本の障害者の歴史（近世編）』，明石書店．
- 日本史広辞典編集委員会（2016）『山川 日本史小辞典（改訂新版）』，山川出版社．
- 花田花兆（1990）『日本の障害者・今は昔』，こずえ．

第2部

障害のタイプと子どもや保護者の思い、その援助を理解しよう

第 3 章◎肢体不自由児・者の思いと理解・援助

第 4 章◎視覚障害児・者の思いと理解・援助
　　　　　—視覚障害と感覚—

第 5 章◎聴覚障害児・者の思いと理解・援助

第 6 章◎知的障害児・者の思いと理解・援助
　　　　　—知的障害の理解とその世界—

第 7 章◎発達障害児・者の思いと理解・援助Ⅰ
　　　　　—自閉スペクトラム症の理解とその世界—

第 8 章◎発達障害児・者の思いと理解・援助Ⅱ
　　　　　—注意欠如多動症・限局性学習症の理解とその世界—

第 9 章◎保護者の思いと支援、関係機関との連携

第10章◎発達支援のしくみと個別支援計画

第11章◎多様な支援を必要とする子どもの思いと理
　　　　解・援助　—貧困・虐待・外国につながりのある
　　　　子・性別違和等の子—

第3章

肢体不自由児・者の思いと理解・援助

　本章では、肢体不自由の概要について理解し、肢体不自由児・者がどのような生活を送っているのか、保育における配慮点や遊びの工夫などについて学んでいきます。

1 肢体不自由の理解

（1）肢体不自由とは

　はじめに、肢体不自由とは、どのようなことなのでしょう。肢体不自由ということばは、1928（昭和3）年に高木憲次が提唱したといわれています。当時、差別用語で呼ばれていた子どもたちに肢体不自由という名称を与え、肢体不自由児施設の創設に尽力した高木は「肢体不自由児の父」と呼ばれています。肢体の「肢」は手足のこと、「体」は体幹を意味します。手や腕からなる上肢と、足や脚からなる下肢四本と胴体部分をまとめて「肢体」といいます。肢体不自由とは「身体の動きに関する器官が、病気やけがで損なわれ、歩行や筆記などの日常生活動作が困難な状態」のことですが、その状態は実に多様です。手や足など、身体の部位のどこかに欠損があり身体の動きに不自由さがある状態（形態的障害）も、中枢神経系に生じた病変や損傷などによって身体にまひなどが生じる状態（機能的障害）のことも肢体不自由と呼びます。

　肢体不自由があるというのは、言い方を変えれば「動きたくても思ったように動かせない」ということです。例えば、あなたの目の前に水の入ったコップが置かれているとします。コップに向かって腕を伸ばし、コップを持って自分の口元まで運び、コップに口をつけてこぼさずに飲むことができるとしたら、それは脳からの指令が中枢神経を通り筋肉をコントロールできている証拠です。この中枢神経に病変や損傷などが生じてまひがある場合、コップに腕を伸ばしたいのに力

が入りすぎて逆に腕が引けてしまったり、コップを持ちたいのに力が入らずに保持できなかったりすることがあります。

次の4つは、肢体不自由の主な分類です。

① **まひ** 筋肉の力が調整できず、身体の動きが制御できない状態。力が入りすぎたり不足したりすることがある。

② **不随意運動** 意志に関係なく筋肉が勝手に動き、力が入ったり抜けたりする。自分でコントロールが効かない。

③ **失調** 動きの調整が難しく、姿勢や動きのバランスが取りづらい状態。スピードや距離感がうまくコントロールできない。

④ **短縮・欠損** 手や足が短いか、欠損している。生まれつきまたは事故や病気で後天的に発生する。

（2）脳性まひとは

脳性まひは、受胎から生後4週間までの新生児の間に脳に生じた病変や損傷によって身体を動かしたり姿勢を保つことができなくなることをいいます。「脳性まひ」という病名があるのではなく、一定の定義のうえに成り立つ脳性運動障害の集まりのことを指します。日本での頻度は約1,000出生あたり2人前後とされています。

脳性まひには、痙直型・アテトーゼ型（不随意運動型）・低緊張型・失調型・混合型などの種類がありますが、脳性まひがある子どもの7割以上が痙直型といわれています。おもな症状は筋肉のこわばりで、体のさまざまな部分の筋肉が緊張しつづけ、突っ張った状態になっています。両まひや片まひなど、まひが現れる部位は人によって異なるため、ひとことで「脳性まひ」といっても、その症状はさまざまです。症状が出ている部位は筋力が低下したり、高い緊張状態が続くために望ましくない姿勢に変形してしまうことがあります。また、こわばりが出るために、脚を交差して歩くハサミ足歩行やつま先立ち歩行をすることもあります。それらを予防するために、それぞれに合った補装具を作成し、装着することもあります。

（3）重症心身障害児とは

前述した脳性まひは脳の障害ですが、脳性まひ以外で運動機能にまひを起こす障害として、二分脊椎症や筋ジストロフィーがあります。簡単にいうと二分脊椎症は脊椎の障害、筋ジストロフィーは筋肉の障害です。それ以外にも、肢体不自由の原因はたくさんありますが、重度の肢体不自由と重度の知的障害が重複した状態のことを「重症心身障害」といい、その状態にある子どものことを重症心身障害児と呼びます。

これは、医学的診断名ではなく、児童福祉での行政上の措置を行うための呼び方（定義）です。その判定基準は大島の分類という方法で判定するのが一般的で、

知能は重度・最重度の範囲であり、運動機能は寝たきりに近く、食事や排せつはほぼ全介助です。筋緊張が強く、手足が変形または拘縮、側彎や胸郭の変形を伴うことが多くあります。肺炎・気管支炎を起こしやすく、70％以上の人がてんかん発作を持つため、いつも健康がおびやかされています。痰の吸引が必要な人が多く、生活するうえでは医療や福祉との連携が欠かせません。

（4）医療的ケア児とは

　医療的ケア児とは、医学の進歩を背景として、NICU（新生児特定集中治療室）などに長期入院した後、引き続き人工呼吸器や胃ろうなどを使用し、たんの吸引や経管栄養などの医療的ケアが日常的に必要な子どものことです。全国の医療的ケア児（在宅）は、約２万人であり、10数年前と比較し2倍に増加している現状にあります。これまで、医療的ケアを必要とする子どもの介護や看護は24時間家族が担い、受け入れてくれる保育や療育機関も少ない状況にありました。

　そのような状況を踏まえ、2021（令和３）年に「医療的ケア児及びその家族に対する支援に関する法律（通称「医療的ケア児支援法」）」が公布・施行されました（令和３年６月18日公布・同年９月18日施行）。これにより、医療的ケア児とその家族が適切な支援が受けられるよう定められ、保育所や教育機関が医療的ケア等の支援が行えるよう体制整備を図るうえで、国や地方公共団体の責務が明確化されました。

　近頃は医療的ケア児を受け入れている「医療的ケア児保育園」もあり、喀痰吸引や経管栄養などの医療的ケアが行える看護師、もしくは専門の研修を受けたスタッフが在籍しています。保育と医療的ケア、両方の支援サービスを受けられるため、就労している保護者にとっては安心ですが、まだまだ数が少ないのが現状です。

2　肢体不自由のある生活の理解

（1）介助と生活

　日常生活を送るうえで欠かせない食事・睡眠・排泄も、肢体不自由があると容易ではありません。障害の程度にもよりますが、介助度が高いほど、在宅で介助する家族の負担は大きくなります。肢体不自由のある子どもは、食事にも配慮が必要な場合が多く、きざみ食やおかゆなど、食べられる食形態を用意することが必要です。また、使いやすいスプーンやお皿などの食具を用意することで、自分で食べる経験につながり、それが心理的な安定につながります。移動に車椅子やバギーを使用している場合、自宅にもある程度のスペースが必要になりますし、入浴介助のためには浴室用椅子などの介助用品が必要になってきます。家族が在

宅でできる介助には限界があるため、肢体不自由児・者との生活には、医療、福祉との連携が欠かせません。

(2) 医療的ケアと生活

医療的ケア児のなかには、消化機能が正常でも、うまく食べられない、飲み込むことができないなどの摂食嚥下障害があるときなどに「胃ろう」などによる経管栄養が検討されます。胃ろうとは、チューブで直接、胃に栄養を送り込むための穴のことです。食べ物や薬を直接胃に入れることを「注入」といいます。

写真2は酸素療法で使用する人工呼吸器です。医療的ケア児のなかには、常時人工呼吸器が必要だったり、酸素吸入が生活に欠かせない子どもも少なくありません。夜間は呼吸の活動が低下して低酸素血症になる危険があるため酸素吸入が必要なことが多く、夜間の医療ケアを行う家族、とくに母親の睡眠不足が深刻な問題になっています。このことからも医療ケア児の健康のためには、その子を育てる親の支援が重要であることがわかります。

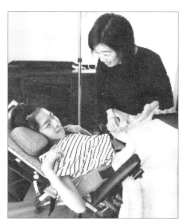

写真1　注入の様子

写真2　人工呼吸器

(3) 生活を支える福祉

肢体不自由がある子どもが日常生活を送りやすくするためには、苦手な部分をサポートする器具の存在が欠かせません。まず、移動を助ける器具の代表的なものは車椅子で、手動と電動の2種類があります。手動車椅子には、自分の力で車輪を回す「自走式車椅子」(写真3)と介助者に押してもらう「介助式車椅子」があります。子どもや、座位の保持が難しい場合にはバギー(写真4)と呼ばれる子ども用車椅子を使用します。一見、ベビーカーにも見えるバギーですが、正式な子ども用の車椅子です。

歩行を助ける器具としては、PCW歩行器や

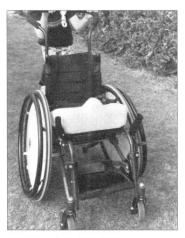

写真3　自走式車椅子

SRC歩行器があります。姿勢を調整し、自然な前向き歩行を促すPCW歩行器を使えば自力で歩ける子どももいれば、SRC歩行器で立位を支えられることで、足を動かす練習をしている子もいます。短下肢装具や長下肢装具といった、足首や下肢全体を固定する装具もあり、下肢装具や杖があれば歩行できる子もいます。子どもの運動能力に応じて必要な器具を使うことが大切です。また、安定した座位を保つための椅子

写真4　バギー

としては、室内で使用する座位保持椅子や座位保持装置、クッションチェアなどがあります。正しい姿勢を保つことが苦手な子どもにとっては、生活する上で姿勢の安定はとても大切です。その他にも、義手や義足など、欠損のある子が使用する器具もあります。これらの器具はまとめて「補装具」といい、各市町村に申請をすることで補装具費支給制度により、補助金が支給されます。

　肢体不自由がある子どもたちの日中の過ごし方はさまざまです。児童発達支援センター（療育センター）に通っているだけでなく、前述した医療的ケア児保育園や、民間の幼稚園・保育所などに通っている子どもたちも少なくありません。就学後は特別支援学校や地域の学校の特別支援学級に通うことが多いですが、通常学級に通っている子どもたちもいます。

3　肢体不自由児（者）・親の思いへの理解

（1）肢体不自由児（者）の思い

　肢体不自由がある人に対して「大変そう」「不便そう」「不自由でかわいそう」と思う人は少なくないかもしれません。確かに、車椅子を利用されている方が町に出れば、段差や階段ばかり。エスカレーターにも乗れません。素敵なカフェがあっても段差があって入店できなかったり、電車に乗るのも駅員さんのサポートが必要だったりと、不便に感じることはきっとあることでしょう。肢体不自由が中途障害によるものだったとしたら、なおさらそう感じるかもしれません。しかし、だからといってまわりからかわいそうな人だと思われたい人は、どれほどいるでしょうか。日常生活が不自由だったり、不便だったりするのは、その方の障害のせいでは決してありません。すべて社会がつくり出しているものであり、かわいそうという決めつけは、差別以外の何物でもないのです。

　では、生まれたときから身体にまひがある、もしくはまひが生じるリスクのある子どもたちにとって、肢体不自由があるということは、どのようなことなのでしょうか。障害がなく生まれたあかちゃんは、個人差はありながらも「定型発

達」、いわゆる通常の成長パターンで発達していきます。一方、肢体不自由がある子どもは、生まれたときからその状態にあり、発達していきます。「Aちゃんは、もう2歳になるのに、まだ立つこともできなくてかわいそう」「うちの孫は、1歳になるのにまだ首が座らない」など、定型発達の同年齢児と比べて、悲観に暮れてしまうことも少なくありません。しかし、障害の状況によって発達の様相は、一人ひとり異なってくるため、本来、他者と比較することに意味はないのです。重要となるのは、当該児の発達の可能性をいかに引き出すことができるかであり、それは医療や療育、教育の役割となります。

　肢体不自由がある子どものなかには、成長していく過程で、自身が他児と異なることに気づいたり、再認識したりと、その受けとめに心理的葛藤を経験するケースもあります。もちろん、肢体不自由がある状態をどのようにとらえているかは、当事者一人ひとり異なります。だからこそ、周囲の者が、決めつけないことが大事になります。とりわけ、将来、保育や療育、特別支援教育に携わろうとしている皆さんは、まっさらな気持ちで相手を知り、思いに耳に傾けることがまず求められるのです。そこから支援が始まります。

（2）親の思い

　障害がある子どもの親の心情の理解は、とりわけ子どもに障害があるとわかって間もない保護者への支援にあたる保育者にとっては極めて重要となります。その際、親の心情を長期的な視点で捉えることも忘れてはなりません。以下は、肢体不自由のある子どもを育ててきた母親の手記です。一例ですが、育てていく過程での気持ちの変容を読み取ってみてください。

【事例1】　親の手記：肢体不自由のある子どもを育てる親の気持ち

　我が家には医療的ケアが必要な長女がいます。17歳になりましたが、首も座らず寝たきりです。もちろん会話をすることもできず、発語は私を呼ぶ「まぁま」のみです。

　こう書くと、「かわいそう」と思われる方もいるかもしれません。でも、家族はまったくかわいそうとは思っていません。むしろ彼女が生きている世界はいつも自由気ままで、私にはとても幸せそうに見えます。それでも、私もはじめからこう思えたわけではありません。妊娠中に女の子と判ったときから大きな夢が次々にでき、生まれたら一緒にしたいことがたくさんありました。生後3か月で「脳性まひ」の診断を受けたときには、妊娠8か月で出産してしまった自分のせいだと、ことばでは表せないほど申し訳なく思い、「この子は生きていて幸せなのか」と考え込んでしまいました。

　長女は双子で、娘たちが赤ちゃんの頃はベビーカーに乗せて外出すると「双子ちゃんですか？」と声をかけられることがありました。でも、当時の長女は脳性まひの合併症の難治性てんかんの影響で斜視が強く、笑顔でベビーカーをのぞき込んだ方の表情がサッと変わることが何度かあり、一時期は外出するのが怖く

なったこともありました。年配の方に「おめめどうしたの？」と聞かれ、「ちょっと障害があって」と答えると「かわいそうに」といわれたこともありました。まだ「障害」ということばを口にするのも勇気がいる頃で、そのたびに悲しくなったものです。

でも、そんなネガティブな感情を変えてくれたのも長女でした。例えば、私が長女に話しかけたときにきょとんとした顔をすると「あら〜"またこの人何言ってるかさっぱりわからないわ〜"って思ってるでしょ」と、私ひとりで会話を完結します。すると長女は、ことばの意味は通じなくても、私が笑っていれば笑顔を見せてくれます。その笑顔に「この子が楽しそうならそれでよい」と自信を持っていえるようになりました。

写真5　親子の語らい

長女が暮らす世界はとても自由です。誰かに気を遣うことも揉めることもなく、楽しければ笑顔に、嫌なときは不快な声を出します。常に自然体で大好きな音楽に囲まれて生活する長女は決してかわいそうではないと思うのです。長女と接していると、ことばを使わなくても表情や声で十分通じることがあります。長女との生活は、常に私に幸せの価値はひとつではないのだと教えてくれています。

（執筆協力　江利川ちひろ「肢体不自由のある子どもを育てる親の気持ち」）

4　保育における援助と配慮

　障害があってもなくても、子どもはみんな健康に育ち、幸福になる権利をもって生まれてきます。そのため保育のなかでは第一に、安全面に気をつけなければなりません。座位保持椅子やバギーに乗って移動する子なのか、装具を装着して自力で歩く子なのかによっても異なりますが、クラスのなかに危険箇所がないか、移動しやすいかといった保育環境が大切なポイントになります。次に、健康面への配慮も重要です。食事や排泄面は個々に応じて必要な支援が異なるため、家庭との連携が必要不可欠です。一番の支援者である親や家族から本人の情報を聞き取り、保育のなかでできることを確認しておくことが重要になるでしょう。

　肢体不自由がある子とのコミュニケーションでもっとも大切なのは、本人の要求や拒否を大人が受け止めることです。わかりやすく言葉や手指を使ったジェスチャーで伝えることは難しくても、表情や発声、身体の動きや視線など、どの子にも反応やサインなどの発信は必ずあります。まずは好きな音や感触、表情のよくなる動きやよく見る物（色、光、動き）などを探してみましょう。「たのしい」「もっとやりたい」という遊びが見つかると本人からの発信がさらに広がり、発達全体を促進することにもつながります。

保育のなかで肢体不自由がある子へ援助や配慮をするためには、一緒のクラスで生活する子どもたちの理解も欠かせません。お互いの「ちがい」を知り、理解し合うために、子どもたちにとって身近な絵本を活用するのもよいでしょう。
　うさこちゃんシリーズで有名なディック・ブルーナの絵本のなかには『**うさこちゃんとたれみみくん**』というお話があります。

『うさこちゃんとたれみみくん』
　うさこちゃんのクラスに転校生が来ました。その子は他の子と少し違って片方の耳がたれていたので、クラスのみんなが「たれみみくん」とよびはじめました。うさこちゃんは、たれみみくんと親しくなるにつれ、そのあだ名が気になり始めます。いやじゃないかしら。そこでうさこちゃんは一晩考えて、翌朝新しい友だちのために、勇気をもって行動しました。友だちとの関係の中で、うさこちゃんが大きく成長するお話です（福音館書店ホームページより）[1]。

（ディック・ブルーナ文・絵／まつおかきょうこ訳，2008，福音館書店）

　転校生であるだーんのことを紹介する際、先生は「みなさんと　ちっとも　かわらないこですよ。ほんのちょっとちがっているのは　そのこのみみかもしれませんね」といいます。もし皆さんがこの先、肢体不自由がある子に出会ったときにはまず、その子の名前を呼び、話しかけてください。「たれみみくん」というあだ名ではなく「だーん」と呼ばれかったように「脳性まひの○○ちゃん」として接するのではなく、目の前にいるその子自身と向き合い、よき理解者になってほしいと思います。そのための近道は、その子の「すきなこと」や「たのしいこと」を見つけることです。難しいように聞こえるかもしれませんが、まずは一緒に生活をしている親や家族から好きなことを教えてもらうのがよいでしょう。どの子どもも、家庭での姿と保育のなかでの姿は違います。保育で一緒に生活するなかで「こんな動きも好きなんだ」「この曲が聞こえるとよく笑う」など、家庭とは違った姿が見えてくることがあります。子どもの新たな表情や姿を親や家族に伝えることは、家族との信頼関係を築くことにつながります。
　また、ブルーナの絵本のなかには『**ろってちゃん**』という車椅子に乗った女の子のお話もあります。絵本

（ディック・ブルーナ文・絵／まつおかきょうこ訳，2016，福音館書店）

1）福音館書店，2024（閲覧）

に出てくる双子は、ろってちゃんは車椅子に乗っているのでボール遊びは「うまくやれっこないだろう」と思っています。「ろってが　はいったら　きっとつまらなくなる」と、ボール遊びには誘いたくありません。この双子の気持ちは、とても正直な子どもの姿です。それでも、みんなでボール遊びをやってみると、ろってちゃんはボール遊びがとても上手で、双子も「なかなかやるじゃないか」と感心します。

　肢体不自由がある子どもは、動いて遊ぶ機会や経験がほかの子どもたちより少ないため、一見「できないこと」が多く見えますが、ろってちゃんのようにできることもたくさんあります。正確には「まだやったことがないこと」が多い子どもたちなので、保育のなかではさまざまな新しい刺激に出会うことになります。私たち大人は、子どもたちの「できないこと」に目を向けるのではなく、「できること」に注目したうえで「できそうなこと」を見つけ、保育に取り入れていく姿勢が重要です。

肢体不自由を理解するために保育のなかで活用できる本

『ポケットのないカンガルー』

　おさるのジョージシリーズで有名なH. A. レイの絵本です。

　ポケットがなくて、わが子を運べないお母さんカンガルーのお話です。明るく力強いお母さんの姿が感動的な楽しい絵本です。

（エミイ・ペイン作，H・A・レイ絵，西内ミナミ訳，1970，偕成社）

『さっちゃんのまほうのて』

　「おしいれのぼうけん」で有名な、たばたせいいちさんの絵本です。

　生まれつき右手の指がないさっちゃんですが、その手を「不思議な力をくれるまほうの手」といってくれるお父さん。元気なさっちゃんから勇気をもらえる絵本です。

（たばたせいいち作・絵，1985，偕成社）

5 遊びの工夫・援助

(1) 子どもの遊びの保障

　子どもは皆、遊びが大好きです。身近にあるものに興味・関心がいくと、それに向かって移動し、手に取り、探索を始めます。それらはすべてが遊びの材料になっていきます。そして子どもたちは遊びを通してさまざまなことを学んでいくと同時に、身体の使い方も獲得していきます。それは、肢体不自由がある子どもの場合も同じです。ただ異なるのは、「あれは何だろう？　おもしろそうだな」と心が動いても、そこまで移動することや、目の前にあるものに手を伸ばして取ることができないことにあります。そうなると、子どもたちは遊ぶ機会が失われ、心身の発達に影響をおよぼしかねないことになります。保育者は、子どもの視点に立って、子どもが興味ありそうなものを本人に確認し、一緒に取りに行ったり、手に取りやすい位置に置いたり、手の操作が難しければ、子どもの手に保育者の手を添えて一緒に探索したりなど、少しの援助で、子どもの主体的な遊びを保障する援助が求められます。

(2) 肢体不自由児の運動遊びを豊かにするムーブメント教育・療法

　幼稚園や保育所などでの集団保育において、日々の運動遊びや運動会の際に、肢体不自由のある子どもへの対応に悩まれた経験がある保育者は多いのではないでしょうか。その根底に、「皆と同じように動けない、一緒にはできない」という思いがあるからではないかと考えられます。しかし、果たして、皆と同じである必要があるでしょうか。同じでなくても、皆一緒にできることがあるのではないでしょうか。「肢体不自由がある＝運動遊びができない」は間違った見解であり、肢体不自由のある子どもたちのなかには、身体を動かして遊びたいと思っている子どももたくさんいます。そのような子どもたちに運動遊びを保障することは、保育者の大事な役割といえます。

　肢体不自由のある子どもに無理なく、軽運動を楽しみながら、心身の発達につなげることができる方法としてムーブメント教育・療法があります。ムーブメント教育・療法は、子どもの育ちの基本は遊びにあり、遊びを通して動くことを学び、動きを通して学びながら発達をしていくとする考えのもと、開発された発達支援方法です。障害のある子もない子も一緒に活動できるため、インクルーシブ教育や保育の現場で、また、療育センターや特別支援学校などでも広く実践されています。

　ここでは、幼児期から学齢期に取り入れたい遊びをいくつか紹介します。

①揺れを楽しむ

　上下・左右・垂直・回転など、さまざまな方向への揺れは、発達の初期段階にある子どもの抗重力姿勢（定頸、座位）や基本的な動き（座位、這う、立つ、座る、歩く、走る、転がる、跳ぶ）を育てたり、運動の属性（調整力、柔軟性、リズム感、スピード感、筋力、持久力）を高めたりするのに不可欠な活動です。この揺れを楽しむことができる遊具に、「ユランコ」や「トランポリン」があります。

　「ユランコ」（写真6）は、キャンバス地の長方形の布の周囲に取っ手がついていて、シーツブランコのように揺らしたり、付属の牽引ベルトを使って、ひっぱって移動したりできる遊具です。横になって乗ったり、座位で乗ったりなど、子どもの状態に合わせてさまざまな姿勢で乗ることができるので、遊び方も多様に工夫ができます。「トランポリン」は、決して大きなものは必要ありません。キャンバスの上に介助立位や介助座位になって少し揺れるだけで立ち直り反応[*1]を促したり、運動負荷につながったりする効果があります。

写真6　ユランコで移動

②身体意識を育てる遊び

　肢体不自由があると自身の身体部位への意識が育ちにくいことがあります。障害の有無にかかわらず、自分の身体を知ることは、環境を把握していくうえでも重要な発達課題の一つとなります。そこで身体意識の向上につながるムーブメント活動として、スキンシップ体操や指定した身体の部位に触れたり、そこにビーンズバッグやスカーフなど、物を乗せあったりする活動が推奨されます。またプールでの水遊びも全身への触覚刺激となり、大変有効です。

③リズムや速度の変化を楽しむ遊び

　皆で走行ムーブメントやダンスを行います。その際、肢体不自由のある子は車椅子やバギーに乗って、保育者が介助します。走行ムーブメントでは、ピアノの演奏スピードを速めたり、遅くしたりし、子どもたちはそのテンポに合わせてゆっくり歩いたり、小走りになったりします。同様に保育者は車いすの速度を早めたり、遅くしたりして皆で音に合わせた動きの変化を楽しみます。ダンスも動きやすいテンポの曲を選び、皆で輪になって、前に進んだり、そのまま後ろに下がったり、その場で右回りや左回りに回ったり、ジャンプしたりなど、方向性やバランス感覚を促す振りつけを工夫します。車いすの子どもにはジャンプの際、

[*1]　立ち直り反応：空間内で頭や体幹を正しい位置に保ったり、自動的に正常な姿勢に修正したりする反応のこと。

後ろの車輪を上下にトントンとバウンドさせたりすることで同じ感覚を楽しむことができます。

④集団でパラシュートを操作して遊ぶ

ムーブメントパラシュートは、皆で持って操作することで協調性や集団意識を高め、子どもたちの力によって空間に変化をもたらすことができる、子どもたちのわくわくドキドキを引き出す遊具です。皆でパラシュートの縁を持って垂直に揺らす、小さい波や大きい波を作る、音楽に合わせて時計回りに持って歩く、パラシュートに風船を乗せて動かす、「１、２の３」のかけ

写真７　パラシュートを見あげる

声に合わせてドームを作ってなかに入るなど、いろいろな遊び方が展開できます。肢体不自由の子どもについては、ゆっくりとした介助歩行が可能なら、そのテンポに合わせた移動を取り入れ、パラシュートを動かす際には、立位補助により操作しやすくするなど、個々の状態に合わせた介助を工夫するとよいでしょう。目線が下に行きやすい肢体不自由の子どもたちにとって、パラシュートは見あげたくなる遊具であり、体幹を保持し見あげる力を育てます。

　以上、肢体不自由の子どもがいる集団遊びのなかで、取り入れたいムーブメント活動の例を一部紹介しました。「肢体不自由があるからできない」ではなく「こうすればできる」「楽しめる」工夫と援助を保護者との連携のもと、取り組む姿勢が大事になります。

参考文献

・小林保子・駒井美智子・河合高鋭（2017）『子どもの育ち合いを支えるインクルーシブ保育　新しい時代の障がい児保育』，大学図書出版，pp.40-42.
・小林芳文監修，小林保子・花岡純子（2020）『子どもたちが笑顔で育つムーブメント療育』，クリエイツかもがわ，pp.17-21.
・笹田哲（2017）『肢体不自由のある友だち』，金の星社，pp.20-23.
・篠田達明監修，沖高司・岡川敏郎・土橋圭子（2015）『肢体不自由児の医療・療育・教育（改訂３版）』，金芳堂，pp.13-20.
・国立特別支援教育総合研究所ホームページ，https://www.nise.go.jp/nc/report_material/disaster/consideration/consideration07　2024年7月30日閲覧
・福音館書店ホームページ
　「うさこちゃんとたれみみくん」https://www.fukuinkan.co.jp/book/?id=1110　2024年7月30日閲覧

「ろってちゃん」https://www.fukuinkan.co.jp/book/?id=1735　2024年7月30日閲覧
・偕成社ホームページ
「ポケットのないカンガルー」https://www.kaiseisha.co.jp/books/9784033276106
2024年7月30日閲覧
「さっちゃんのまほうのて」https://www.kaiseisha.co.jp/books/9784033304106
2024年7月30日閲覧

Column⑤ ともに育ち合うとは ―Nくんの存在が2時間で友達を変え、1年間で大学生の人生も変えた―

　筆者が園長を務める園で実習する学生の皆さんに必ず話す事例があります。Nくんは、重度の知的障害と肢体不自由がある全介助の子どもでした。母親の希望で障害児入所施設から本園の年中組に途中入園することが決まりました。送迎は、インクルーシブ教育の卒論のために園にきていたAくんをはじめとする大学生がサポートしました（のちに、園児の母親たちも有志でサポートに加わりました）。

　登園初日、ペースト状にした給食を食べ終えたNくんは寝てしまいました。クラスの友達はNくんを見て、「どうして寝ているのに片目が開いているの」とたずねました。担当教師が、「Nくんは病気で右目を取って、今はつくった目が入っているから目をつむることができない」と説明したところ、「（左の）目は、僕たちが守る」と応答しました。生まれてから、たった4年の子どもたちの発言に、私たち教師は衝撃を受けました。そして私たちのなかにあった4歳児という概念は、塗り替えられました。

　Nくんの通園が順調に進むなか、大学生のAくんは、研修室のY先生から推薦状をもらい、高齢者福祉施設の就職試験に臨みました。最後の面接で「あなたは、高齢者福祉がしたいのですね」とたずねられ、彼は「いいえ、本当は障害のある子どもの福祉がしたいのです」と答えたそうです。ここで「はい」と答えて後日辞退するなど、施設にも、Y先生にも、最低限の迷惑で済むという選択肢もありました。しかし彼は、「僕は、そのときNくんのことが思い出されて、自分の心にうそがつけなかった」ということでした。

　施設の就職試験に落ちたAくんは、筆者が務める園の非常勤職員となりました。その年の秋になり、私は大学のY先生に「Aくんは一生懸命働いているので、常勤職員にしたいと思います」と相談したところ、Y先生から「それはやめたほうがいい」といわれました。驚いた私は、「先生どうしてですか、彼は一生懸命にやっています」と返しました。すると、Y先生が「Aくんは福祉を学びに入学した訳ではなく、高校の先生に『おまえの成績ならこの大学に推薦で入れる』といわれてきた学生です。ですから研究室も決めあぐねていましたので、私の研究室に誘って、インクルーシブ教育を卒論のテーマにしました。その彼が、生まれてはじめて自分の人生について、自分で決断したのです。その気持ちを大切にしましょう」といいました。翌年度、彼は障害児入所施設に就職し、それから20年経った現在もそこで元気に働いています。

　Nくんは話すことができません。しかし、彼の存在がまわりの人たちに雄弁に語りかけているようにも思えます。Nくんの母親は、「Nが障害を持って生まれたとき、その未来にこんなすばらしい出会いが待っているなんて想像もつきませんでした。今はNに『生まれてきてくれてありがとう』って心からいいたいです」とメールをくれました。このような多様性が認められ、尊重されてこそ、子どもたち、教師、そして親もともに育ち合います。これから皆さんが働かれる教育現場は、すてきな出会いや新しい発見に満ちています。

第4章

視覚障害児・者の思いと理解・援助 ―視覚障害と感覚―

本章では、視覚という感覚と行動との関係を理解し、視覚に障害を持つ人の見え方や援助方法、幼児期におよぼす発達の影響と支援における留意点を学びます。

1 視覚の成り立ち

ここでは、視覚という感覚と行動との関係について理解し、そして視覚器の構造と機能について解説します。

（1）視覚感覚

視覚は情報を同時的、連続的に把握することができるとても便利な感覚器官です。「遠隔感覚」といわれ、味覚や触覚といった「接触感覚」と比較して、離れた広い範囲の情報を一度に得ることができ、外界からの情報の8割以上が視覚を通して得られるといわれています。視覚から得られる情報は、光や色、物の形、大きさ、距離、動きなどがあります。人がどこにいるのか、物がどこにあるのかなど、人や物の位置やお互いの位置関係がわかります。そして、時間の経過とともに変化する状況について把握することもできます。

この感覚によって私たちは、まわりの環境を認識、理解します。このように視覚は物体の識別、方向の感知、距離の評価、運動の調整、社会的相互作用、美的鑑賞など、さまざまな目的に使用されます。感覚器官としての視覚は、私たちの生活のなかで極めて重要であり、外部の情報を理解し、環境に適応し、社会的、文化的な経験を豊かにする役割を果たしています。そのため、先天的な視覚障害や幼少期の受傷によって視覚障害になった場合など、発達に必要な経験や情報を十分に得られず、行動についても制限されてしまい経験が不足する傾向にあります。また、成人後の中途失明においても社会的、文化的生活を営むことが著しく制限されてしまいます。視覚に障害を持つ人を支援するにあたって大切なことは、

見え方を理解し、その人を取り巻く環境とライフスタイルや習慣、職業、成育歴といった個人因子を踏まえた支援が重要になります。

（2）視覚と行動の関係

　私たちの行動は、視覚、聴覚、触覚、嗅覚、味覚などの感覚から情報を入手し、その感覚を処理統合して起こります。そのなかで、視覚から得た情報は、前述したようにすべての感覚から得る情報量の8割以上といわれます。「百聞は一見に如かず」ということばからも、視覚障害が重大な情報障害であることがわかります。その視覚から得た情報は個体の行動に大きな影響を与えることを以下の6点について視覚と行動の関係について解説します。

①環境認識と移動（ナビゲーション）

　視覚は、物体、場所、障害物、道路、建物などの環境を認識して識別するために不可欠です。その視覚情報を元に自分の位置を特定し、目的地に向かうためのナビゲーションを行います。これは歩行や運転、買い物や旅行などの活動に大きく影響します。

②危険の回避

　視覚は危険を認識し、回避行動をとるための情報を提供します。例えば、障害物を避けたり急に自転車が飛び出してきた場合、視覚情報がないと危険を認識することも困難で、適切な反応行動に大きく影響します。

③対人コミュニケーション

　視覚は顔の表情、ジェスチャー、視線の情報を通じて対人コミュニケーションに重要な役割を果たします。視覚情報をもとに、他人の感情、意図、意思を理解し、適切なコミュニケーション行動をとります。

④教育と学習

　教育環境において、教科書や授業資料の視覚的な情報を理解し、知識を取得するために視覚が使用されます。また、視覚情報はアート、図表、グラフなどを通じて情報伝達と理解を促します。

⑤スポーツと娯楽

　スポーツや娯楽の多くにとって視覚は重要な要素です。球技は視覚でボールの軌道を追跡し、競技場やコート内での位置を認識する必要があります。また、視覚は映像やゲームなどのエンターテイメントにおいても情報を提供します。

⑥美的鑑賞

　芸術、デザイン、建築などの美的鑑賞では、視覚情報が感情や美的評価に大きな影響を与えます。美しい景色や芸術作品を観賞し、感動や満足を得るために視覚は不可欠です。

　視覚は我々の日常生活、安全、コミュニケーション、学習、エンターテイメント、芸術鑑賞など、さまざまな面において行動に大きな影響を与える重要な感覚です。視覚情報を適切に理解し、適切な行動をとるためには、ほかの感覚と合わせて視覚情報が効果的に統合処理されることが必要です。

（3）見る（視覚）機能について

　私たちが一般的に「見える」「見えない」というとき、「1.2」「0.7」のように視力の程度を指していることが多いです。視力も重要ですが「見る」という視覚の機能は、視力に加えて、視野、色覚、光覚、暗順応と明順応、屈折、調節、眼球運動、両眼視などがあります。このように見え方は、さまざまな視覚機能から成り立っており、たとえ視力が同じであっても見え方は一人ひとり異なっているといえます。ここでは、主な視覚機能として以下の4点について解説します。

①視力

　視力は、細かいものを見分ける能力を数値化したものです。視力検査はアルファベットのCに似た、切れ目の入ったマーク（ランドルト環）を使って測定します。さまざまな大きさのランドルト環を使って、どれだけ狭い切れ目を見分けられるかを測定しています。高さと幅が7.5mm、切れ目と線の太さ1.5mmのランドルト環（図1）を5mの距離から見て識別できる場合、視力1.0としています。

　ランドルト環を見たときに眼と切れ目によって角度ができます。この角度を視角（図1）と呼び、視角の単位は、1度の60分の1である分を使い、視力はこの

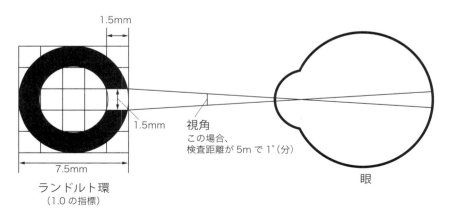

図1　ランドルト環と視角
（小林秀之・澤田真弓編（2023）『視覚障害教育の基本と実践』、慶応義塾大学出版会, p.23）

視角の逆数で表されます。視角が１分のときは、１分の１で視力1.0、視角が10分であれば10分の１で視力0.1となります。

②視野

　視野とは、片眼で一点を注視している状態で見える範囲です。両眼の場合は両眼視野といいます。通常、視野は上方60度、下方70度、内側（鼻側）60度、外側（耳側）100度ぐらいが見えます。緑内障などの網膜の病気で、視野に見えない部分が生じた場所を暗点といいます。中心部が見えなくなっている状態を中心暗点、視野が狭くなっている状態を視野狭窄といいます。

③色覚

　色覚は、色を感じる眼の機能です。色覚の認識を担っている視細胞は錐体です。錐体細胞は網膜の中心部に多く分布しているので、視野の中心部がもっとも色覚がよいことになります。錐体には、L錐体、M錐体、S錐体があり、それぞれ赤、緑、青付近の色に反応します。これらの錐体の反応の組み合わせによって、私たちは色を認識しています。先天性色覚異常は、この三種類の錐体が反応しないことや不完全なことから起こります。

④光覚・暗順応と明順応

　光覚は、光を感じてその強さを区別する機能です。暗いところや夜に見えにくくなる夜盲症や、反対に明るいところで見えにくくなる昼盲症があります。これらの場合、それぞれの状態を把握して、屋外での遮光や室内の明るさを調整するなどの配慮が必要になります。

　明るいところから暗いところに入ると、すぐには見えませんが、しばらくすると暗さに慣れて周囲がみえてきます。このように暗さに眼が適応していくことを「暗順応」といいます。反対に、暗いところから明るいところに出るとまぶしく感じますが、すぐに慣れてきます。これを「明順応」といいます。光覚障害の人は、この暗順応や明順応ができないために、暗い所や明るい所で眼が慣れず、見えにくいままであったり、まぶしすぎて眼が開けられないことがあります。

（４）視覚器の構造と視覚情報の流れ

　視覚情報は、眼（眼球）から神経（視神経）を通って脳（視覚中枢）に伝わり、認識されます。眼の構造や機能、視覚についての理解は、視覚障害を理解するうえでの基礎となります。

①眼球の構造と機能

　眼球は成人の平均として、重さは７ｇ、前後の径は24mmです。眼球の水平断面図を図２（a、b）に示します。眼球は、三層の膜で覆われています。一番外側

の膜を強膜といい、乳白色の丈夫な膜で、いわゆる「白目」の部分です。角膜も一番外側にある膜で、目の中央にある直径11mmくらいの円形の組織で、あわせて強・角膜と呼ぶことがあります。光を通すために透明で、目に入ってくる光を網膜上に焦点を合わせるために強い屈折力を持ち、物を見るための重要な役目を持っています。三層のうち真ん中の膜をぶどう膜といい、ぶどう膜には、虹彩、毛様体、脈絡膜が含まれます。ぶどう膜の組織にはメラニン色素と血管が多く、色合いと形がぶどうに似ているため、ぶどう膜と呼ばれています。この膜には、瞳孔から入ってくる光以外の光をさえぎる暗幕としての機能があります。一番内側の膜を網膜といい、網膜は目に入ってきた光を処理し、脳に送る役割をしています。

　眼球のなかには水晶体というレンズの役割を果たすものがあります。この水晶体はチン小帯、毛様体で支えられています。毛様体筋の働きによって、水晶体の厚さを変え、水晶体の屈折力を変化させます。網膜に画像が綺麗に表示されるようにピントを調節します。眼を外から見て、真ん中の「黒目」の部分が瞳孔です。瞳孔は網膜へ光を通す穴です。瞳孔のまわりは虹彩があり、虹彩を広げたり狭めたりして眼のなかに入る光の量を調整しています。

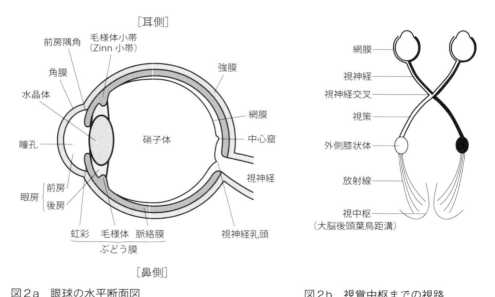

図2a　眼球の水平断面図　　　　　　　　　図2b　視覚中枢までの視路
（小林秀之・澤田真弓編（2023）『視覚障害教育の基本と実践』, 慶応義塾大学出版会, p.21）

②眼の形成と視力の発達

　眼は胎生3週ごろに形成が始まり、胎生5週末には全般的な構造が認められます。眼球全体としては、胎生8か月ごろには完成します。視力の発達は、生後2か月ごろ片眼で見たときの縞視力（通常の検査で答えられない乳児や幼児は、徐々に幅の狭い縞模様を提示したときの子どもの目の動きを観察することで推定）は0.02、

4か月で0.05、12か月で0.08～0.15、24か月で0.36という報告があります。

　1歳前後で急激にピント合わせ機能や眼球運動のコントロールができるようになり、視力は3歳ごろまでに発達して最高視力に近づきます。ただし、視機能については8歳ごろまで不安定で確立の時期です。この視力の発達期は、はっきりとした画像を見る環境が大切で、その条件が阻害されると発達した視力が低下することもあるので注意が必要です。

③視覚情報の流れ

　外界の視覚情報は、光として眼に入ってきます。光はまず角膜に入り、水晶体、硝子体を通って網膜に達します。この角膜から硝子体までの組織は、光を通すために透明になっています。網膜に到達した光の情報は網膜で電気信号に置き換えられます。それが脳に伝わり、脳がその情報を解析することで、私たちは視覚情報を認識しています。この「見える」道すじは、カメラの仕組みに例えられます。カメラのレンズ（角膜）で光を集め、しぼり（瞳孔）で光の入る量を調整します。ピントを調節（水晶体）で焦点を合わせ、フィルム（網膜）に形として写ります。写った映像が運ばれ（視神経）、写真（脳）として認識されます。

　網膜と脳の視覚中枢がある後頭葉までを結ぶ神経線維の集まりを視路といいます。視路は、視神経、視神経交叉、視索、外側膝状体、視放線からなります。網膜から視覚中枢までの視路を図2bに示します。網膜には中心窩という小さなくぼみがあり、ここで像が結ばれ、その情報が視神経乳頭という視神経の入口に伝えられます。視神経から視路を通った視覚情報は後頭葉の視覚中枢に伝わり認

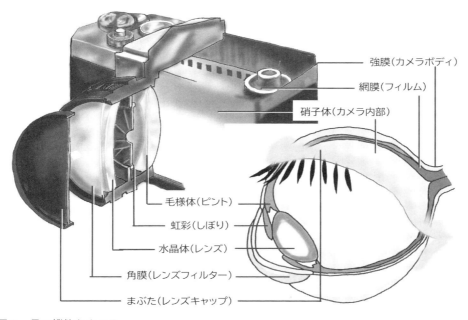

図3　目の機能とカメラ

識されるのです。

④網膜についての補足

　網膜は、眼に入ってきた光を処理し、脳に送る働きをしています。網膜がはがれたり（網膜剝離）、機能しなかったりすると見ることができません。網膜には視細胞と呼ばれる実際に見る機能を担う細胞があります。視細胞には、錐体と杆体という2種類の細胞があり、錐体はものの形や色の認識に関わり、杆体は暗い場所での明暗の認識に関わります。中心窩を含む網膜の中心部分を黄斑といい、この中心窩の部分がもっとも視力が高く、網膜の周辺にいくほど視力が低く明確な像を見ることができなくなります。これは、錐体の数が関係しています。中心部分は錐体がもっとも多くあるので視力が高く、周辺にいくほど錐体が少なくなるので視力が低くなります。日頃、意識しませんが、視力が高いのは視線を向けているわずかな範囲だけなのです。

2　視覚障害の主な眼疾患と見え方

　視覚障害とは、眼から脳までの器官で何らかの障害が生じて見えにくくなったり見えなくなった状態です。これらの器官の働きや視覚機能の働きが眼鏡などの矯正や治療によっても十分に改善されない状態が視覚障害です。それによって生じる社会的障壁により、日常生活や社会生活の相当な制限を受ける状態にある人が視覚障害者になります。身体障害者福祉法に規定されている視覚障害は、視機能のうちの矯正視力、視野の程度により1級から6級に区分されます。矯正視力とは、近視や乱視などの矯正眼鏡をしたときの視力です。

（1）代表的な眼疾患

　視覚障害の原因疾患でもっとも多いのが「先天素因」で、その割合は半数以上を占めています。これは、眼の発生期に眼球が形成される際の障害、小眼球、虹彩欠損、網膜色素変性症、視神経委縮、緑内障などです。その次に多いのは未熟児網膜症や腫瘍、全身病の糖尿病やベーチェット病による眼疾患があげられます。次に、代表的な疾患と配慮点について解説します。

①小眼球

　胎内で眼球の形がつくられる早期に、眼球の発達が阻害された形成が不完全な状態です。名前の通り極端に小さな眼球を指します。小眼球は、角膜や水晶体、網膜、硝子体などの異常や形成不全を合併します。白内障や緑内障を伴うことも多くみられます。先天性の虹彩欠損が伴うことがあり、羞明（通常の光量に対して眩しく不快を感じる状態）と視野の欠損が生じます。

②網膜色素変性症
　視細胞の減少によって網膜の機能が低下する進行性の疾患です。網膜の杆体細胞から病変がはじまるため、視野の周辺から見えにくくなる視野狭窄になり、暗いところが見えにくい夜盲が生じます。歩行困難が生じ、やがて視力も低下します。進行性の疾患のため心理的ケアが大切になります。

③視神経委縮
　視神経が変性、委縮したために機能が損なわれます。緑内障や腫瘍、網膜色素変性症、外傷などが原因で生じることもあります。見え方に個人差があり、視力や視野欠損、色覚などの把握と対応が大切です。

④黄斑変性症
　網膜中心部の黄斑で起こる変性で、遺伝性と加齢性があります。視力低下や色覚異常、中心暗点が生じるため読書などの文字処理が困難になります。

⑤緑内障
　眼圧が異常に高くなった結果、視神経の萎縮が生じる疾患ですが、眼圧が正常でも緑内障になることがあります。視野障害や角膜混濁、屈折異常を生じます。打撲などの外的要因によって眼球破裂の危険性があるため注意が必要です。

⑥白内障
　水晶体が混濁した状態です。混濁した部分で光が乱反射するため、コントラストの低下や羞明が生じます。先天性白内障で症状が重い場合は早期に水晶体摘出を行い、眼鏡の常時装用などにより視機能の発達を促す必要があります。

⑦未熟児網膜症
　未熟児が生後間もなく発症する可能性がある網膜の異常です。通常胎齢34週ごろまでに網膜の脈管形成が完成しますが、それ以前に生まれた場合、脈管形成が止まったり病的な血管新生の危険があります。網膜剥離や緑内障、強度近視を生じ、失明することもあります。

⑧網膜芽細胞腫
　乳幼児期に発症する網膜の悪性腫瘍です。予後の視力は腫瘍の大きさや位置によって異なります。二次腫瘍発生の危険がありますので経過観察が必要です。

⑨糖尿病性網膜症
　糖尿病の合併症で網膜の異常です。網膜症の程度によって見え方は異なり、視力の低下や視野の欠損が生じます。白内障の併発や急速に失明することもありま

4　視覚障害児・者の思いと理解・援助

すので血糖のコントロールや定期的な受診と心理的ケアが必要です。

⑩ベーチェット病
　原因不明の難病で、全身に炎症や潰瘍が生じます。網膜剥離や視神経萎縮、硝子体出血、白内障、緑内障を併発することがあり、合併症により見え方は異なります。全身病であるため体調管理には十分な注意が必要です。

（2）盲と弱視（ロービジョン）・盲重複障害

　視覚障害者の見え方には、かなり個人差がありますが、大きくは盲と弱視（ロービジョン）に分けられます。端的にいえば「見えない」と「見えにくい」の違いです。盲と弱視の定義は確定していませんが、盲とは視機能をほぼ使えない状態、弱視（ロービジョン）とは視覚情報をある程度使える状態です。弱視（ロービジョン）の人は、視覚障害者の多くを占めています。

①盲
　盲とは、見えない、あるいは視覚による情報の取得が極めて困難な状態です。全盲（失明）は医学的に光も感じない状態です。光がわかる光覚があるもののうち、眼前で手を動かすものがわかる場合を手動弁、眼前に出した指の数がわかる状態を指数弁といいます。光覚があることは、方角や方向、色合いなどを知る大きな手がかりになり、昼夜がわかることは、生活リズムの安定にも関係します。

②弱視（ロービジョン）
　弱視は、医学的用語の「弱視」と社会的・教育的分野の「弱視」では異なります。医学分野では眼の疾患名として「弱視」を用い、生後、視覚が発達しつつある過程で、眼に適切な刺激が与えられず、視力の発達が止まった状態を意味します。つまり眼球に障害の原因となるような疾患がなく、視力低下の原因が視覚に関係する脳の発達によると考えられる状態を指します。これらは小児期での対応で視機能があがることもよくあります。それに対して社会的・教育的分野の「弱視」は、視覚障害があっても、主に眼からの情報を使って生活できる状態をさしており、視覚を用いた学習が可能な状態です。最近では医学的弱視との混同を避けるため、「ロービジョン」という用語が用いられるようになってきました。
　ロービジョンの見え方は人によって違うため、一人ひとりの見え方を理解して、視力、視野などの視機能の状態を把握することが大切です。視覚による生活や学習に困難はあるものの、視覚補助具を使用して文字を拡大したり反転したりすれば読み書きが可能です。弱視者の見えにくさは、次の①から⑥の状態で説明されることがあります。
　　① **ピンボケ状態**：カメラのピントが合っていないようなピンボケの状態。
　　② **混濁状態**：すりガラスを通して見ているような状態。

 通常の見え方

 ぼやけて見えにくい

 見える範囲が狭い

 中心が見えにくい

写真1　見え方・見えにくさの一例

　　③　**暗幕不良状態**：周囲が明るく暗幕不良な室内で上映する映画のような状態。
　　④　**光源不足状態**：光源が不足して写っている映像が暗く、薄い状態。
　　⑤　**振とう状態**：眼球が不随意に動く眼振により、文字などが見えにくい状態。
　　⑥　**視野の制限**：視野の異常がおよんでいる部分によって見え方が異なる状態。

　弱視者はこれらの要因を複数抱えている方もいます。そのため一人ひとりの見え方の状態は異なっています。

③盲重複障害

　特別支援教育では、障害を視覚障害、聴覚障害、知的障害、肢体不自由、病弱の5領域に大別しています。これらのうち複数の療育の障害を併せ持っている状態を重複障害といい、さらに視覚障害を含む場合を盲重複障害といいます。盲重複障害の困難性は、受障時期が早期であればあるほど成長や発達に必要な視覚情報を得る機会が少なくなるため、生活上のさまざまな場面で体験不足による不適応状態が目立ってしまいます。また、知的面での理解力や判断力にも障害が見ら

れると、情緒不安定からの適応障害が強く現れることがあります。発達の面から考えても、ことばの発達、概念の把握、現象の理解、運動などより困難が生じます。

3 視覚障害児と発達

　視覚に障害がある子どもは早期支援が大切といわれますが、どのようなことに留意した支援が必要でしょうか。ここでは、視覚障害により発達に影響がある要因と支援について解説します。

(1) 発達要因と支援

　乳幼児期は家族とのかかわりのなかで心身ともに著しく発達します。どの子どもも生まれながらに生きていく力を持ち、その育つ力を発揮して大人からの援助のなかで自分のことを知り、周囲の人や物を自分と関係づけて知ることになります。これは見えない子どもも同じです。

　見えない子どもの発達は、「自分から多くの物に触る・聞く・嗅ぐ・感じる経験と多くの人と接して話す機会を持てるように支援する」ことが大切です。乳幼児が自分でその力を持つために、最初は大人の手助けが必要です。視覚に障害があると、視覚からの刺激や情報が十分に得られないため、外界に対しての興味・関心を抱きにくくなります。また、視覚による周囲の環境把握が困難となり、未知のものや危険に対しての恐怖感や不安感から行動が制限されることになります。視覚的な模倣ができず、身体の動作、姿勢を身につけることが一層困難になります。これらの要因が相まって発達に影響をおよぼすことになります。

①行動の制限

　視覚に障害があると物や人が認識しにくいことが要因となり、あらゆる場面で行動に制限が生じます。乳児は生後3〜5か月ぐらいになると「リーチング」と呼ばれる興味をもったものに手を伸ばしたり、触ったりする動作が見られるようになります。視覚情報から外界のものを認知したことによる行動です。どのくらい手を伸ばせば触れるか、重いのか軽いのか、柔らかいのか固いのかといった触覚の情報と視覚情報を脳で統合させて経験を積み重ねます。

　聴覚情報による「リーチング」は視覚情報を用いるより高度なため、とくに盲乳児の場合は積極的に探索行動を始める時期が遅くなります。このように視覚障害による行動制限は生後間もない乳児の成長に大きく影響し、身体の発育や運動機能の獲得、知的発達に影響します。また、手を伸ばす次の行動として移動があります。おもちゃなどの魅力的な対象が見えないことにより移動したいという動機づけの機会が減少し、自発的な行動も少なくなってしまいます。視覚に障害が

ある乳幼児には、障害物のない安全な空間と音や手で触って楽しめるなどの工夫があるおもちゃなどを利用して、安心して手を伸ばしたり移動できる環境を整える必要があります。

②視覚情報の制限
　視覚を通して得られる情報は非常に多く、概念形成に大きく影響します。家庭内や外出時に、家族の行動などのさまざまな事象を目にし、知識を増やすとともに概念を形成していきます。乳幼児はことばの説明では理解が難しく見て理解する晴眼の子どもに比べて知識の量が少なくなるほか、誤りや偏りが生じた場合に修正しずらく、正しい理解に結びつきません。これらは、ことばや知的発達に大きく影響します。

③模倣が困難
　乳幼児期の子どもは、周囲の人たちの行動を真似して動作を覚えます。いわゆる「模倣」によってさまざまな動作を自然に習得していきます。その動作に対して聴覚情報のことばをマッチングさせて理解し、知識を増やします。視覚障害がある子どもは、視覚的な模倣が困難なため、必要な動作を一つひとつていねいに教えることが必要です。箸やハサミ、食器や道具の使い方、運動での身体の動かし方など、理解しやすいよう手をそえて教えたり私たちの身体に触れさせて動きを伝えたりすることも大切になります。

④視覚に障害がある子どもへの周囲の態度
　見えないことによる子どもの不安や困難を周囲が理解することは大変重要なことです。養育者や周囲の人が、子どもの障害を個性として受け入れて、子どもが自己を否定しないよう自己肯定感を高め、成功体験を通して自信や意欲を育めるように接することは大切なことです。視覚に障害があるからといって周囲が行動を制限してしまうと成長に必要な体験を奪うことになり、その後の成長や大人になってから困難性が増してしまう可能性があります。「危険だから」「かわいそう」などの過剰な介入を避け、ほかの子どもと必要以上に異なる態度で接しないように周囲の大人たちが心掛けることが大切です。
　香川は著書のなかで、次のように述べています。

　　1970年代の初めごろまで、「視覚障害児の発達は著しく遅れる」と思われていた。盲児は目が見えないのだから、あれもこれもできないのが当たり前とみられ、両親や周囲の人が何から何まで手助けし、盲児が積極的に行動しようとしても、危険だからという理由で制止してしまうというのが日常的であった。米国の研究において、視覚に障害のない子どもと同等の発達の機会を与えようと、家庭訪問等により保護者に寄り添うとともに積極的な育児方

法を指導することで、盲児は順調に発達し、ほとんどの遅れが見られなくなったと報告されている。わが国においても、「発達の機会を奪わない」「発達の遅れを強調するよりも発達の促進方策を実践的に研究する」という積極的な対応に変わっていった[1]。

障害のある乳幼児においてもその障害がない子と同じように発達の機会を保障し、提供していくことが求められています。

（2）保護者への支援

わが子に障害があると知った保護者（親）の心理的打撃は深く、計り知れないものです。子どもの目の疾患は手術や治療などを余儀なくされ、保護者は子どもの成長や将来に対して強い不安や心配を抱えています。早期の支援でもっとも大切なことは、保護者の心を支えることです。保護者がわが子の障害を受容できるようになるには長い年月を要することが多く、進学などでライフステージが変わるたびにわが子の障害を突きつけられます。子どもは養育者の温かく明るい声に反応しやすく、養育者からの積極的な働きかけを待っています。そのためにも支援者は保護者に寄り添い不安を軽減し、心の安定が得られるように心掛ける必要があります。安定した愛着関係は、子どもの気持ちにも安定と自信をもたらし、外界への興味や関心を高める力にもなります。

視覚障害のある乳幼児の支援において、家庭を中心とした福祉・医療・教育などの相互の連携が重要です。相談先としては、福祉事務所、盲学校、相談支援事業所、身体障害者厚生相談所。医療・保健衛生では、眼科医、PT、OT、ST、医療機関、保健所。利用施設としては、育児施設、放課後等デイサービスなどがあります。こういった社会資源と連携しながら情報を共有し、保護者の負担が少しでも軽減され、視覚に障害のある乳幼児の発達と成長を支える支援体制が構築されることが大切です。

子どもには、個性があり、育ちには個人差があります。また、育児は煩雑です。食べこぼしやおもちゃの散らかりなど、細かいことを気にしたり、まわりの子どもに比べて心配しすぎないことが大切です。見えない子どもは、ある動作が一時期長く続いたり、急速に成長したりします。乳幼児は、自分なりの学び方を通して発達していきますので、できたことを一緒に喜び合い、毎日をいきいきと健康に過ごすことがもっとも大切なことです。

---

1) 香川, 2018

4 視覚障害児・者への援助 ―合理的配慮―

　2016（平成28）年に施行された障害者差別解消法では、公立学校を含む行政機関などにおける障害のある児童や生徒に対して合理的配慮の提供が義務づけられました。2024（令和6）年4月からは事業者においても合理的配慮が義務化されています。合理的配慮とは、障害のある人たちの人権が障害のない人と同じように保障されるとともに、教育や就業、その他社会生活において平等に参加できるよう、それぞれの障害特性や困りごとに合わせて行われる配慮のことです。

　合理的配慮は個別に必要とされるものであって、具体的にこれが合理的配慮と定めることはできません。また、教育や就労、公共交通機関の利用、地域資源の利用、行政機関や病院など、その場面に応じて提供される配慮は異なります。例えば、学校教育のなかでは、障害のある児童や生徒が平等に教育を受けられるようにするための合理的配慮が実施されます。視覚障害を持つ児童に対しては、見え方に応じた教材の提供や指導法などが、この合理的配慮にあたります。弱視児童であれば、文字の読み書き、弱視レンズなどの視覚補助具の使用、教室内の座席の位置の調整など、学習をスムーズに進めるために配慮をすることが求められます。点字を使用する児童に対しては、点字指導や歩行指導、安全面の管理など、より詳細な準備が必要になります。

　一般的に視覚障害者への合理的配慮は、情報提供と移動支援を意識したコミュニケーションを取ることを考えるとよいでしょう。

5 視覚障害者への接し方

（1）視覚に障害があると、どんなことが困るの？

　◇洋服や靴下を選ぶこと
　◇ご飯を食べること
　◇学校や会社に通うこと
　◇本やマンガを読むこと
　◇理容に関すること
　◇テレビを観ること……

　このように私たちは日ごろから意識している・していないに関わらず、多くの物事（情報）を目で見て捉え、周囲の状況によって行動を判断しながら生活しています。そのため、目が見えない、または見えにくいことによって、一人で歩くこと、

文字の読み書き、日常生活動作などあらゆる場面において不自由になります。視覚障害者は、それらを補うために視覚以外の感覚（触覚、聴覚など）や補助具を活用したり、福祉サービスを利用したりしながら日常生活を送っています。

（2）具体的な接し方

①視覚障害者が困っているときは？

街中で視覚障害者が困っているとき、どう手助けをすればいいのか迷ってしまうことはありませんか？　そんなときは、「何かお手伝いできることはありませんか？」とことばをかけてください。ちょっとしたことばかけが視覚障害者の安心と安全な外出につながります。

②視覚障害者と話すときは？

「あっち・そっち・あれ・それ」などのことばを使った説明は、視覚障害者にはわかりにくい表現です。「あなたの右側」「机の上」など、具体的に説明してください。また、会話をするときに、うなずくだけでは通じませんので「はい」「いいえ」とことばで返事をしてください。

③一緒に歩くときは？

視覚障害者と一緒に歩くときは、あなたの肘の上をつかんでもらい、相手のペースに合わせて半歩前を歩いてください。白杖を引っ張ることや、後ろから押したり、強く手を引いたりすることは避けましょう。また、段差や階段などの環境が変化する場所では、「階段」といわれただけでは、上りか下りかがわからないので、直前で

いったん止まり「下りの段差です」「上り階段です」などと教えてください。

④交差点や駅のホームなどで見かけたときは？

交差点や駅のホームは、視覚障害者にとってとくに不安になる場所です。横断歩道を渡る際に音響信号機がない場合は、赤か青かわかりません。また駅のホームを歩く際も線路に落ちないよう細心の注意を払わなくてはなりません。一歩間違えると大きな事故になる危険を伴う場所ですので、歩く際は言葉をかけ、必要であれば誘導してください。

⑤食事のときは？

　一緒に食事をするときは、最初にテーブルに並べられているものの位置や食器の種類、食事の内容を説明します。テーブル上の位置関係を時計の文字盤に見立てて説明するとわかりやすい場合もあります（例えば、「時計の針の4時の方向に味噌汁があり、7時の方向にご飯が置いてあります」）。時計の文字盤の概念が伝わらなければ、食器にそっと手を触れてもらってもよいでしょう。

⑥椅子に座るときは？

　椅子を勧めるときは、背もたれの上を触らせてください。

⑦物を渡すときは？

　物を渡すときは、物が手に軽く触れるようにして渡します。金銭を渡す場合は、紙幣や硬貨の種別と枚数を伝え、確認しながら渡すようにしましょう。

引用文献

・香川邦生編著（2016）『視覚障害教育に携わる方のために』，慶應義塾大学出版会．

参考文献

・小林秀之・澤田真弓編（2023）『視覚障害教育の基本と実践』，慶応義塾大学出版会．
・全国盲学校長会編著（2018）『視覚障害教育入門Q＆A（新訂版）』，ジアース教育新社．
・青柳まゆみ・鳥山由子（2022）『新・視覚障害教育入門』，ジアース教育新社．
・香川邦生編著（2016）『視覚障害教育に携わる方のために』，慶應義塾大学出版会．
・五十嵐信敬（1993）『視覚障害幼児の発達と指導』，コレール社．
・猪平眞理編著（2008）『視覚に障害がある乳幼児の育ちを支える』，慶応義塾大学出版会．
・香川スミ子・岡田節子・神尾裕治・三科聡子（2023）『目の見えない乳幼児の発達と育児』，英智舎．

Column⑥　視覚障害を持つ子どもとして園に通った日々の思い出
　　　　　―専門家やボランティアと連携していただくことの大切さ―

　筆者は、3歳の終わりに小児癌により両目の視力を失いました。0歳6か月から目の奥に腫瘍が見つかり、母に付き添われながら入退院を繰り返していたそうです。そんな私が見えていた頃の記憶といえば、緑色の手術室とディズニーランドのグーフィーの黒くて長い耳。それ以外はたいした記憶も残っていませんが、その後に通った地域の幼稚園や小学校、中・高で通った盲学校、大学や留学の経験を通して培った経験のすべてが少なくても私の人生にたくさんの彩を加えてくれました。

　今回はそのなかから幼児時代のお話をご紹介させていただきます。なお、時代背景が違うことで表現や制度が現在のそれらと違いがあることを最初にお断りさせていただきます。

①幼児自身の障害受容

　筆者の経験からいうと、幼児というものは自分が見えないということをあまり気にせず過ごしています。むしろ、それを意識し始めるのは、環境によるものが大きいのではないでしょうか。例えば私は、見えなくても鬼ごっこをしたり、ブランコで立ちこぎしたり、木登りしたりと、それなりにやんちゃに過ごして楽しんでいましたが、仲良く遊んでいた近所の友達が、手術後退院したときから急によそよそしくなり、自分は何かがみんなと違うんだと感じ始めました。その後、みんなのほうが早く走ったり鬼を捕まえたりできるようなシーンを目の当たりにするたび、どうしてなんだろうと疑問を抱くようになりましたが、見えないことが当たり前過ぎて、大きく落ち込むことはそれほどありませんでした。

　また、親がすぐに公民館で点字教室をしているからと連れて行き、スパルタ講習に身を投じさせたおかげもあって、私はすぐに点字の絵本を読めるようになり、触って楽しむ迷路に夢中になりました。線をなぞると瞬時に浮きあがるペンを使って親やボランティアさんがつくってくれたトマトの絵をハサミで切り抜くような工作や、キティーちゃんの塗り絵なども、その環境を整えてもらえたおかげで楽しむことができました。そして今でも大好きなピアノはこの頃から習わせてもらっていたおかげです！

　幼児時代にはぜひ、その子の障害による損失にだけに目を向けるのではなく、その子の感性や個性を伸ばしてあげてほしい、そのためには残存能力に着目し、どんな工夫をしたらその子らしく力を発揮できるのか、そこに目を向けてもらいたい大切な時期であると感じます。

②週に3回だけ認められた通園

　全盲の子どもを受け入れてくれる幼稚園は、まだまだ数が少なかった時代です。いくつもの園をめぐった結果、家から自転車で30分くらいのところにある幼稚園が、親の付き添いを条件に、週3回だけ受け入れてくれることとなりました。あ

こがれだった幼稚園バスに乗せてもらえなかったことはいまだに心残り……。それでも、仲良しな友達がたくさんできて玩具や遊具でたくさん遊んで、普通に園服に着替えてお弁当や園食を食べて、おたより帳に出席シールを貼って……、もう、それはそれは楽しい思い出として今でもよみがえってきます。

幼稚園に行かない日は、近くの療育センターで着替えの練習をしたり、手先の訓練をしていました。また、隣県の盲学校の幼稚部へも通い、点字の学習や運動や音楽を楽しんでいましたが、幼稚園ほどその記憶を思い出せないのは、それだけ楽しさに違いがあったからなのでしょう。

③うれしかった配慮

先日、やはり全盲で社会人になり、子どもの親となった先輩方と料理教室に参加したときに、園での様子を振り返ってもらいました。すると、最初に出てきた答えは、みんな「楽しかった！」というものでした。「靴を隠されたり、置いてきぼりにされても精神的に強くなった」という本音も飛び交いました。そう、いじめがあったり、参加できない行事があったりして孤独を感じる時間があっても、それが上書きされてしまうくらい、地域の園に通えるということは、とても幸せなことなのです。

うれしかった事例もいくつも飛び交いました。弱視の先輩は「お遊戯会の踊りは細かすぎ、遠すぎて見えないので、先生が動画にしてくれて、自宅でゆっくりおさらいできて助かった」といいます。全盲の先輩からは「園が積極的に視覚支援学校や大学の専門家と意見交換をしてくれて、触って楽しむお絵描き道具を準備してくれた」という思い出や、「日帰りや宿泊を伴う遠足であっても、大学の保育や特別支援教育の領域を学ぶ学生ボランティアを付き添いとして配置してくれたから、親の付き添いは必要なかった」という経験も話してくれました。

このように、さまざまな地域出身で、私よりも年上の皆さんが十分に配慮をしてもらえていたということは、時代や制度の壁だけではなく、やはり園側の先生一人ひとりの気持ち次第で、いくらでも居心地のよい場所を提供できるのではないでしょうか。

④最後に

子どもはやがて社会に旅立ちます。障害があっても同じです。「三つ子の魂、百までも」というように、いかに社会性を身につけ、幸せな思い出づくり・仲間づくりに寄り添ってあげられるか、それこそが幼児教育の要だといえるでしょう。昨今、地域の特別支援学校から専門家を派遣してもらえたり、加算を付けてもらえたりなど、園にとっても障害児を受け入れることで負担が大きくならないように、だいぶ制度が整えられつつあります。ぜひ、これらの社会資源を活用して、

子どもたちの個別のニーズに応えてあげていただきたいと切に願います。さらに、触って楽しむ絵本や絵描き道具など、情報収集したいときには、ぜひ日本点字図書館に相談なさってみてください。

日本点字図書館のQRコード（https://www.nittento.or.jp/）

Column⑦　視覚障害（全盲）の親の子育てと保育所　—対話を通して個別のニーズを知っていただける喜び—

　筆者は、社会福祉士として働く30代、全盲の母です（前のコラムでは幼稚園時代を振り返りました）。現在、都内で同じく全盲の夫と、晴眼の娘（5歳）を育てています。また、視覚障害を持つ親の会「かるがもの会」の代表を務めています。こんな我が家ですが、この度の執筆の機会に感謝し、私の子育ての様子と、どんなふうに地域の保育所にお世話になっているのか……、その様子を紹介します。

①見えなくても子どもの服の色やキャラクターを把握するには

　「これじゃ嫌だ！　プリキュアの靴下がいいの！」「今日はピンクじゃなくて、黄色のゴムでしばって！」

　朝は戦争！　きっとどの家庭でも同じですよね。娘を起こして、偏食に合わせて朝ごはんをつくって食べさせて、いろんなわがままにお付き合い……。見えなくても包丁で切って火を使って調理するには、温度を感じたり音を聞いたり、触覚を使い道具や調味料の置く場所を常に一定の場所に決めておけば、まったく問題なくできます。

　一方、子どもの服やヘアゴム選びは大変！　自分のように適当という訳にもいきませんし、すべてが未経験のことばかり。私は色やキャラクターの区別をつけるために、普段から触り心地の違うリボンや糸の玉結びを靴下に縫いつけたり、生地の違いなどで娘の服のデザインを暗記するようにしているのですが、そのなかから、娘の希望に合った洋服を選んで着替えを手伝うようにしています。ヘアゴムも、色別に分けて入れたポーチに、点字をつけて、いつもそこに戻すようにしながら色選びをします。5歳となった今は、だいぶ自分自身で見て選んでくれるようになりましたが、ことばでの意思疎通が難しい時期は、正直泣きそうになるくらい試行錯誤の連続でした。

②園の選び方

　市区町村に認定された園の場合、決して個人の希望通りにはいきません。それでも私たち障害を持つ親の園選びで欠かせないポイントは「安全に通えるルート上にあること」「自宅からの近さ」「先生方の対応」です。ベビーカーも自転車も車も使えない身としては、10kgを超えた子どもでも、ぐずれば抱っこしなくてはなりませんし、周囲の音に全集中して歩かなくてはなりません。

　出産する2か月前くらいに、自宅近くの園をいくつか見学に行きました。そのとき、私たちを歓迎してくださった園もあれば、あからさまに迷惑そうな対応をされてしまったこともあり、「生まれてくるお子さんも見えないことがあるでしょうし、そういうケースは受け入れられません」とはっきりいわれてしまいました。偏見だけで対応するのではなく、きちんと対話をしていただきたい！　心からそう思いました。

　その後、子ども家庭センターや議員さん、役所の保育課や市長さんにも手紙を

書き、おかげさまで一番行きたかった園に入れていただくことができています。

③対話をしながら個別の対応を

　入園時には面接をしていただき、園内マップを頭に入れられるように、職員に園のなかを付き添って案内していただきました。ロッカーや着替えボックス、下駄箱にいつも同じ目印のシールを貼りつけて区別できるようにもしていただきました。布団カバーのつけ方やしまい方、着替えの入れ替え方は、すべて一緒に経験させていただいて少しずつ覚えていきました。

　入園時の書類は、紙では自力で読むことができませんが、ワード（Word）やPDFファイル、エクセル（Excel）のデータをメールで送っていただくことで、画面の読みあげを行う音声機能をインストールしたパソコンを使って読み書きすることができました。

　園内の保護者全体に私たち親子のことを知っていただけるように、入園時の保護者だよりには、皆さんへの挨拶とお願い事項、可愛いイラストを準備して渡して、園長先生に配布していただきました。そのなかには、例えば声と名前が一致するまで時間がかかるので名乗っていただいてから声をかけてほしいこと、玄関で大量に靴があると自分の靴を見つけられなくなるために一定の場所に置かせてもらうこと、前にしゃがみこんでいるときなどには「ここにいまーす」と声を出していただければ避けられることなどを書きました。

　保育所の門の開閉も登降時記録もタッチパネル、私たちには残念ながら使えません。それでもインターフォンを押すことで開けていただいたり、保護者の方が手伝ってくれます。

　見えないと情報収集も難しく、模倣が難しいため、リュックや手提げ、水筒やプールに使うかかとに紐のついたサンダルはどんなものを準備すればいいのか、見本を触らせていただきました。発表会や運動会は、ときには先生方やほかの友達の家族が一緒に動いてくれたり、ことばで実況中継してくれたりしました。ガイドヘルパーさんの出入りも認めてくださり、衣装や小道具も後から触らせてくれたことで、子どもの様子を一緒に楽しむことができました。

保育園への自己紹介イラスト

④連絡帳の記入と読みあげ

　我が家の場合は、連絡帳の「家庭から」の部分の記入をパソコンで行い、プリントアウトした紙を貼りつけて持っていきました。5時前のお迎えであればスタッフ数が確保できるということで、園からの記入事項を先生が読みあげてくれました。遅くなった場合は自宅に入ってくださるヘルパーさんや、ライン（LINE）のビデオ通話で遠方の友人に写して読みあげてもらうことで中身を把握することができました。昨今、アプリ版の場合、スマートフォン（iPhone）の読みあげ機能を使えばだいぶ読み書きできるものもあるそうです。また、園によっては点字にしてくれる場所やメールに添付してくれるケース、録音しておいてくれるケースもあるそうです。

　その他、お便りはデータをメールに添付していただき、締め切りの近い書類をいただいた際には、その旨を口頭で伝えていただくようにしています。

⑤最後に

　このように偏見からではなく、対話を通して、その家庭の個別のニーズを把握していただきたいというのが、私たち障害の当事者の願いです。親の障害のせいで、子どもの可能性を狭めたくないのです。家庭では不十分な部分を、園にはたくさん補っていただき、経験させていただき、成長を助けていただいていると、心から感謝しています。ここには紹介しきれなかった、見えない親の出産の悩みやオムツの取り替え方、離乳食のつくり方などは、ぜひ「かるがもの会」の書籍を、また公園遊びの課題などはNHK厚生文化事業団「福祉ビデオライブラリー」から貸出しているDVD「見えないパパ・ママの子育て―あるある編―」と「―もやもや編―」を参考にしていただけたらと思います。

かるがもの会の書籍

・かるがもの会編著（2021）『見えなくてもみんなで子育て
　　―一人じゃない私たちの30年―』，読書工房．

 かるがもの会ホームページ
　　　　　　（http://karugamo.lifejp.net/）

福祉ビデオライブラリー（https://npwo.or.jp/library/）

　※「見えないパパ・ママの子育て　あるある編」「見えないパパ・ママの
　　子育て　もやもや編」で検索。

第5章

聴覚障害児・者の思いと理解・援助

1 聴覚障害とは

「聴覚障害」を持つ当事者にとっての「聞こえない／聞こえにくい」という状態・状況は多様であり、聴力の程度や生育歴などによって、コミュニケーションの方法もさまざまです。聴覚障害について一面的な理解をするのではなく、一人として同じ子どもはいないことを前提に、目の前にいる子どもと向き合う支援のあり方について考えていきましょう。

(1) 聞こえの仕組み

耳は、外側から外耳、中耳、内耳に分かれます（図1）。音は空気のふるえ（音波）として空気中を伝わり、まず耳介から外耳道に入ります。その後、音波は鼓膜で振動に変わり、耳小骨を経て内耳へと伝えられます。内耳には、カタツムリの殻のような形をした蝸牛と呼ばれる器官があり、蝸牛で振動が電気信号に変換されます。変換された電気信号が聴神経から脳へと送られ、はじめて音として知覚されます。

外耳から中耳は音を拾って伝える部分であり、外耳・中耳の障害によって生じる難聴を「伝音難聴」と呼びます。伝音難聴の聞こえ方は、耳栓をした状態の聞こえ方に似ているといわれます。伝音難聴は、音を大きくすれば聞き取りやすくなることが多く、補聴器の使用が効果的であるとされます。

一方、内耳から脳へ到達する経路における障害を感音難聴といいます。感音難聴は、音が歪んで聞こえ、言葉を聞き分けることが困難です。感音難聴の場合は、補聴器のみでは音の歪みは解消されず、医学的な治療も困難とされてきましたが、近年では、人工内耳を装用するケースが増えてきています。なお、伝音難聴と感音難聴の両方が合わさっている場合もあり、これを「混合難聴」といいます。

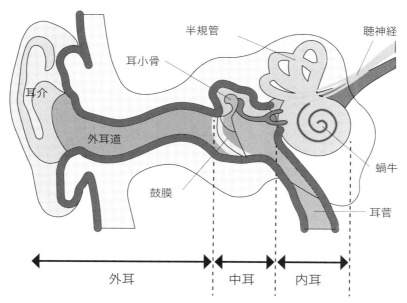

図1 耳の構造図
（宍戸和成・原田公仁・庄司美千代編（2023）『聴覚障害教育の基本と実践』, 慶應義塾大学出版会, p.22)

　また、蝸牛を経て電気信号で送られた聴覚情報は脳でさまざまな処理をされますが、この聴覚情報処理に障害があると、音としては聞こえているのに聞き取りにくいという症状が起こります。これを聴覚情報処理障害（APD）といい、近年、日本でも認知されるようになってきました。具体的には、雑音のなかでの聞き取りや、複数の人との会話が困難だったり、耳のみで指示を理解するのが難しかったりします[1]。

（2）補聴器と人工内耳

　補聴器や人工内耳は、聞こえを改善するために装着する器具です。
　補聴器は、音を増幅する装置で、気導式補聴器（耳かけ型、耳穴型、ポケット型）や骨導式補聴器（メガネ型、カチューシャ型）などの種類があり、難聴の特徴によって選択します（図2）。さらに、上記の補聴器の使用が困難な場合、新たなタイプの補聴器である軟骨伝導補聴器や、骨固定型補聴器（BAHA）、人工中耳（VSB）などの装用を検討するケースもあります[2]。
　人工内耳は、内耳の働きを代行する機械です。手術によって体内装置を埋め込み、マイクロフォン、サウンドプロセッサ（スピーチプロセッサ）、送信コイルから構成される体外装置を装着します（図3）。現在では、1歳から人工内耳の手術を受けることが可能となっています。

---

1) 小渕, 2021, pp.14-16.
2) 黒田, 2022, pp.64-76.

補聴器や人工内耳の技術は急速に進展していますが、これらの機器・装具を活用していたとしても、聞こえる子どもとまったく同じように聞こえているわけではないため、配慮が必要であることは忘れてはいけません。また、コミュニケーション手段の選択については、聴覚障害児の養育者は多様な考え方を持つことを十分に知り、音声、手話、あるいはその両方を選ぶことができることを保障していくことが求められます。

図2　補聴器の種類　　　　　　　　　図3　人工内耳

（3）聴力の程度

　聴力には、音の「大きさ」と「高さ」が関係します。
　音の大きさは、dB（デシベル）という単位で表し、数値が大きいほど音も大きくなります。普通の話し声は50〜60dBの大きさです。日本聴覚医学会の基準では、25dB〜40dBを軽度難聴、40dB〜70dBを中等度難聴、70dB〜90dBを高度難聴、90dBを超える難聴を重度難聴としています（表1）。クラクションやサイレンといった100dBを超える爆音は、耳に痛みを感じてしまうため、補聴器ではこうした強い音の不快感を感じないように配慮をします。重度難聴の場合は、小児では人工内耳の装用が検討されます。
　音の高さは周波数（Hz：ヘルツ）によって示されます。例えば、「おかあさん」という呼びかけを聞き取る際に、「k」や「s」の音は高い周波数成分を持つため聞き取りにくく、「おああん」に聞こえるというケースが起こり得ます。
　なお、片方の耳だけが極端に聞こえにくい難聴を一側性難聴といい、片耳難聴と呼ぶこともあります。両耳で音を聞くことで、ザワザワした空間でも特定の人との会話音を選択的に聞き取ったり、片耳で聞くよりも音を大きく感じたりすることができます。したがって、一側性難聴の場合は、①聞こえにくいほうから話しかけられるとわからない、②騒がしい場面では聞こえにくい、③どこから声がするのかわからない、といった困りごとを感じることがあります。

表1　聞こえの程度

難聴の程度	聴力	聞こえ方	音の大きさ
正常	25dB未満	普段の会話は問題ない	雪の降る音 寝息
軽度難聴	25dB以上40dB未満	小さな声は聞こえにくい	紙に鉛筆で文字を書く音 静かな会話
中等度難聴	40dB以上70dB未満	普段の会話が聞こえにくい	家庭用エアコンの室外機の前 普通の話し声
高度難聴	70dB以上90dB未満	大きな声でも聞こえにくい	騒々しい事務所の室内程度 走行中の地下鉄車内
重度難聴	90dB以上	耳元の大きな声でも聞こえにくい	走る電車のガード下 かなり近くからのサイレン

（宍戸和成・原田公仁・庄司美千代編（2023）『聴覚障害教育の基本と実践』、慶應義塾大学出版会，p.27を参考に筆者作成）

（4）聴覚障害者の人口とコミュニケーション手段

　生まれつき聴覚障害のある子どもは、1,000人に一人の割合で生まれてくるといわれています。厚生労働省の「令和4年度生活のしづらさなどに関する調査（全国在宅障害児・者等実態調査）」によれば、日本で聴覚・言語障害で身体障害者手帳を取得した人の数は37万9千人と推定されています。聴覚障害者の利用する意思疎通支援の手段・サービス（表2）を見ると、もっとも多いのが「筆談・要約・筆記」で、次いで「手話・手話通訳」となっており、さらに「読話・口話」「電話リレーサービス」「補聴援助システム」「音声認識ソフト」など、多岐にわたっています。聴覚障害者のなかでもコミュニケーションの手段や活用する機器・サービスは、さまざまであることがわかります。

　手話を主なコミュニケーション手段とする人のなかでも、日本語とは異なる独自の語彙・文法体系を有する「日本手話」を母語として使う「ろう者」がいます。一方、主に聴覚を活用し、音声で話す人たちを「難聴者」、人生の途中で聴力を失った場合は「失聴者」と呼ぶことがあります。

表2　聴覚障害者の利用する意思疎通支援の手段・機器・サービス

見えづらさがある方向け（複数回答）		聞こえづらさがある方向け（複数回答）		伝えづらさがある方向け（複数回答）	
点字・点字タイプライター・点字ディスプレイ・点字盤	0	手話・手話通訳（派遣・遠隔サービスを含む）	61	筆談器	9
指点字	0	筆談・要約筆記（派遣・遠隔サービスを含む）	74	人工喉頭	1
触手話	1	読話・口話	24	コミュニケーションボード（絵・カード等）	24
読み上げ機能付き機器	1	電話リレーサービス	12	その他	8
拡大読書機	5	補聴援助システム（ヒヤリングループ、会議用拡張器、Mリンク）	47		
その他	4	音声認識ソフト	18		
		その他	42		

※実際の有効回答数に基づく集計結果（単位：人）
（厚生労働省「令和4年生活のしづらさなどに関する調査　第66表　障害者手帳所持者数等、意思疎通支援の手段・機器・サービスの利用状況別」のうち「聴覚障害」の項目で「利用している」の回答から筆者作成）

2　聴覚障害をめぐる当事者の思い

(1) 聴覚障害児・者の「困りごと」

　聴覚障害があることによって、日常生活や保育場面のなかでさまざまな「困りごと」に遭遇することがあります。例えば、自身も聴覚障害の当事者である脇中は、日常生活を送るなかで生じるさまざまなコミュニケーションや情報保障の課題について具体的に紹介しています[3]。なかでも、学校などで遭遇する困難については、たとえば、集団での会話に入れないことや、冗談がわからないが笑うふりをしていたことがあったり、図と先生の口が同時に見られず困ったりした経験があるといいます。また、「呼んだのに無視された」と誤解される場面や、すぐそばで悪口をいわれる例などもあったとしています[4]。保育者は、こうした友人関係でのコミュニケーションに関するトラブルが生じうる可能性があることを認識し、必要に応じて仲立ちするなどのサポートが求められます。
　また、聴覚障害の当事者によっても「困りごと」は異なり、本人も自分の「困りごと」に無自覚／未整理の場合があります。松崎は、こうした個々の聴覚障害

---
3) 脇中, 2009, pp.14-29.
4) 脇中, 2009, pp.19-22.

当事者が、社会との関係のなかで生じている自分の「困りごと」と向き合い研究していく当事者研究の実践・方法を示しています[5]。すなわち、聴覚障害者の「困りごと」は社会との相互作用のなかで生じる部分も大きく、個々の状況についてていねいに理解しようとする姿勢と共に、その個人を取り巻く環境を改善しようとする視点も必要です。

（2）保護者・家族の支援

聴覚障害児の9割以上は、聞こえる親から生まれてくるといわれます。近年は、新生児聴覚スクリーニング検査が全国的に普及してきており、聴覚障害の早期発見・早期支援が可能となってきています。新生児聴覚スクリーニング検査とは、新生児が小さな音の刺激に反応するかどうかを検査機器で測定するもので、生後3日頃に行われることが多いです。新生児聴覚スクリーニング検査で聞こえの反応が確認できなかった場合は「リファー（要再検）」と表示され、精密聴力検査を行います。

母親は出産を経て子どもと対面する喜びに包まれながらも、慣れない育児で体力的にも精神的にも不安定な時期に新生児聴覚スクリーニング検査は実施されます。小渕の調査によれば、新生児聴覚スクリーニング検査で難聴と診断された際の保護者の反応として、「結果を受け入れ難い」「間違いであってほしい」などの否定的感情や、「ショック」「絶望感」「頭が真っ白になった」「涙が止まらない」などの心理的反応が強く現れたことを示しています[6]。さらに、精密聴力検査によって難聴が確定診断された際は、先に述べた心理的反応に加え、「これから聞こえない子をどうやって育てていけばよいのか」といった将来への不安が生じていることが示唆されています。

保護者が聴覚障害児の育児を進めていくにつれて、幼児期になると、とくに言語発達や療育に関する悩みを抱えるケースが多いようです[7]。具体的には、気持ちを伝えられない、意図が伝わらない、ことばの獲得が遅い、療育先が遠く送迎が大変、難聴児療育に時間を要しほかの兄弟が心配、などがあげられます。こうした「困りごと」を抱えているという意味では、保護者もまた当事者であり、親子関係の確立や保護者の障害理解に対する支援も必要です。

なお、保護者も聴覚障害者の場合は、先に述べた反応とは受け止め方が異なることがあります。こうした家族全員が聴覚障害を持つデフファミリーでは、手話を家族内の主なコミュニケーションツールとして、子どもたちは成長していきます。

---

5) 松崎, 2023, pp.3-11.
6) 小渕, 2020, pp.149-152.
7) 小渕, 2020, p.156.

3 聴覚障害児への保育における配慮

（1）遊び・コミュニケーション・言語発達

　近年では、聴覚障害児が早期から専門機関に通園して療育や言語発達の支援を受けながら、並行して幼稚園や保育所などに通うケースが増えてきています。では、聴覚障害児に対する保育では具体的にどのような点に配慮する必要があるでしょうか。

　まずは、さまざまな遊びを通して周囲の物事に対する理解を深め、本人の知的好奇心を満たすような豊かな経験ができることが重要です。そして、周囲の友達や保育者とともに遊びや生活の場に参加しながら、周囲の人との関わり方を学んでいきます。保育者は、子どもの気持ちに共感し、コミュニケーションを楽しめるように意識します。子どもに話しかける際には、以下の点に注意しましょう[8]。

- 子どもと同じ高さになり、こちらの顔が、子どもに見える状態で話しかける。
- 口をはっきり動かして話す。発音を明瞭にし、早口にならないようにする。
- 補聴器の近くでは、大声で話しかけない。
- ことばの自然なリズムを崩さない。

　また、コミュニケーションの手段は音声のみとは限りません。視線、表情、指差し、身振り（ジェスチャー）、手話、指文字、文字などがあります。本人・保護者の要望や専門機関の意見を踏まえながら、目の前にいる子どもにとってもっともわかりやすいコミュニケーション手段は何かを常に模索し、複数組み合わせる必要が生じる場合もあります。いずれにおいても、子どもの気持ちを理解し、共感したことが相手に伝わるように表現し、「伝えたい」「わかり合いたい」という心を育むことが重要です。

　コミュニケーションは、その後の言語獲得の基盤となります。とくに乳幼児期においては、親しい人とのコミュニケーションを通して、遊びや生活のなかで経験したさまざまな事柄をことばに着実に結びつけていくことが大切です。また、絵本の読み聞かせやごっこ遊び、劇などを通じて、新しいことばに触れる機会も設けましょう。

（2）情報保障や環境構成上の配慮

　聴覚障害児は聴覚から得られる情報が制限されることがあるため、合理的配慮

8）文部科学省, 2020, pp.53-54.

として情報保障や環境構成上の配慮が求められます。保育の場における情報保障として、視覚的情報を補うことがあげられます。例えば制作活動を行う際に、クレヨンやはさみなどの使う道具や、制作物の見本を見せるなど、話の内容に関係する具体物を見せる方法もあります。

　保育者がこれらの説明をする際や、絵本や紙芝居などのさまざまな活動を行うときは、保育者の顔が見やすく聞き取りやすい位置に子どもの座席を配置します。話し合いなどの場面では、円形やコの字型に配置し、お互いの顔が見えるように配置するとよいでしょう。まわりがうるさいと補聴器などをつけていても聞き取りにくいため、机や椅子にテニスボールをつけて教室内の雑音を減らす工夫をしているところもあります。

　聴覚特別支援学校では、幼稚部からやり取りを基盤とした言語指導を行い、絵（写真など）とことば（単語）が併記された絵カードなどを使いながら、年少〜年中頃には指文字やひらがなを読めるように支援をしています[9]。保育所や幼稚園などにおいても、聴覚障害児に対して、通常の活動と同様に音声や音楽を豊かに活用しつつ、ひらがなや指文字を使用した支援が有効ではないかという指摘もあります[10]。

（3）関係機関との連携

　聴覚障害児の最初の療育の場として、聴覚特別支援学校で行われる乳幼児教育相談があります。教育相談後の進路としては、そのまま聴覚特別支援学校の幼稚部に進むほかに、一般の保育所・幼稚園などや、児童発達支援センターなどの療育を行う通園施設に進む場合があります。一般の保育所・幼稚園などに進んだ場合でも、継続して聴覚特別支援学校の支援を受けることがほとんどです。したがって、聴覚障害児の早期発見・早期支援においては、さまざまな関係機関の連携が不可欠といえます。

①聴覚特別支援学校

　聴覚特別支援学校における乳幼児教育相談とは、0〜2歳の乳幼児を対象に親子で通う活動で、週1回から月1回の頻度で行われます。教育の内容は個別活動やグループ活動があり、表3はその一般的な流れを示したものです。

　聴覚特別支援学校の幼稚部では、3〜5歳の幼児が毎日通学して教育を受けます。特別支援学校の幼稚部では、幼稚園に準じた教育を行いながら、自立活動の指導も行われます。聴覚特別支援学校における自立活動では、手話の練習、発音・発語学習（声を出す練習）、音や言葉の聞き取りや聞き分けなどの「聞こえ」に関する学習、日本語の文法・語句・慣用句の学習、コミュニケーションに関す

---

9) 宍戸・古川・豊永, 2023, p.119.
10) 大土, 2022, pp.193-202.

る学習などが行われます[11]。令和5年度「学校基本調査」(文部科学省)によれば、聴覚障害のみを対象とした特別支援学校は全国に85校あり、3,722名の児童・生徒が在籍しています。そのうち幼稚部の児童数は838名となっています。なかには明晴学園(東京・品川区)のような日本で唯一の「バイリンガルろう教育」の実践を行う学校もあります。

表3　乳幼児教育相談の流れ

活動内容	留意点
登校	保護者と子どもの体調に気を配り、保護者から話したいことやたずねたいことがあれば、それをまず受け止める。
補聴器装用	音や装用状態を確認し、付けたときに声をかけるようにうながす。
自由遊び	発達にあった玩具が用意された場で、保護者と子どもで自由に遊ぶ。
親子遊び	教師のリードで行う手遊びやふれあい遊びなど。
休憩	おむつ替えやミルク。
話し合い	活動を振り返って気づいたこと、家庭でどのように関わったらよいかなどを話し合う。

(文部科学省〔2020〕『聴覚障害教育の手引き―言語に関する指導の充実を目指して―』、ジアース教育新社, p.56より著者一部改変)

②医療・福祉機関

　福祉機関の連携先としては、療育を行う児童発達支援センターのほか、市町村福祉課や保健所・保健センター、児童相談所などがあります。1970年代に、聴覚特別支援学校以外の早期療育の場として「難聴幼児通園施設」が設立されましたが、2012(平成24)年の児童福祉法改正により、障害種別を問わず対応できる「児童発達支援センター」に位置づけが変わっています。また、人工内耳の装用やリハビリに関しては医療機関との連携も求められ、こうした複数の機関が関わる場合には、情報共有や今後の支援方針についての意見交換などが必要となります。

　さまざまな関係機関がそれぞれの専門性を生かしながら、連携協力して一貫した支援を行うことで、子ども・保護者に対する支援の質を高めることにつながります。連携の際は、ほかの職種に対して理解と尊重の意識を持ち、連携の方法を具体的に考える必要があります。

---

11) 金治, 2022, p.80.

引用文献

- 大土恵子（2022）「聴覚障害のある乳幼児に対する言語発達支援―保育者による視覚支援の必要性について」，『大阪総合保育大学紀要』，第17号，pp.193-202.
- 小渕千絵監修（2021）『APD（聴覚情報処理障害）がわかる本　聞きとる力の高め方』，講談社.
- 小渕千絵（2020）「第6章　聴覚障害児における心理臨床的問題」，難聴者の心理学的問題を考える会編『難聴者と中途失聴者の心理学―聞こえにくさをかかえて生きる―』，かもがわ出版.
- 金治直美（2022）『指と耳で見る、目と手で聞く―視覚障害・聴覚障害のある人の暮らす世界―』，ぺりかん社.
- 黒田生子編著（2022）『聴こえの障がいと補聴器・人工内耳入門―基礎からわかるQ＆A―』，学苑社.
- 宍戸和成・古川勝也・豊永豊監修（2023）『聴覚障害教育の基本と実践』，慶應義塾大学出版会.
- 松﨑丈編著（2023）『聴覚障害×当事者研究―「困りごと」から、自分や他者とつながる―』金剛出版.
- 文部科学省（2020）『聴覚障害教育の手引―言語に関する指導の充実を目指して―』，ジアース教育新社.
- 脇中起余子（2009）『聴覚障害教育　これまでとこれから―コミュニケーション論争・9歳の壁・障害認識を中心に―』，北大路書房.

参考文献

- 石川県立ろう学校「聴覚障害児の理解と支援のために　2020年度版」
  https://cms1.ishikawa-c.ed.jp/rouxxs/wysiwyg/file/download/1/561　2023年12月26日閲覧
- 鹿児島県立鹿児島聾学校「令和2年　聴覚障害教育研修(月)　資料」
  http://www.edu.pref.kagoshima.jp/ss/kagoshima-a/docs/2020072000072/file_contents/13.pdf　2023年12月26日閲覧
- 聴覚障害乳幼児教育相談研究会（2018）「聴覚障害乳幼児の教育相談指導の現状と課題―特別支援学校（聴覚）における教育相談の実態調査からその在り方を展望する―」
  https://www.choukaku.com/pdf/2018houkokusho2.pdf　2023年12月26日閲覧
- 難聴者の心理学的問題を考える会編（2020）『難聴者と中途失聴者の心理学―聞こえにくさをかかえて生きる―』，かもがわ出版.
- バイリンガル・バイカルチュラルろう教育センター監修（2022）『聞こえなくても大丈夫！―人工内耳も手話も―』，ココ出版.

第6章

知的障害児・者の思いと理解・援助
―知的障害の理解とその世界―

1　「知的障害」とは何か？

（1）あたりまえのなかにある「知的障害」

　皆さんは、「知的障害」ということばを聞いて、どのようなことを思い浮かべますか？　ほかの人のことばを理解したり、自分のいいたいことを表現したりするのが苦手な人は、どこにもでもいると思います。もしくは、本や文章を読んだり、何か自分の意見を書いたりすることが苦手な人もいるでしょう。また、入ってくるアルバイト収入が少ないにもかかわらず、友達との約束をたくさん入れてしまったりして後から金銭的に厳しい状態になってしまった経験はありませんか。そして、友達との約束を優先するあまり、自分の健康状態が悪化していることに気がつかず、体調を崩してしまったことはないでしょうか。さらには体調を崩した際、親しい友人が気を遣って「大丈夫？」とスマートフォンやSNSで心配をしてくれても、それに対してどのような気持ちで返信をすべきかわからなくなったりした経験、友達と一緒に観た映画の感想にうまく共感できなかったりして、友達との関係が気まずくなってしまったりした経験はないでしょうか。もしくは、定期的に部屋の片づけをしないといけないとわかっていても、どうしても整理整頓ができなかったり、出したものをそのままにして後片づけを後回しにしてしまって、足の踏み場もない状態になってしまったりしたことはないでしょうか。

　これら日常生活であたりまえのように直面する経験のなかに「知的障害」の要素があるといえます。ただし、皆さんの多くが、こうした一連の日常行動を自分の意志にもとづいて優先順位を決め、選択し、行動していくことができているはずです。

　ただ、次の事柄はどうでしょうか。物事を理解したり、勉強して身につけたりするのに時間がかかってしまい苦労している。はじめて経験することや、これま

でとは少しだけ異なるようなちょっとした変化が苦手である。一度に暗記できる量が少なく、暗記できていたとしても、その時間が極端に短い。一つの物事にたいする集中力が長続きしない、もしくは、何かに没頭・集中すること自体が難しい。そして、何より自分で物事を判断するのが苦手だ……。これらの事柄は、すぐに優先順位を決めて、次にやるべきことを選択し、適切に行動していくことが難しい物事かもしれません。

　「知的障害」は、このように日常的なごくあたりまえの場面に見え隠れするものかもしれません。そして、誰もが持っている個人の特徴の一つとして捉えることもできるのかもしれません。この章では、「知的障害」の当事者に寄り添うための視点について考えていきます。

（2）「知的障害」をどのように捉えるか？

　「知的障害」ということばの呼び方や定義については、これまでさまざまな変遷がみられてきました。基本的に、「知的障害」は、各発達の段階において生じた知的機能の障害と社会生活へ適応していく機能との両面において捉えられ、日常生活や社会生活にともなう行動や何らかの不利益が生じている状態のことをいいます。ただし、こうした「知的障害」には、発達障害が併存する場合もあることから、知的障害と発達障害を一つのグループに位置づける見方や、IQ（知能指数）のスコアを重視し、それにもとづいて「軽度」（おおむねIQ51〜70）、「中等度」（おおむねIQ36〜50）、「重度」（おおむねIQ21〜35）、「最重度」（おおむねIQ20以下）と分類する見方などさまざまです。

　国際的な定義や診断基準には、アメリカ知的・発達障害協会（AAIDD）によるもののほか、世界保健機関（WHO）による「国際疾病分類」（ICD）やアメリカ精神医学会による「精神疾患の診断・統計マニュアル」（DSM）によるものが広

く知られています。これら国際的な定義や診断基準には、共通点として先に示したIQのスコアを判断材料にしていることが指摘できますが[1]、このうち特別支援教育においては、アメリカ知的・発達障害協会による「知的障害」の捉え方が重要であると考えられます。

アメリカ知的・発達障害協会において「知的障害」は、①知的機能（intellectual functioning）と適応行動（adaptive behavior）の両方に明らかな制限（significant limitations）があること、②そうした制限が日常生活や社会生活の多くの場面や実用的スキルの範囲におよぶこと、そして、③この障害は22歳以前から始まるものとされています[2]。ここから、一つずつ確認していくことにしましょう。

（3）知的機能と適応行動という区分

まず、知的機能についてですが、これは学習や推論、そして問題解決といった一般的な能力のことを指しています。また、そうした能力を測定する方法として、先にもふれたIQ（知能指数）テストがあげられ、一般的にIQ70前後、あるいは75までが知的機能に制限のあることを意味するものとして位置づけられています。しかしながら、アメリカ知的・発達障害協会の定義は、こうした知的機能ないしIQのスコアの観点からだけで「知的障害」を把握しているわけではありません。

例えば、一般的に「知的障害」のなかではIQが高いから「軽度」の知的障害、低いから「重度」の知的障害という分類がなされることがあります。しかし、日常生活や社会生活に支障がなければ、「知的障害」とは判断されなかったりします。つまり、学校生活になじめず不登校になったり、会社の理念や企業風土になじめず勤務を継続できなくなったり、組織における人間関係や学級内の友人をふくめた広範な対人関係の調整がうまくいかないといった何らかの「社会的な障害」があって、はじめて「知的障害」と位置づけられていきます。つまり、IQスコアによる判定という視点以外に、適応行動に問題があるかないかという視点も「知的障害」の判断に含まれている、という考え方が特別支援教育においても重要になってくるのです。

この適応行動について、アメリカ知的・発達障害協会では、以下の3つのスキルの集合体として位置づけられています。

---

[1] 平田・奥住, 2022, pp.149-153.
[2] AAIDD, 2021. および内山, 2021, pp.21-31.

表1　アメリカ知的・発達障害協会における適応行動の3類型

概念的スキル (conceptual skills)	社会的スキル (social skills)	実践的スキル (practical skills)
言語能力や読み書きの能力であり、お金、時間、数の概念とともに、自発的に行動できる能力をさす。	対人関係スキルや対人問題の解決、ルールに従う能力／法を守り、被害にあうことを避ける能力をさす。	日常生活能力、職業能力、健康管理、旅行／移動にともなう能力、スケジュールや習慣に従う能力をさす。

（AAIDD〔2021〕および内山〔2021〕をもとに筆者作成）

　上記の表のように、概念的スキルには、読み書きや計算にもとづく能力があげられています。ただし、「自発的に行動できる能力」に言及がなされている点も重要です。この「自発的に行動できる能力」の英語表記は「self-direction」であり、サービス提供者や行政といった立場ではなく、子どもや対象者による当事者の自己決定を促進するためのスキルとして位置づけられています。つまり、ここで位置づけられている「自発的に行動できる能力」（self-direction）という用語には、サービス提供者がサービスを決めるのではなく、当事者が決めることが重視されているのです。特別支援教育において、子どもや対象者の自主性の尊重という考え方が重視されることはいうまでもないのですが、子どもや対象者自身がどのように動き、考え、感じていけばよいのかといった具体的な教育法や療育の考え方にも通じる「自発的に行動できる能力」に言及がなされていることは重要であると考えられます。

　そして、次の社会的スキルは、少人数による学級編制が執り行われている特別支援教育の具体的場面において重要な視点であるといえるでしょう。例えば、特別支援学校の小学部および中学部では、一つの学級の児童生徒の数の基準は6人、高等部では8人が標準とされています（障害を二つ以上併せ持つ児童生徒で学級を編制する場合の児童生徒数の基準は3人）。こうした少人数のコミュニティのなか、子どもや対象者がどのように他者との関係性を育んでいくのかを把握していくことで、「知的障害」の度合いを見定めていくことが求められます。このことから、この社会的スキルの観点で「知的障害」の状態を把握していく視点は、子どもや対象者のニーズを理解していくうえでも重要な視点であるといえるでしょう。

　次に、実践的スキルにおいてはどうでしょうか。表では、自らの健康を管理する能力や移動にともなう能力が位置づけられています。つまり、概念的スキルの観点を実地に応用して、実際にそうしたスキルを行使できるかを確認していく視点であると捉えることができるでしょう。とくに、この実践的スキルには、身辺を自立させていく能力にとどまらず、金銭的価値の認識や電話の使用が可能かどうかといった具体的な能力も含まれています。そうした個人のもっている具体的な行動の側面に困難や困りごとが生じている場合に、当事者特有の生きづらさがつくりだされていると考えるのがこの実践的スキルの視点です。

（4）日常生活や社会生活の多くの場面や実用的スキルの範囲におよぶこと

　このように、適応行動は概念的、社会的、実践的なスキルの集合体であり、IQのスコアだけでなく、人々が日常生活で身につけ実行するものであるという視点が「知的障害」の定義に含まれています。このことが、特別支援教育においても重要であると考えられます。つまり、上記の定義は「知的障害」の当事者一人ひとりが、日常生活や社会生活を送るなかで、どのような具体的な生きづらさや困難をもっているのか、そして、そうした現実にもとづいて、いかなるケア・サポート・アシストを必要としているのかを把握していくことを重視しているものととらえることができるでしょう。

　いいかえれば、「社会」との関係を重視する「知的障害」の捉え方[3]が特別支援教育において大切な視点であると思われます。「知的障害」をIQテストに代表される知的機能の問題の程度として、「軽度」から「最重度」の分類にもとづいて支援を展開していくことも重要でしょう。しかしながら、実際の特別支援の具体的場面においては、子どもや対象者一人ひとりのニーズがいかなるものであり、それにもとづいてどれくらい適応行動に制約があるのか、そして、いかなる支援がどの程度必要になってくるのかといった観点に着目して「知的障害」を分類していくほうがより適切な支援につながっていくものと思われます。

（5）18歳から22歳へ

　一般的に「知的障害」は、知的機能の障害がおおむね18歳までにあらわれ、日常生活に支障が生じているために何らかの特別の援助を必要とする状態にあるものとして位置づけられています。そして、多くの場合、18歳以前の幼少期の段階までには「知的障害」の診断がなされることが多いのもその特徴です。しかし、アメリカ知的・発達障害協会においては、この発達期の考え方が22歳までへと引きあげられています。その理由の一つとして、成人してから「知的障害」であることが判明する場合をフォローするためであることが考えられます。

　例えば、周囲が気づかないような「軽度」の「知的障害」の状態で、なおかつ本人が人間関係や社会生活に支障なく過ごしてこられた場合、それほど日常生活を送るにあたって何ら問題は生じていないかもしれません。しかしながら、ふとしたことをきっかけに周囲の他者たちとなじめなくなることや、仲のよかった友達との関係に予想もしない形で亀裂が入ることも少なくないでしょう。また、学校生活そのものや組織の習慣についていけないことなどがきっかけでストレス状態となり、結果としてうつ病などを発症したことで、はじめて「知的障害」が関連しているとわかる場合もあります。つまり、「同じ一人の障害者が状況により、あるいは関係性によって重度とされたり軽度とされることがままあるからである。

3）平田, 2024, pp.32-33.

障害の重度軽度は他者の視線のなかで相対的に決められるもの」[4]なのです。冒頭で、誰しもが経験するあたりまえの日常行動のなかに「知的障害」が存在しているかもしれません、としていた理由はまさにここにあります。

　そうした意味においては、このアメリカ知的・発達障害協会による年齢引きあげは、当事者にふりかかる社会的困難の原因を異なる観点から認識させる可能性をもっているのかもしれません。しかし、先にもふれたように、現状では、「知的障害」のほとんどは幼少期には診断されており、年齢を重ねてから適応行動の問題が明らかとなって「知的障害」と診断される場合をとらえきることが難しい状況です。いかなる年齢であっても、「社会」との関係を重視する「知的障害」の捉え方、すなわち、子どもや対象者一人ひとりのニーズがいかなるものであるのかという見方が重要になってくるものと思われます。

2　どうしたら個人の具体的なニーズを把握できるのか？

　ここまで、アメリカ知的・発達障害協会による「知的障害」の定義や位置づけに焦点をあてて、その内実について確認してきました。そこでは、IQテストによるスコアにもとづいた把握だけでなく、子どもや対象者一人ひとりの具体的ニーズにもとづいていかなる支援が必要となり、どの程度、適応行動に制約が生じているのかといった観点から「知的障害」を考えていくことが特別支援教育の実情に適しているのかがわかったでしょう。

　しかし、問題は簡単ではありません。子どもや対象者のニーズを把握する、といってもそれはどうしたら可能になるかを考えなくてはいけないからです。これは、目の前にいる他者がいま何を考えており、これからどのように行動しようとするのかという人と人とのコミュニケーションにあたりまえのようについてまわる「不透明さ」にかかわる問いでもあるといえます。この「不透明さ」を何らかの形で「透明」にしていかなくては、人はコミュニケーションをつづけていくことはできません。ましてや、支援の場ともなれば、「不透明」なままでは目の前の困難を抱える子どもや対象者を適切にケア・サポート・アシストしていくことは難しいのです。

　例えば、「運動療育」の一分野である「水泳療育」においては応用行動分析学（Applied Behavior Analysis）の手法をもちいて知的障害児（者）の療育やスポーツ実践を行っていくうえでのコーチングに役立てようとする立場があります。その立場では、知的障害児（者）に水泳を教える際、「シェイピング」と呼ばれる技法が用いられています。この「シェイピング」とは、ある行動ができるようになるまでのプロセスを可能な限り細かい段階（スモールステップ）に分解して指導し

---

4) 秋風, 2008, p.54.

ていくものです。この立場で、強調されているのが、よい動きができた瞬間に「ほめる」ことであり、しかも少しおおげさに「ほめる」ことが推奨されています。その理由は、「時間がたってから『さっきのあれはよかったね』と言われても、知的障がいの子どもは何がよかったのか理解できないから」[5]と認識されているのが特徴です。このような指摘をすると、「知的障害」の子どもや対象者たちの多くは、言語によるコミュニケーションが困難であり、彼ら／彼女らが考えていることを把握していくのが難しいといわれてしまうかもしれません。

　では、対象となる子どもが言語によるコミュニケーションが困難である場合、どうやって「ほめる」ことをしていけばよいでしょうか。何も「ほめる」ことは、音声言語としての「ほめ言葉」に限定されないという認識を持つことが重要であったりします。仮に、『新明解　国語辞典』（第八版）で「ほめる」ということばを引いてみると、「〔長所・りっぱな行い・努力した点などを認めて〕良く言う」とあります。やはり一般的な認識においては、「言う」という音声言語による「ほめ」が前提とされていることが見てとれるでしょう。でも、よく考えてみてください。友達同士のごくあたりまえのやりとりにおいてさえ、ことばとして「ほめる」ということをする機会は少なく、面と向かって「ほめ言葉」を伝えないことのほうが多くないでしょうか。とくに、恋愛関係にある人や両親・きょうだいといった家族のメンバーにたいしては、何か照れくささのようなものも生じてしまい、あえて言葉で「ほめる」ことを控えることすらあるはずです。

　つまり、日常生活においては「笑顔や驚いた顔などの表情、拍手やガッツポーズといったジェスチャー、頭をなでるなどの身体接触、提出物へのコメントやスタンプ、おやつやおもちゃなどの物品、ゲームをする許可など、ほめるときやほめられたと感じるときにやりとりしているものはさまざまであり、音声言語以外の『ほめ』にも目を向ける必要があるといえる」[6]のです。むしろ、実際、誰かの何かを「ほめる」とき、具体的なことばで表現するよりもジェスチャーをふまえた音声言語以外の非言語コミュニケーションによる「ほめ」を多用していることに気がつくはずです。これと同じように、言語によるコミュニケーションが困難であるからといって、すぐに音声言語としての「ほめ言葉」を理解することが「知的障害」の当事者は難しいのではないかと、問題の矛先を「知的障害」の子どもや対象者たちに向ける前にやるべきことがあるはずです。

　つまり、「知的障害」の当事者や、子どもないし対象者を前にしたとき、多くの支援者（特別支援の保育者であったり、福祉専門職に従事する者であったり、療育に携わる多くの専門職など）たちは、当事者の「できないこと」に焦点をあててしまいがちです。しかし、現実問題として「主として経験と学習からヘルパーは専門性を身につけていくが、この専門性の核心にあるのは、当事者ニーズを理解するコミュニケーション能力である。そしてこのコミュニケーション能力は、必

---

5) スモールステップ研究会編, 2012, p.81.
6) 青木, 2024, p.21.

ずしも言語的な能力に限らない」という視点や「支援者や介助者は、障害者が自己決定できない場合があると言いたてる前に、『どこまで自分に当事者のメッセージを受け取る能力が育ってきたか』をつねに問うべきであろう」[7]という姿勢が重要になってくるのではないでしょうか。

　まずは当事者ないし、子どもや対象者が「できないこと」をベースに物事を考えるのではなく、支援者たる自分自身に彼ら／彼女らのメッセージを受け取る能力がどれくらい育まれているのかを問う姿勢が重要なのです。これを先の「ほめる」という行為との関係でいいかえるとすれば、自らの「ほめる」バリエーションは、言語／非言語問わず、どれくらいの幅をもっているのか。対象となっている当事者の性格や障害の傾向にもとづいて適切に「ほめる」ことができる準備がどの程度ととのっているか。こうした事柄を常に問いながら、「知的障害」の当事者に向き合っていく必要があるのです。いわば、「自己決定が困難」である「知的障害」のある人にたいしては、周囲の具体的な他者たちの「メッセージ」を受け取る能力によって、当事者たちは「支援された自己決定」である新しい意味での「自立」が可能になるという視点が重要であり、こうした取り組み姿勢こそが特別支援教育において求められる実践的な知識につながるのだと思います。

　以上の姿勢を貫くことで、「当事者には当事者の数だけ、異なったニーズがある。どのようなニーズにも対応できる柔軟さや、相手のニーズを読み取る力、そして対人関係の適切な距離の取り方や、無理な要求や不当な処遇へのきっぱりした対応など、人間関係の基本とでもいうべき力量がケアワーカーには必要とされる。そしてその能力は、学習によって伝達され、経験によって訓練されることが可能」[8]であるという考えに開かれ、「知的障害」をもつとされる子どもや対象者だけが常に問題視されることをあたりまえとしない反省的な視点をもって支援に従事することが可能になるのです。

3　特別支援学級に通わせる子どもを持つ親の声

　ここで、当事者の声に耳を傾けてみたいと思います。といっても、ここでは特別支援学級に通う子どもを持つ母親たちの声についてです。

　最初の母親A（当時50代・服飾専門学校卒）の事例は、自らの子にたいして「厳しい母親」として接することが多い代わりに、父親が子どもを「甘やかす存在」として接し、両親で協力して子どもへのアプローチにバランスをとっているケースについてです。そして、自宅の一部に書道教室を開設し、自らの子が地域の子どもたちとふれあう場を創る活動を行っていました（2013年1月13日フィールドノーツ）。

---

7) 中西・上野, 2003, p.182およびp.41.
8) 中西・上野, 2003, p.182.

その母親Aは、「知的障害」の子どもの障害の程度を改善するため、子どもを水泳教室に通わせることになった経緯について、次のように語っています。

> 特支の先生とか、お医者さんがね、ほんとにプールがいいって。ほら、（プールの〔筆者注〕）コーチたちいつもわかってると思うんだけど、水んなか入ってると違うでしょ、陸上と。普通の健常者の子もそうなんだけど、単純に楽しいしおもしろいって本人も楽しみにしてるみたい。お医者さんは水んなかで普段の運動じゃない水圧とか、泡とかが脳にいいって。（水のなかに〔筆者注〕）入ってるだけでも違うっていうもんですから．お薬といっしょに体を動かす、とくに水んなかって特別なんでしょう。楽しんでもらえればそれはそれで。でも、ちょっとは泳げるようになってくれるとね。
> 〔母親Aへのインタビュー記録：2012年12月9日実施〕

このように、母親Aは、日常生活（陸上）では体験できない水中での運動や刺激が脳機能の改善へと導く効果がもたらされるということを、特別支援学級の教員や子どもの精神的ケアを担う医師から伝えられています。いわば、水中での運動が自らの子どもの「障害」にプラスの効果をもたらすこと、そして、投薬と並行した水中運動を試みることによって自らの子どもの「障害」が改善していくのではないかというある種の期待が込められたものになっています。

次の母親B（当時40代・4年制女子大学卒）の事例は、幼稚園児・保育所児の課外教室の代表取締役として早期学習教育の実践を積極的に執り行っている方の語りです。また、母親Bは、自らの教育経験にもとづいた著作も複数刊行する教育従事者でありながら執筆活動にも勤しむ方でもあります（2013年1月20日フィールドノーツ）。

> 私がもう仕事が、（子どもに対して〔筆者注〕）薬強いのもらってみてなんとか…（中略）…運動させて気分転換にもなるし、夏とか暑いときは気持ちいいんでしょうし、脳への刺激で障害の進行もおさえられるって聞いて、特別支援でも、いわれて、かかってる医者もプールをすごくすすめてくるので、ええ、ずっと水泳教室、探していたんです。でも、なかなかこんな風な子どもたちを面倒みてくれるプールがなかなか。何か所も体験コースを受けて断られたりして、（対応が〔筆者注〕）ひどかったんで、ものすごくつらかったんです。最後なんか水泳教室の体験授業を受けるとき、息子が自閉症でもあることを隠しましたもん。事前に伝えてしまうと電話の時点で断られるのがわかっていたから。
> 〔母親Bへのインタビュー記録：2012年12月16日実施〕

この母親Bの語りには、入室を断られつづけて疲弊する母親の姿が提示されて

います。そして、最終的には自らの子どもが「知的障害」だけでなく「自閉症」も併存させていることを隠してまで水泳教室の体験を受講させようとしていたことが端的に語られています。とくに、「息子が自閉症でもあることを隠しましたもん．事前に伝えてしまうと電話の時点で断られるのがわかっていたから」という語りからは、自らの子どもの「障害」の詳細を偽ってまで水泳教室に通わせたいという母親の強い「想い」が見てとれます。この母親Bは、就業上も責任ある立場にあり、ときには水泳教室の送り迎えをヘルパーに一任していることもありました。また、仕事が自宅作業になることも頻繁にあり、子どもが自宅で「問題行動」を起こす場合や「こだわり」による質問責めにあったりするときには「耳栓」をしてまで仕事に集中しなければならないこともあったといいます（2012年12月9日：フィールドノーツ記録より）。

　このように、母親AとBの語りからは、障害者水泳にたいして自らの子どもの「障害」の進行や程度を遅らせ、軽減させる期待がかけられているといえます。それが「ちょっとは泳げるようになってくれるとね」という母親Aの期待であれ、母親Bによる自宅での仕事をより円滑に進めるためのものであれ、「知的障害」をもつ子どもの母親であることの背景には、なみなみならぬ強い「想い」があることが見てとれると思います。

　では、この2名の母親の語りから何を見いだすことができるでしょうか。それは、特別支援教育以外の場面でも、「知的障害」の子どもや対象者たちが常に「障害」を改善するように仕向けられている、ということです。それも保育現場などで重視される「子ども主体」や「子どもの最善の利益」というより、「親本位の子育て」にさらされつづけている「知的障害」の子どもたちの存在を見いだすことができるのではないでしょうか。

　もちろん、「知的障害」の子どもを持つ母親たちを非難しているわけではありません。特別支援教育において指導を受けている児童生徒やその保護者の「想い」は、さまざまだと思われます。先に示したような自らの子どもの「障害」の程度を軽減させるために運動療育や情操教育といったさまざまな取り組みを施す保護者も少なくないでしょう。そのような意味において、特別支援教育に従事する者に求められるのは、これまで検討してきたような児童生徒の困難さやその要因と考えられる「障害」の特性やニーズの把握にとどまらず、保護者の「こうしたい」という願いを理解し、それに寄り添いながら、障害者家族のニーズをも含み込んだうえでどのような指導や支援をするかについて合意形成をしておくことが大切になってきます。

　そのためのツールとしては、連絡ノートなどを活用し、指導の担当教員と在籍学級の担任、そして保護者とが子どもの情報や課題、困り感、生きづらさといったニーズを共有しながら、指導の方向性をそのつど確認しアセスメントしていくことが重要になります。学校での様子を保護者に伝えるだけでなく、家庭でもさまざまな配慮を保護者にしてもらうことで、子どもに対する包括的な支援を行う

ことができるようになっていきます。したがって、保護者との連携を適切に行う上で、特別支援教育に従事する者に求められるのは、保護者との定期的な情報共有と信頼関係の構築であり、学校場面以外の保護者による取り組みがいかなるものであるのかといった事柄にも配慮していく姿勢がもとめられるのです。いいかえれば、子どもや対象者一人ひとりのニーズの把握に成功するだけでなく、保護者との適切な連携のもと、保護者のニーズをも念頭においた具体的な支援の必要性がもとめられるのです。

4 「知的障害」のある子どもの特性の把握に向けて

　これまで、本章1においては「知的障害」という概念の定義や位置づけについて、主にアメリカ知的・発達障害協会による捉え方を中心に検討してきました。そこでは、IQテストのスコアにもとづく判断よりも、適応行動に問題があるかないかという視点が重視されるようになってきている側面を検討し、適応行動が概念的、社会的、実践的なスキルの集合体であることを確認してきました。

　つづく2において、「知的障害」の子どもや対象者のニーズを把握するには、どのような考え方や姿勢を念頭に置くべきかについて検討してきました。そこでは「運動療育」の技法の一つである「シェイピング」を事例としながら、ある行動ができるようになるまでのプロセスを可能な限り細かい段階（スモールステップ）に分解し、よい動きができた瞬間に「ほめる」ことの重要性について確認してきました。

　そして3において、特別支援学級に通う子どもをもつ母親たちの声を具体例としながら、指導の担当教員と在籍学級の担任、そして保護者とが子どもの情報や課題、困り感、生きづらさといったニーズを共有しながら、指導の方向性をそのつど確認していくことが重要であることを指摘しました。そのうえで、学校場面以外の保護者による取り組みがいかなるものであるのかについても配慮していく姿勢が求められていたでしょう。

　以上の観点は、文部科学省（2018）の『特別支援学校学習指導要領解説　各教科等編（小学部・中学部）』においても、見いだすことができます。例えば、知的障害のある児童生徒の学習上の特性として、上記の解説書では次の点が指摘されています[9]。

① 学習によって得た知識や技能が断片的になりやすいこと
② 実際の生活の場面の中で生かすことが難しいこと
③ そのため、実際の生活場面に即しながら、繰り返して学習することにより、必要な知識や技能等を身に付けられるようにする継続的、段階的な指

9）文部科学省, 2018, p.26.

導が重要となること
④　児童生徒が一度身に付けた知識や技能等は、着実に実行されることが多いこと
⑤　また、成功経験が少ないことなどにより、主体的に活動に取り組む意欲が十分に育っていないことが多いこと
⑥　そのため、学習の過程では、児童生徒が頑張っているところやできたところを細かく認めたり、称賛したりすることで、児童生徒の自信や主体的に取り組む意欲を育むことが重要となること
⑦　更に、抽象的な内容の指導よりも、実際的な生活場面の中で、具体的に思考や判断、表現できるようにする指導が効果的であること

　上記の7項目のうち、①と②の視点を解消するには、「知的障害」の子どもや対象者一人ひとりの適応行動に問題があるかないかという視点を重視することで可能になってくるものと思われます。また、③から⑥の視点においては、ある行動ができるようになるまでのプロセスを可能な限り細かい段階（スモールステップ）に分解し、よりよい動きができた瞬間に「ほめる」ことの必要性が説明されているものとして位置づけることができるでしょう。そして、⑦の視点においては、特別支援に通う子どもを持つ母親たちの語りにも表れていたように、保護者のニーズをも含み込んだ実際的な生活場面を考慮に入れることが重視されているものと位置づけることが可能でしょう。
　また、文部科学省の『特別支援学校幼稚部教育要領』においては、幼児期の教育が生涯にわたる人格形成の基礎を培う重要な時期であることを指摘しながら、幼児期の特性を踏まえて環境を通して行うものであることを基本としています。その特徴は、学校教育法の「特別支援教育」に基づいて障害のある未就学児が教育を受けることが前提とされ、おもに少人数制教育を展開しながら、児童一人ひとりに合った教育が求められています。くわえて、自立と社会参加に必要な力を身につけていくことや幼児との信頼関係の構築、幼児が身近な環境に主体的に関わりながら幼児と共によりよい教育環境を創造するように努めていくために以下の点が重視されているのが特徴となっています[10]。

①　幼児は安定した情緒の下で自己を十分に発揮することにより発達に必要な体験を得ていくものであることを考慮して、幼児の主体的な活動を促し、幼児期にふさわしい生活が展開されるようにすること
②　幼児の自発的な活動としての遊びは、心身の調和のとれた発達の基礎を培う重要な学習であることを考慮して、遊びを通しての指導を中心とすること
③　幼児の発達は、心身の諸側面が相互に関連し合い、多様な経過をたどって

10）文部科学省, 2017, p.15.

成し遂げられていくものであること、また、幼児の生活経験がそれぞれ異なることなどを考慮して、幼児一人一人の特性に応じ、発達の課題に即した指導を行うようにすること

以上を重視しながら「特別支援学校幼稚部」では、3～5歳の就学前の児童が対象とされ、教育週数として39週、1日の教育時間としては4時間を標準としています。もちろん、実際上、幼児の障害の状態や発達の程度、季節によって変化する障害特性に対して適切に配慮することも考慮されています。ただし、おもに障害種別ごとに特別支援がなされていますが、視覚障害、聴覚障害などに比べて知的障害や肢体不自由に対応できる幼稚部を設置している特別支援学校の数は非常に少ないというのが現状であったりもします[*1]。

このように、「特別支援学校幼稚部」においては、個々の子どもの障害特性に応じた個別対応を中心とする主体性をうながす教育が展開され、自由遊びや身体を使った遊び、創作活動などを通した指導が行われています。もちろん、ここでも先の1で確認したように、概念的スキルにみられたような「自発的に行動できる能力」への言及や、少人数による学級編成や少人数性教育によって社会的スキルが育まれること、そして、コミュニケーション能力の向上やさまざまな感情を育んでいくことがおもな目的となるような実践的スキルの視点で子どもたちの困難や困りごとに対処していく姿勢が重要となります。

さらに、保育所においてはどうでしょうか。みずほ情報総研の『保育所における障害児保育に関する研究報告書』によれば、「保育所通所児について、医師から障害の診断を受けているかを尋ねたところ、障害の診断があるとの診断を受けた子どもがいる世帯は、ごくわずかではあった」と報告されています[11]。この調査は、全国の市区町村の保育所管課を対象に自治体の障害児保育の方針や認可保育所における障害児保育の実態、また保護者の生活実態を把握するために行われましたが、対象の6,427世帯の内、医師からの障害の診断ありとされたのは4.0%（258世帯）であり、そのうち診断を受けている場合の障害種別としては発達障害が最も多く65.5％、次いで身体障害が21.7％、そして知的障害が19.4％という結果でした。

ここから読み取れるのは、大多数の障害児たちが保育所において医師からの障

[*1] 文部科学省初等中等教育局特別支援教育課（2024）「特別支援教育資料（令和4年度）」によれば、全国で視覚障害を対象とする特別支援学校の総計は61校（国公立・私立含む）であり、そのうち、幼稚部設置校は44校、学級数では幼稚部77学級、小学部256学級、中学部192学級、高等部523学級の併せて1,048学級となっています。また、聴覚障害では総計84校であり、そのうち、幼稚部設置校は79校、学級数では幼稚部279学級、小学部589学級、中学部327学級、高等部406学級の併せて1,601学級となっています。上記、2障害にたいして、知的障害を対象とする特別支援学校の総計は、582校でありますが、そのうち幼稚部設置校は7校にとどまり、学級数も幼稚部15学級と少ないのが現状です（学級数総計18,108学級）。同様に、肢体不自由を対象とする特別支援学校の総計は118校ありますが、幼稚部設置校はたった3校のみとなっています（学級数総計3,614学級）。

11) みずほ情報総研，2017，p.43.

害の診断がないにもかかわらず、保育が施されていることではないでしょうか。例えば、ASD（自閉スペクトラム症）は、人とコミュニケーションを取ることが苦手だったり強いこだわりがあったりすることが特徴としてあげられる発達障害の代表例ですが、自閉症や高機能自閉症（広汎性発達障害）、アスペルガー症候群などが含まれていたりもします。基本的には、ことばの遅れをきっかけに3歳までに医師から診断されるケースがほとんどであるといわれていますが、ASDには「知的障害」の特徴が見受けられる場合もあり、保育者など身近な大人が覚える違和感によって診断につながることもあったりします。また、ADHD（注意欠如・多動症）といった衝動性が強く、落ち着きがみられないこと、一定時間以上の集中力が続かないケースや感情的になることが多いといった特徴が見受けられる発達障害の場合は、とくに健常児との違いがわかりづらく、幼児の発達段階に見られる特有の「落ち着きのなさ」か、発達障害によるものかを判断するのが難しいものも含まれます。つまり、そうした場面で保育者に求められるのは、「知的障害」や発達障害に関する専門的知識を前提とした「観察力」となります。

　その「観察力」の根底には、保育所保育指針にもとづく3本柱・5領域・10の姿[*2]を念頭に置きながら「特別支援学校幼稚部」と同様に概念的スキルの観点から「自発的に行動できる能力」がどのように育まれているのか、さらには社会的スキルの観点からどの程度子どもがルールや規則を守ることができているのか、そして、コミュニケーション能力を代表とする実践的スキルの視点で子どもたちの困難や困りごとに対処していく姿勢が必要となってくることはいうまでもありません。

　このように、特別支援教育下において「知的障害」を理解していくには、適応行動が概念的、社会的、実践的なスキルの集合体であることを重視しつつ、具体的なニーズ把握の手法としては、支援を段階的にしていくことが求められます。そのうえで、支援プロセスにおいては、そのつど子どもや対象者の行動にたいして「ほめる」ことや称賛したりすることで、子どもや対象者の自信や主体的に取り組む意欲を育むことが重要であると同時に、その保護者のニーズの把握をも特別支援の対象と見なしていくことが求められるのです。

　ただし、こうした特別支援教育において課題がないわけではありません。例えば、2022（令和4）年9月、国連の障害者権利条約委員会が日本政府に対して、

---

*2　これは、就学前児童が幼稚園、保育所、認定こども園のどこに通っていても同水準の保育や教育の機会を得られるようにするものであり、保育や幼児教育の質を保ちながら、小学校進学を見据え、「幼児期の終わりまでに育ってほしい姿」の目標を提示しています。具体的に、「保育の5領域」は、目標とする姿を具体的にするための「保育のねらい」を「健康」「人間関係」「環境」「言葉」「表現」の5つに分類したものであり、「3つの柱」とは、保育所保育指針で示している3つの「育みたい能力・資質」を指す5領域や10の姿の大元となる目標となっています。それは、「知識及び技能の基礎」「思考力、判断力、表現力等の基礎」「学びに向かう力、人間性等」に大別されます。また、10の姿とは、卒園までに育まれてほしい子どもの姿を、5領域をもとに10個の具体的な視点から捉えて明確化したものであり、①健康な心と体、②自立心、③協同性、④道徳性・規範意識の芽生え、⑤社会生活と関わり、⑥思考力の芽生え、⑦自然との関わり・生命尊重、⑧量・図形、文字等への関心・感覚、⑨言葉による伝え合い、⑩豊かな感性と表現を指します。

6　知的障害児・者の思いと理解・援助

障害のある子どもへの「特別支援教育の廃止」と「インクルーシブ教育の実現」などを含めた「勧告」を出しました。障害者権利条約は、すべての障害者の権利と尊厳を守ることを目指して、2006年に国連において批准された条約であり、日本も2014（平成26）年に同条約に批准しています。とくに障害者権利条約においては、障害を理由に学ぶ場を分けるのは明確な差別であると考えられているため、日本で特別支援学校や特別支援学級といった「分離教育」が継続的に実施されていることへの懸念が「勧告」として表明されたのです。それと同時に、この「勧告」においては、障害のある子どもも、障害のない子どももともに学べる「インクルーシブ教育」の実現に向け、国の行動計画を策定することを強く要請する内容になっています[12]。

以上の国連の「勧告」を受けて、さらに厳しい課題を見いだすとすれば、「特別支援教育は『障害児』の個別の教育的ニーズに対して教師がどう指導するかという観点から構築されている。そのため特別支援教育では教室内に複数の『障害児』がいても集団活動をせず、個別に教育を受けているケースが多い。普通学級で多くの友達と学び合う機会から遠ざけられた『障害児』は、特別支援教育の下で、再度クラスの友達と学び合う機会を奪われてしまう。特別支援教育の在籍として措置された子どもは、友達と学び合う機会から二重に遠ざけられてしまっている」[13]という指摘についても応えていかなくてはいけないでしょう。

以上のように、特別支援教育は多くの課題を抱えています。日本の「インクルーシブ教育」は、条約で差別とされている区別と排除を残した状態で特別支援学校と特別支援学級を存続させています。それだけでなく、普通学級で障害のある子どもが学ぶ機会や配慮が保障されず、普通学級で学びたいという高い意欲をもった子どもや対象者が存在したとしても学ぶことはできない状況にあります。

果たして我が国は、このような課題を具体的にどのように解決していくのでしょうか。他国の状況とともに、保育者を目指す皆さん一人ひとりが「自分事」として考えていくことが求められています。

引用文献

- AAIDD（2021）Definition.
  http://aaidd.org/intellectualdisability/definition　2023年12月20日閲覧
- 秋風千恵（2008）「軽度障害者の意味世界」,『ソシオロジ』, 52(3), p.53-69.
- 内山登紀夫（2021）「現在の知的障害に関する国際的な診断基準と、最近の知的障害概念の検討」『令和2年度　厚生労働科学研究費補助金（障害者政策総合研究事業）分担研究報告書』, pp.21-31.
- 国際連合（2022）「（仮訳）障害者の権利関する委員会　第27会期　日本の第1回政府報告に関する総括所見」.
  https://www.mofa.go.jp/mofaj/files/100448721.pdf　2024年1月25日閲覧

---

12) 国際連合, 2022, p.14.
13) 小国, 2023, p.17.

- スモールステップ研究会編（2012）『発達障がい・知的障がいのある子どもの水泳指導　泳げるようになろう』，かもがわ出版．
- 平田正吾（2024）「基礎から学ぶ障害と医療　第1回知的障害ってなに？」，『みんなのねがい』，No.699，全国障害者問題研究会，pp.32-33．
- 平田正吾・奥住秀之（2022）「知的障害概念についてのノート（1）」近年における定義の変化について」，『東京学芸大学教育実践研究』，第18集，pp.149-153．
- みずほ情報総研（2017）『保育所における障害児保育に関する研究報告書』．
- 文部科学省（2017）『特別支援学校幼稚部教育要領　小学部・中学部学習指導要領』，海文堂出版．
- 文部科学省（2018）『特別支援学校学習指導要領解説　各教科等編（小学部・中学部）』．
https://www.mext.go.jp/component/a_menu/education/micro_detail/__icsFiles/afieldfile/2019/02/04/1399950_4.pdf　2023年12月23日閲覧

参考文献

- 青木直子（2024）「『ほめ』の研究から分かること」『教育と医学』，第72巻1号，pp.20-25．
- 中西正司・上野千鶴子（2003）『当事者主権』，岩波書店．
- 小国喜弘，（2023）「インクルーシブ教育の課題」『連合総研レポートDIO』，第36巻1号，pp.15-18．
- 文部科学省初等中等教育局特別支援教育課（2024）「特別支援教育資料（令和4年度）」．

第7章

発達障害児・者の思いと理解・援助Ⅰ
—自閉スペクトラム症の理解とその世界—

1 はじめに —自閉スペクトラム症とは—

　「発達障害」ということばを聞いたことはありますか。近年、映画やドラマの題材に取りあげられたり、ニュースなどでもクローズアップされているので、きっと見たり聞いたりしたことはあるのではないでしょうか。

　韓国で2013年に放送されたドラマ「グッドドクター」は、発達障害というカテゴリーのなかの一つである「自閉スペクトラム症（ASD：Autism Spectrum Disorder）」の男性が主人公でした。この主人公は、ずば抜けた暗記力を持ち、人体の器官の構造が脳内にインプットされ、誰もがおどろく空間認知能力を持った青年医師です。しかし、その障害特性ゆえに、周囲から偏見のまなざしを向けられます。それでも、彼はその偏見に負けず、自分の弱さにも立ち向かい、障害の有無にかかわらず「自分の夢をあきらめない」「ありのままの自分も大切にしながら、相手のことも大切にする」ことで成長していきます。このドラマは、海外でもリメイク版が放送されました。アメリカでは2017年からドラマ「The Good Doctor」が放送され始めシーズン化、日本では2018年にドラマ「グッドドクター」で俳優の山﨑賢人さんが主人公を演じました。さらに、作家の東田直樹さんをはじめとしたASD当事者らによる書籍の普及によって、ASDとはどのような特性を持っているのか、より広く知られるようになりました。

　現在、発達障害という用語は、保育・教育・福祉現場において随分お手軽なことばになりました。子どもへの十分な理解がないまま、さまざまな行動特徴のみを強調して取りあげられがちですが、果たしてそのような意識のままで子どもを適切に捉えられるのでしょうか。子どもの「発達」を木に例えるならば、乳幼児期とは木の根っこができる時期です。それを基盤にして幹や枝、葉へとつながっていくのです。

　本章では、自閉スペクトラム症をテーマに、そもそも自閉スペクトラム症とは

何か、そしてどのような視点で捉えることが大切か、一緒に考えていきます。

2　自閉スペクトラム症の歴史的変遷

　自閉スペクトラム症（Autism Spectrum Disorder、以下ASDと略）の子どもたちの存在は、アメリカのジョンズ・ホプキンス病院に勤務していた児童精神科医レオ・カナー（Leo Kanner）によってはじめて世に知られました。カナーは、自身が診察していた2歳から11歳までの男子8人、女子3人の計11人の子どもたちが示す症状が非常にユニークであると捉え、「情動的交流の自閉的障害（Autistic Disturbances of Affective Contact）」と題した論文を1943年に発表しました。翌1944年には、この子どもたちを「早期幼児自閉症（Early Infantile Autism）」という言葉を用いて紹介しました。

　「自閉（Autism）」という言葉は、もともと精神医学の世界において大人の統合失調症の研究のなかでよく使われており、カナーは11人の子どもたちを診察しながら、統合失調症と似通っていると考えて、「早期幼児自閉症」ということばを使ったといわれています。この11名の子どもたちについてカナーがもっとも注目した共通点は、主に次の4点でした。

① **周囲からの極端な孤立**
　　乳児期から母親が抱っこをしようとしても積極的に抱かれる姿勢をとることができず、また、自分から周囲へ何かを直接要求することもありません。また、乳児期より対人的孤立・他者への無関心の傾向がみられます。

② **ことばの発達の独特の歪み**
　　乳児期より自分に向けて他者が話しかけても、積極的な興味を示すことはないのですが、一方でテレビには自分から近づいていき、よく聞いています。ことばを話すようになっても、「ママ」「パパ」「まんま」のような実生活に近い意味のあるものではなく、テレビで聞いたことばを繰り返したり、他者のことばを単に繰り返すなど、コミュニケーションには発展しづらい傾向がみられます。反響言語（エコラリア）や独特なことばの使用が多いと感じられます。

③ **強迫的な同一性保持の傾向**
　　自分を取り巻く環境が変化することを激しく嫌い、同じ状態を保ち続けることへの強いこだわりが見られます。それが叶わなかったときには激しいパニックが見られます。

④ **極端に限られた事柄への強い興味・関心**
　　周囲に対する興味や関心は非常に限定的で、特定の物のみを気に入って、こだわります。視空間能力が秀でている子どもや機械的記憶力を持つなど、

一つの事柄に秀でた能力を示す場合もあれば、食べられる物が非常に限定的で激しい偏食が見られるということもあります。

カナーは自著のなかで、子どもたちの両親の養育態度が適切ではなかったと記述しており、その部分がクローズアップされ、それ以降、親の育て方が原因でASDが引き起こされる（後天的心因論）という考え方へとつながっていきました。

さて、カナーが症例報告をした同時期である1944年にオーストリアの小児科医ハンス・アスペルガー（Hans Asperger）も「自閉的精神病質（Autistic Psychopathy）」と題した論文を発表し、彼が診察していた6歳から11歳の男子4人の特性などについて詳細に触れました。カナーが子どもの統合失調症という視点を持ち合わせていたことに対し、アスペルガーは性格傾向の偏りという視点に立っていました。しかし、この論文はドイツ語で書かれ、ドイツの雑誌（オーストリアは当時ナチス・ドイツの統治下に置かれており、ドイツは第二次世界大戦の敗戦国となった）に掲載されたことが災いし、その後、イギリスの児童精神科医ローナ・ウィング（Lorna Wing）が論文で取りあげて評価するまでの間、日の目を見ることはありませんでした。

ウィングは、ASDの娘を育ててきた母親で、自閉症の熱心な研究者でした。彼女は、ASDは親の不適切な養育によって引き起こされるものではなく、脳の器質的な要因によるものであると主張し、ASD児を持つ親や教育関係者たちにとって心強い存在となっていました。そのような流れのなかで、ウィングはある日、アスペルガーの論文に偶然たどり着き、それまで広く知られていたカナー型自閉症（重度の障害があり言葉でのやり取りが困難）に限らず、言語コミュニケーション障害のないASD児の症例報告がすでに存在していたことを知りました。こうしてウィングは、1981年に「アスペルガー症候群：臨床知見」を発表し、数十年に渡って葬られていたアスペルガーの功績を世に伝えました。この発表を契機にアスペルガーが提唱した特性を持つグループは、彼の名にちなんでアスペルガー症候群（Asperger Syndrome）と呼ばれるようになりました。

その後、2013年にアメリカ精神医学会が発表した『DSM-5』において、広汎性発達障害に代わって、社会性の障害を主軸とした発達障害は自閉スペクトラム症（Autism Spectrum Disorder）と名づけられました。アスペルガー症候群という用語は消えましたが、ASDという連続性を持った状態のなかに、アスペルガー症候群として扱われてきた状態像も含まれています。

日本では、1952（昭和27）年に鷲見たえ子（現・中沢たえ子）が日本精神神経学会総会において「レオ・カナーのいわゆる早期幼年自閉症について」と題した症例報告を行い、はじめて国内でASDを紹介しました。その後、カナーの早期幼児自閉症は牧田清志によって、アスペルガーの自閉的精神病質は平井信義によって、それぞれ紹介されました。その後、数十年に渡ってASDの原因説が議論されるようになり、ASDは脳の機能障害（素質あるいは遺伝）によって引き起

こされるものであって、養育者の育て方（環境）にあるのではないという説が浸透しました。

しかし、1990年代後半以降、ASDをはじめとした発達障害の原因にまつわる議論が再燃し、原因は何か、原因は一つではなく複数なのかなど、世界中の臨床家らが独自の見解を示すようになりました。そして、それまで素質や遺伝に原因があると主張していた臨床家自身が、子どもの要因（素質）か、育て側の要因（養育環境）か、と単純に考えるべきものではなく、人の発達とは育てられる側（子ども）と育てる側（養育者）との交流を通して培われていくものとして捉えるべきであると考えるようになっていきました。

児童精神科医の小林隆児らは、乳児の発達を「個」の側面からのみ捉えていては、ASDの特徴でもある「対人関係の障害」から目を反らすことになるため、子どもと養育者との「関係」のなかで、子どもの行動だけではなく、情動（気持ち）の動きに焦点を当てて捉えることが非常に重要であると早い段階から主張を続けていました。彼らの中核的考え方は、人は「個」単体で発達していく存在ではなく、周囲の人との関わり、つまりは「関係性」のなかで育っていく存在であるという「関係発達」の視点に拠っています。

2007（平成19）年、杉山登志郎による著書『子ども虐待という第四の発達障害』のなかで、相当数の被虐待児がその後の発達過程においてASDに類似した状態になっていることが示され、小林らの主張を裏づける形となりました。

近年、臨床家の多くは「エピジェネシス（後成説）」という視点からASDを捉えることが当然の流れになっています。ASDの成因は素質と環境のダイナミックな相互作用であり、乳幼児期に養育者や子どもを取り巻く人たちとの関係・養育環境のなかで、子どもがもともと持っていた素質（右脳の感情情動調整機能の不全、情動的価値判断を担う右扁桃体の肥大）が現れた状態像を指しているとしています。ショアと小林は、左脳は3歳以降に優位になること、1歳半から2歳までは子どもの状態は固定されていないことなどから、ASDの早期評価と介入の重要性を訴えています。

アメリカのカーラ・マゼフスキィらもASDの子どもは情動調整が難しく、扁桃体や前頭前皮質の神経生理的機能不全が見られると指摘しています。現在までのところ、ASDの子どもの情動調整に関する研究は主に海外が中心となっています。

3 ASDの子どもと養育者の状態像について

(1) ASDの子どもの特徴

ASDの人たちの脳の右扁桃体が肥大していることが神経生物学的な研究から

明らかとなってきていますが、そもそも扁桃体はどのような機能・役割を担っているのでしょうか。実は、不安、恐怖、悲しみ、痛みといった感情をつかさどる部位で、私たちが感じる快・不快といった感情は、この扁桃体が大きな役割を果たしているのです。

ASDの子どもは、この扁桃体という部位がほかの子どもとは異なった働き方をするため、誕生後から周囲の環境に対して恐怖心や警戒心が強く表れ、自分の感情や情動を適切に調整することが難しいという特徴がみられます。さらに、右脳もASD特有の偏った働き方をします。右脳は、イメージや記憶力、想像力、感覚、感情をつかさどっている部位で、私たちの脳はことばがまだ発達していない3歳頃までは左脳よりも右脳が優位です。

ASDの子どもは、新生児期から感覚過敏あるいは鈍感、そして独特な知覚の持ち主である様子が見られます。例えば『自閉症だった私へ』の著者で、ASD当事者のドナ・ウィリアムズによると、自身がベビーベッドに横たわった状態で空気中を舞う塵に見入っていたら、突然誰かが自分を抱きあげたために、塵が見られなくなってしまって泣いたことを覚えていると述べています。

この時期の子どもは、まだ視覚、聴覚、味覚、嗅覚、触覚というように感覚がしっかりと分化されてはおらず、快か不快といった未分化な世界におり、情緒面と深くつながりを持っています。気分がよく心地よいときに部屋に差し込む光は温かで安らぐと感じられますが、心細いときや不安で緊張が高まっているときには部屋に差し込む光、あるいは人の視線というものが自分を突き刺すようで怖いと感じてしまいます。言い換えると、そのときの子どもの感情・情動のあり方によって感覚の受け止め方も変わるということです。ASDの子どもは、とりわけこのような感覚が常に研ぎ澄まされている状態にあり、相手の感情や情動をも敏感に感じ取り、それを自分の感情として受け取って反応してしまうのです。

(2) ASDの子どもと養育者を「素質」と「関係」からみる

次の事例を読み、子どもと母親のあいだの「関係」について考えてみましょう（本章でとりあげた事例1～4は同一の子どもの記録です）。子どもの発達において、人生早期の段階でしっかりとした根っこづくりが大切ですが、その根っことは何であるのかという点について踏まえることが大切です。

【事例1】 生後3か月のAと母親

（3か月児）

私ははじめての妊娠で不安もあり、夫は在宅ワーク中心でオンライン会議なども多いため、仕事の邪魔にならないよう、里帰りしてAを出産しました。退院後1か月だけ実家でお世話になることにし、親や同居の兄家族もAを早くお世話したいと心待ちにしていました。

Aは誕生後から私が抱くと、丸太のように身体をこわばらせます。母からは「抱き方が悪い」「歩いて少し揺らすといい」などといわれるばかりでした。母が抱くと普通に見えます。
　Aは突然激しく泣きだすこともあり、オムツを替え、ミルクをあげるなどしますが、私にはその理由はわかりません。母から「もう少し実家にいたら」と助言されましたが、頼りたい気持ち半分、でもいい歳をしていつまでも親に甘えているわけにもいかないという気持ち半分、結局は当初の予定通り、自宅へ戻りました。
　自宅へ帰ってきてからも、Aは抱かれる姿勢をとらず、生後3か月になっても私と視線が合いません。日中はAと2人きりですが、私は毎日憂鬱で、積極的に抱っこする気も起きず、テレビを観ただ時間が過ぎていくのを待つ感じです。Aはただ天井を見ています。

　発達論的にいえば、この時期は、子どもと養育者のあいだで「愛着（アタッチメント）／甘えを基盤とした関係」が促進され、両者が情緒的絆で結ばれていく過程上にあります。つまり、根っこをしっかりとしたものにするためには、養育者との「愛着／甘え」が欠かせないわけです。
　さて、Aと母親を「素質」の側面と「関係」の側面からみていきましょう。
　Aは確かに「触れられると体をこわばらせ」「視線を反らし」「激しく泣く」とあり、育てにくい素質を備えている子どもだと感じられます。Aに限らず、母親の胎内から出てきたばかりの新生児にとって、外へ生まれ出てはじめて体験する世界はどれもこれも圧倒されてしまうもので、刺激が強いことでしょう。しかし、Aの場合は、賑やかな実家で生じるさまざまな音や声、におい、光、自分に向けられる眼差し、抱っこされることで伝わってくる手肌の感覚のどれもが、とりわけ強い刺激として感じられたことでしょう。ASDの特性を持つAにとっては、強い刺激が次々と襲いかかってくる世界に突然放り出されたようなものです。
　母親のほうはどうでしょうか。母親は、妊娠出産への不安もあり、在宅で仕事をしている夫に迷惑をかけないように、と出産前から不安を抱えて、夫への気遣いも見られます。さらに、いい歳をして親に迷惑をかけたくない、という世間から見た自身の社会的立場を気にかける常識を持ち合わせた人でもあります。そこにきて、はじめての育児で子どもは抱きづらく、理由がわからず泣くという状態で、ますます不安と焦りが募っていったことでしょう。日が経てば経つほど、母親の不安と焦りが色濃くなっている様子がみられたことから、実母もこのままもう少しここで過ごすようにと助言したことが想像されます。実母がまだこのまま滞在してもいいといってくれますが、母親は「実家でこのまま甘えさせてもらい

たい」という気持ちと「甘えるわけにはいかない」という気持ちのあいだで揺らいでいることがわかります。このように、母親は常に周囲への気遣いや気配りを欠かさず、相手に迷惑や手間をかけさせることのないようにと、自分を律することのできる人ともいえる真面目な人です。また、自分なりに描く母子の姿があるようで、そこから外れてしまうのではないかという状況に対し、おおらかに受け流すことは難しく、当初の見通しとのずれに不安が強くなる傾向がうかがえます。

　Aを育てながら母親の心の内に生じて来る不安や焦りといった感情ですが、この感情は間違いなく目の前のAも感じ取っているはずです。皆さんも「あぁ、お母さん（お父さん）がイライラしているから、今は話しかけないほうがいいな」と一度や二度は感じたことがあるでしょう。私たちは日頃から相手の感情・情動というものを自然と感じ取っているのです。ASDの子どもは、とりわけ相手の感情や、情動を人一倍敏感に感じ取りますから、Aも母親の不安や焦りを、その視線、その手の感触などから感じていたことでしょう。そのため、Aは母親に抱かれると急に落ち着かなくなり、母親の感情に圧倒されて固まってしまったと考えられるのです。祖母が抱くと普通に見えるのは、Aにとって祖母からは母親と同じような感情・情動を感じることがなかったからだと捉えることができます。ここで強調しておきたい点は、母親に原因がある、Aに障害がある、というように片方だけに原因を求めるような単純なものではないということです。これまで説明してきたように、Aにみられる行動特徴は、Aと母親という「両者の関係（環境）」のなかで、Aの「素質」が表出している状態なのです。

　自宅に戻ってからも、母親は自身が描く子どもの姿がそこにないことへの不安や焦りから気持ちの落ち込みが続きます。母親の不安げな眼差しがAに向けられると、Aは思わず母親から視線を回避し、ドナ・ウィリアムズがかつて体験していたような行動（天井をじっと見入る行動）に没頭することで自分自身を保とうとします。しかし、子どものこのような行動に、養育者はさらに一喜一憂し、子どもへの積極的な関わりを避けるべきか悩み、どのように関われば自分を受け容れてくれるだろうかと心が自然と揺らいでいくのです。

　このように、子どもを的確に捉えようとする際、養育者の存在は切っても切り離せず、「子ども」あるいは「養育者」を「個」として捉えること自体がナンセンスとなるわけです。子どもの障害を正しく理解するにあたっては、子どもと養育者の「関係」に着目し、その関係性のなかで子どもの「素質」が現れていると考えることが適切なのです。

　私たちに求められていることは、不安や焦りといった感情を抱かずにはいられない養育者を批判することなく受け止め、養育者の話に耳を傾け（傾聴）、養育者に寄り添うことです。コロナ禍には産後うつ病の発症率は3倍に増加したともいわれています。子どもを産み育てて不安になることは、誰にでも起こり得ます。いくら毎日一緒にいる我が子であっても、常に子どもの感情・気持ち・思い・願いに完璧に応えられる養育者などいるはずもありません。子どもの心の内を理解

できないという不安やもどかしさから、この母親のように徐々に子どもへのアプローチを控えめにせざるを得ない状況に陥ってしまうケースもめずらしいことではありません。

> 【事例2】　1歳6か月のAと母親
>
> （1歳6か月児）
>
> 　ゴールデンウィークに両親が訪ねてきてくれ、玩具をいっぱいプレゼントしてもらいました。私は幼少期に兄の玩具のお下がりで我慢していましたが、孫には違うようです。
> 　Aはトミカのミニカーを気に入り、どこへ行くにも持っていきます。ミニカーを手に取ってじっくりと眺めたり、タイヤを手で回したり、製造番号らしい細かい字を食い入るように見ています。Aに楽しんでもらおうと、私が「こうやって遊ぶんだよ」とミニカーを床の上でビューンと走らせたら、私が余計なことをしてしまったようで、ミニカー遊びを終わらせてしまいました。これまで私の後追いもなく、姿が見えなくても平気なAでしたが、週末に私が美容室へ行っている間、何度も私を探し回っていたそうです。帰宅後、「お待たせ」とAを抱くと、そんな様子はまるでなかったかのように、のけ反って逃げていきました。
> 　昨日は私がシャツをアイロンがけしていたら、いつの間にか私の背中にAが背中を合わせてミニカーで遊んでいました。しかし、頭をなでると逃げていってしまいました。

　再び子どもと養育者を「関係」の視点に立って捉えてみましょう。母親が美容室へ出かけて姿が見えなくなると、Aは母親を求める行動を起こします。しかし、ずっと待っていた母親が帰宅して、いざ「遊ぼう」と誘うと、Aは喜ぶどころか逃げていってしまいます。食事の支度の際も同様で、母親が気になって姿を確認しにきますが、母親がAのほうへ意識を向けて関わると、再び逃げていってしまいます。つまり、子どもと養育者のあいだで、感情・情動がちょうどいい感じで重なり合うという体験を積みあげていくことが実に難しいことがわかります。これは、AがASDだからと「個」に原因を求める、あるいは、母親の関わりのタイミングがずれていると「個」に原因を求める、という単純なものではないのです。
　母親もかつては両親に「育てられてきた」子どもの時期があったわけですが、両親からは玩具をあまり与えてもらえず、兄のお下がりで我慢していたと幼少期を振り返っています。出産時も、ずっとお世話になると申し訳ないからとの考えから、実母が滞在を延ばすよう勧めても、そのことばに甘えずに自宅へ戻っているなど、一人で我慢しよう、一人でがんばろうという姿が大人になっても見え隠れします。母親自身が実母とのあいだに「甘えたくても甘えられないまま育ってきた」「母親と実母とのあいだで気持ちがすれ違う」姿が浮かびあがってきます。それは、まさにAと母親のあいだに再現されているともいえるでしょう。「甘えたくても甘えられない」状態とは、子どもか養育者のどちらか片方に理由があっ

7　発達障害児・者の思いと理解・援助Ⅰ

て引き起こされるものではないのです。「甘え」とはそれを受け止めてくれる相手の存在があってはじめて成立するものであり、甘えたくても相手がそれを受け止めてくれないという「関係性の障害」であるといえます。養育者側の心理状態には、「甘えさせたくも甘えさせてあげられない」という幼少期の甘えにまつわる体験が潜んでいることも関係しており、そのことがいざ子どもを育てる場面になって意図せず表面化してしまうのです。そして、私たちは誰しもが「養育者に甘えたくても甘えられなかった」という体験をしていますから、このアンヴィヴァレントな状態はいつ生じても不思議ではないのです。

　子どもと養育者とのあいだで、感情・情動のすれ違いが生じやすく、お互いがちょうどいい具合に心が通い合うという体験や、一緒にいることで心がなごむという体験が共有しづらいという点が、ASDの乳児期早期の難しさを表しているといえるでしょう。この時期のASDの子どもたちに共通して見られることは、次の4点に集約することができます。

① **甘えたくても甘えられない**

　「甘えたい」という感情と「甘えられない」という感情、この相反する感情がこころに同居しているため、子どもは養育者から積極的に関わりを求められると逃げていきます。しかし、養育者が関わりを控えると、途端に子どもが養育者を求める行動を起こします。子どものそのような行動を受けて、養育者が再びアプローチしていくと、子どもはサッと逃げていきます。この心理を精神医学では「アンヴィヴァレンス（両価性）」と呼びますが、乳児期のASDの子どもと養育者との「関係」のなかで相反する感情（矛盾した感情）が生じやすいといえます。

② **わかりづらい甘えの表出**

　養育者を求めていない訳ではないのですが、ストレートに「甘えたい」という感情を表出できず、感情が行ったりきたりしています。養育者側からすると、自分への後追いがない、人より物への関心のほうが強い、好んで一人遊びに没頭している、と感じられることでしょう。しかし、実際のところは背中同士であれば自分から近づいてくっつけるなどの姿が見られます。真正面から抱き着くということではなく、いつの間にか背中を背中にくっつけるというような形で甘えを表すので、どうしても子どもの感情や思いに気づきにくく、愛着関係が深まりにくくなってしまう要因の一つともいえます。

③ **感情の昂ぶりを養育者にぶつけられない**

　養育者の姿が見当たらない、夢中になっていた玩具を急に養育者に奪われてしまった、など自分の思いや願いが叶わない場面で、Aは養育者に直接その感情をぶつけることはありません。遊びを終わりにし、その場から去っていきます。

小林は、これらの現象について「母親に直接その怒りを向けることができません。なぜなら母親に拒絶されたら自分一人で何ひとつできないからです」[1]と説明します。

④　大人の顔色をうかがう

　　先述した通り、子どもは甘えの感情をストレートに養育者へ向けることもなければ、自分の感情が昂ぶっても直接養育者にぶつけることもできません。だからといって、甘えたい気持ちが消えることはなく、養育者を求める気持ちは湧いてきます。その結果、子どもは常に養育者の注意が自分にどのように向けられているか確かめるために、養育者をよく見ており、その顔色をうかがっています。そのため、養育者の心の有り様によって、子どもの心の有り様も移ろいやすくなります。

　皆さんは、子どもと関わる際に「子どもの目線に立つ」ことが重要であるということについて十分承知していると思います。なぜなら、子どもの目線に立つことで、子どもの感情や気持ち、意図、願いが自分にも伝わってくるからです。

　しかし、ASDの子どもたちの感情や気持ちを適切に汲み取ることは、事例からもわかる通り、実に難しいことです。例えば、母親はAにミニカーの遊び方を教えてあげようと思い、ミニカーを床で走らせるという正しい遊び方を示しますが、Aは途端にミニカーで遊びたいという気持ちが萎えてしまいます。母親が示した遊び方は誤ったものではありません。誰もが同じようにAに対して適切な遊び方を教えたくなるものです。しかし、それは私たちのなかの「常識」「社会性」に照らし合わせれば当たり前の遊び方ですが、Aにとっては「クルクル回るタイヤ」や「車体に刻まれている小さな文字」が魅力的な物です。子どもにとって、その対象物がどのような意味合いを持っているのか、子どもの世界観を私たちが感じ取って共感することで、「ボタンのかけ違い」は自然と減少していきます。私たちは、ついつい子どもを私たちの常識世界へいざなおうとして、子どもの行動を適切かつ正しいものへと修正しようとしがちです。しかし、そのよう思いで関わると、ASDの子どもは大人からただ圧迫感だけを感じ、遊びどころではなくなってしまいます。

　まずは深呼吸をして、そっと子どもの世界を訪ねてみようとすることが大切です。

1）小林, 2014, p.65.

【事例3】 2歳4か月のAと母親

（2歳4か月児）

　休日に家族で新幹線が見える場所へ出かけたのですが、新幹線がビューンと走っていく様子をはじめて見たAは、そのスピード感を自分自身がさも体験したかのように全身を震わせていました。そんなAを見て、私も不思議と身体が震えるような感覚になりました。私も思い返してみると、小学校1年生の頃だったと思いますが、夏休みに父の運転するバイクの後ろに乗せてもらって街中を走ったときに、自分の身体とバイクが一体化したような不思議な感覚になり興奮しました。きっとAはAなりに身体全体で驚きと興奮を感じたと思います。私は父とその興奮をその場で一緒に共有できましたが、今のAは日々の楽しいことも辛いことも一人で経験するだけで、誰とも共有できていないと感じました。何だか急にAに対して申し訳なく思いました。

　私に今できることは、Aの上っ面の気になる行動に一喜一憂することではなく、Aの内面の世界、Aが好きなことも苦手なことも驚きも興奮も一緒に感じて共有して、親子でともに歩んでいくことなのではないかと思い始めました。Aがどんなことに夢中なのか、本当の意味でAをもっと知りたいです。

　母親は、子どもが新幹線を見て身体が震える様子を見て、自分自身も同じような身体感覚を経験したことを思い出しました。Aがどうして身体を震わせたのか、その理由についてもAへと気持ちをめぐらせ、新幹線が目の前をビューンと過ぎ去っていく凄まじいスピード感に身体全体が揺さぶられたのだろうと推察しています。そして、母親自身の幼少期の思い出がよみがえり、父と感情・情動を共有できたことの喜びが想起され、目の前のAと自分を重ね合わせます。

　育てられる側から育てる側へとバトンは移り、今度は母親がAと感情・情動を重ね合わせられるようになりたいと願い、Aの世界観を知ることではないかと気づきます。これ以上Aの行動に一喜一憂することはやめようと思えるほど、自分を客観視できています。自分が描いていた子育てのあり方と多少違っていたとし

ても、それはそれでいいじゃないかと、どこかで思っているのでしょう。子ども を母親の世界へ引っ張りあげようとせず、子どものありのままの姿を受け容れよ うという感情が芽生えてきていることがうかがえます。

> **【事例4】　3歳9か月のAと母親**
>
> （3歳9か月児）
>
> 　毎日暑い日が続き、Aは園から帰ってくると「ジャージャー」といって、水遊び をしたいと訴えます。ビニールプールにホースで水を入れていると、Aはうれし そうに飛び跳ねます。ホースから出てくる水が太陽の光を浴びて細かい粒子が空 気中をキラキラ舞っている光景や水のまわりを虹のような光がまとっている光景 を見ることに夢中で喜んでいます。私が「キラキラとっても綺麗だね」「虹色のし まうま（※絵本のタイトル）の虹と一緒」というと、Aは「キラキラ」といいなが ら私に抱きつきます。私もぎゅっとAを抱きしめます。
>
> 　何だか今日は急に、Aが赤ちゃんの頃に抱っこしたくてもできずに泣きたくな るほど辛かったことや、Aがどのようなことに夢中になっているのか理解したく てもできずもんもんとしていたことが脳裏をよぎって、涙がこぼれそうになって しまいました。
>
> 　これまで私がAの目に映る部分ばかり気にしてAの本質に向き合えずにいまし たが、Aの豊かな感性や心の動きに気づけるようになった今、やっと母になれたと 実感しています。ことばが少ないAだけれども、ことばはかえって邪魔だとすら 思う今日この頃です。

　子どもは養育者の感情・情動を映し出す鏡のような存在です。養育者の心が安 定していくにつれ、子ども自身も自分の世界を見せてくれます。そのような状態 になることで、私たちも次第に子どもの今の世界を知り、子どもの心理状態も自 然と感じられるようになっていきます。そして、子どもがどのような事柄にどの ような理由から興味・関心を持っているのかについて理解できるようになります。 その上で、子どもに対して、子どもの内面を映し出したことばを直接かけるよう にします。それまで問題行動と感じていたものでさえも、子どもの内面、こころ の動きを適切に感じ取っていくと、そこには必ず子どもなりの行動の意図がある ことがわかってきます。

4　ASDと問題行動

　ASDであろうがなかろうが、誰も好き好んで問題行動を起こしているのでは ないということを、私たちは常に自分に言い聞かせることが何よりも大切です。 私たちはついつい手遅れになる前に封じ込めよう、人様に迷惑をかけないように

制止しようと意識させられます。そのため、問題行動を起こす子どもに対して「だめ」「いけない」と注意し、その行動を繰り返すことのないよう強く言い聞かせようとします。

　そのような行為は、大人が自分の価値観や社会性、世間体、常識という側面ばかりに気持ちを持っていかれて、目の前の子どもの行動の意図にまったく気持ちが向けられていません。発達は目に見えない質的変化のため、なぜそのような行動を起こしてしまうのか、その理由は見えづらいことは確かです。しかし、見えづらいから目を向けずに、表面的な行動ばかりに着目して都度対応している限りは、根本的な解決には至らないことでしょう。あるいはもっとエスカレートして、ますます手に負えないという思いをすることでしょう。

　子どもは子どもなりに追い詰められており、その苦しさの表出行動、SOSの行動が問題行動であると捉えることが何より大切です。子どもが抱いている苦しい、つらい、心地が悪いという感情・情動にまずは共感しようと関わることが、結局は問題行動の解決のための最短ルートだといえます。

　一人ひとりの子どもの表面的な行動に一喜一憂することなく、子どもの心の動きに着目して共感しながら、「関係」を大切にして子どもの育ちを支えていくことが保育者としてもっとも大切です。

5　おわりに　—自閉スペクトラム症の子どもと関わる—

　本章では、自閉スペクトラム症（ASD）をどのように捉えればよいのか、また子どもと関わる際にどのような視点を持ち合わせたらよいのか、一組の親子の事例をたどりながら紹介しました。事例は母親と子どもではありましたが、保育・教育現場であっても、子どもに関わる際の本質は変わりありません。子どもの行動に一喜一憂せず、子どもの心の動きに焦点を合わせて関わることの重要性、個人にのみ焦点を当てて問題の原因を当てはめようとせず関係という視点に立って本質をみることの重要性、子どもの発達において「愛着／甘え」をしっかりと根づかせることの重要性について紹介しました。

　私たち一人ひとりの感性も非常に大切であることを忘れないようにしましょう。

引用文献
・小林隆児（2014）『甘えたくても甘えられない－母子関係のゆくえ、発達障碍のいま－』，河出書房新社．

参考文献
・アラン・N・ショア，小林隆児訳（2022）『右脳精神療法－情動関係がもたらすアタッチメントの再確立－』，岩崎学術出版社．

- アラン・N・ショア，筒井亮太・細澤仁訳（2023）『無意識の発達』，日本評論社．
- 岡野維新（2023）「学童期の自閉スペクトラム症のある子どもの情動調整方略」，『発達障害研究』，45(1)，日本発達障害学会，pp46-59．
- 鯨岡峻（1997）『原初的コミュニケーションの諸相』，ミネルヴァ書房．
- 鯨岡峻（1998）『両義性の発達心理学－養育・保育・障害児保育と原初的コミュニケーション』，ミネルヴァ書房．
- 鯨岡峻（2002）『＜育てられる者＞から＜育てる者＞へ』，NHK出版．
- 鯨岡峻（2014）「『接面』の観点から発達障碍を再考する」，『発達』，137，ミネルヴァ書房，pp42-49．
- 倉橋惣三・津守真・森上史朗（2008）『育ての心＜上＞』，フレーベル館．
- 倉橋惣三・津守真・森上史朗（2008）『育ての心＜下＞』，フレーベル館．
- 小林隆児・小林広美・上條淳・板垣里美・舩場久仁美・竹之下由香・財部盛久（2001）「妊産褥婦及び乳幼児のメンタルヘルス作りに関する研究－乳幼児早期の母子コミュニケーションの質的評価とありかたに関する研究－」，『平成12年度厚生科学研究補助金子ども家庭研究事業総合研究報告書』，厚生労働省，pp103-106．
- 小林隆児・小林広美・舩場久仁美・山本奈津子・仲間友子・財部盛久（2003）「自閉症児・養育者間における動因的葛藤、愛着（甘え）、情動的コミュニケーション」，『精神神経学雑誌』，101(9)，公益社団法人日本精神神経学会，pp1145-1150．
- 小林隆児（2019）『母子関係からみる子どもの精神医学』，遠見書房．
- 小林隆児（2023）「なぜ私は『右脳精神療法』を訳することを思い立ったか」『学術通信』，128，岩崎学術出版社，p6-9．
- 小林隆児（2023）「これから臨床家に求められるもの」『そだちの科学』，41，日本評論社，pp95-97．
- ジェレミー・ホームズ，細澤仁・筒井亮太訳『アタッチメントと心理療法－こころに安全基地をつくるための理論と実践』，みすず書房．
- 杉山登志郎（2007）『子ども虐待という第四の発達障害』，学研プラス．
- 杉山登志郎（2018）「自閉症スペクトラム」，『そだちの科学』，31，日本評論社，pp2-9．
- 滝川一廣（2017）『子どものための精神医学』，医学書院．
- 土屋賢治（2018）「最新の自閉スペクトラム症研究の動向」『そだちの科学』，31，日本評論社，pp10-17．
- 土屋賢治（2019）「発達障害の原因はなんですか？」，『そだちの科学』，32，日本評論社，pp8-13．
- 津守真（1987）『子どもの世界をどう見るか－行為とその意味』，NHK出版．
- ドナ・ウィリアムズ，河野万里子訳（1995）『自閉症だった私へ』，新潮社．
- 浜田寿美男（2019）「『発達障害』はどこからきたのか」，『そだちの科学』，32，日本評論社，pp2-7．
- 東田直樹（2007）『自閉症の僕が跳びはねる理由』，エスコアール．
- マイケル・ジェイコブス，細澤仁・筒井亮太訳『ドナルド・ウィニコット：その理論と臨床から影響と発展まで』，誠信書房．
- レオ・カナー，十亀史郎他訳（2001）『幼児自閉症の研究－精神医学選書－』，黎明書房．
- Carla A Mazafsky・John Herrington・Matthew Siegel・Angela Scarpa・Brenna B Maddox・Lawrence Scahill・Susan W White（2013）「The role of emotion regulation in autism spectrum disorder」『 Journal of the American Academy of Child and

Adolescent Psychiatry』, 52(7), Elsevier, pp.679-688.
・Ryuji Kobayashi・Yuka Takenoshita・Hiromi Kobayashi・Atsushi Kamijo・Kunimi Funaba・Morihisa Takarabe（2001）「 Early intervention for infants with autistic spectrum disorders in Japan」『Pediatrics International』, 43, 日本小児神経学会, pp202-208.

Column⑧ 「好き」から始まり仲間とともに育ちあう関わりを

　年長組のＡ児は、年中組のときに自閉スペクトラム症（ASD）の診断を受けました。自分の気持ちをことばで表現するのが苦手です。好きな遊びにはとても集中しますが、マイルールになりがちで、自分のイメージ通りにいかないと怒り出してしまい、その都度、担任がＡ児の気持ちをくみ取りながら代弁し、友達との関わりをつないできました。これは、その生活のなかで、Ａ児が「好きなこと」をきっかけにして仲間のなかで成長していった年長児クラスでのエピソードです。

　Ａ児は動物が大好きです。ある日、Ａ児が段ボールを動物園のプールに見立て、大好きなビーバーになって遊び始めました。そこへ、仲良しの友達が「いれて」とやってきました。自分で考えた遊びに入ってくれたのがうれしくて、Ａ児は動物図鑑を広げてはビーバーの特徴を教えたり、ビーバーになりきって数人でごっこ遊びを楽しむようになりました。Ａ児発信のビーバーごっこは毎日続きました。プールはどんどん広がり、部屋からテラスへ続くトンネルができると、テラスから年中さんが「いれて」とやってくるようになりました。これまで異年齢の子は受けつけなかったＡ児でしたが、「いやだったら先生にいってね」と担任が断ってもいいことを伝えると、安心して「いいよ」と受け入れ、新しい関わりを広げていきました。好きな遊びを尊重してもらえる安心感と、楽しい遊びを仲間と共有することで、次第に自分の世界から外の世界に目が向いているようでした。

　仲間との遊びが楽しく、仲間に気持ちが向くようになると、クラスの活動にも自分からチャレンジする姿が出てきました。運動会では毎年走りなわとびをします。友達が跳んでいる姿を見ながら、Ａ児はちょっかいをかけています。跳びたい気持ちの芽生えです。手づくりのマイなわとびが完成すると、毎日家に持ち帰って練習をするようになりました。そして、運動会当日、Ａ児は広い体育館のなかを見事に走り切ったのです。ゴールで待つ仲間も大喜びです。ひたむきなＡ児の姿に会場のみんなが力をもらいました。

　それからＡ児にとってのなわとびは、大好きな遊びの一つになり、さらになわとびで友達とのつながりが深まっていきました。ホールに出るとみんなを集めて、誰が長く跳び続けるかチーム対抗戦を始めます。つまづいたら座るというみんなで決めたルールを守って、チームの友達を応援するＡ児。ときどき終わりまで待てずに、また跳び始めていますが、「ひっかかったら、すわるんだよ」と友達に指摘されると、「れんしゅうしてるだけだもん」といいながらも、友達の言葉を客観的に受け止めて自分の行動を修正できるようになっていました。そして、その心地よさがわかるようになってきたのだと思います。

　社会性の部分が不得手でも、子どもには、それぞれ必ず好きな遊びや得意なことがあり共感してくれる仲間を求めています。子どもの「好き」をたくさん見つけ一緒に楽しみ、豊かな関わりを築いていきたいですね。

第8章
発達障害児・者の思いと理解・援助Ⅱ ―注意欠如多動症・限局性学習症の理解とその世界―

1 発達障害と感覚特性

　私たちは周囲の事柄を五感から取り入れ、脳で状況を理解します。音の聞こえ方、物の見え方、感触などの感覚はみんな共通のものと考えがちですが、実は個々によって大きな違いがあり、それを感覚特性といいます。とくに発達障害がある人たちの感覚は鈍かったり鋭かったりする場合があり、自閉スペクトラム症（以下ASDと略）の人たちの特定の音への嫌忌や、強い偏食は感覚特性に関係しています。この章で説明をする注意欠如多動症（以下ADHDと略）、限局性学習症（以下LDと略）の人たちも感覚の鈍麻や過敏があることがわかっています。

私たちが彼らの感覚特性を理解することで、困りごとを解決する糸口が見つかると思います。

また、発達障害であるASD、ADHD、LDは重なり合っていることが多くあります（図1）。「なんの障害なのか」に注目するよりも「その子どもはどのような子どもなのか」「誰がどういう場面で困っているのか」を知るほうが重要です。

図1　発達障害の重なり

2　ADHDの子ども

(1) ADHDとは

【事例1】　おいしそうな桃とコウちゃん

（5歳児）

　児童発達支援センターでの相談の日、いつも時間を守るお母さんとコウちゃんが15分ほど遅れてやってきました。「先生、すみません！　大変だったんです。スーパーで大騒ぎです。ほら、今おいしそうな桃が売ってるでしょう？　見てください、全部買取りで大出費です。」

　お母さんが高級そうな大玉の桃が何個も入った袋を見せます。しかし、その桃にはどれも大きな穴が開いています。「参りました。止める間もなく、指で刺してしまったんです。6個も！！」

　コウちゃんは横で少し申し訳なくうつむきます。でも次の瞬間「あ、先生も食べてよ！　よかったね！」とニコニコ笑顔です。先生もお母さんもあっけにとられましたが、桃をみんなで試食することになりました。コウちゃんに聞くと「おいしそう、どれくらい柔らかいのかな」と思った瞬間に刺してしまったんだそうです。

　おいしそうな桃を見て柔らかさを確かめたい気持ちを、皆さんは理解できると思います。多くの人は、頭に浮かんだことをすぐに行動に移すのではなく状況を捉え、どのように行動するかを判断する手順を踏みます。しかし、なかには気持ちが行動に直結してしまう人たちもいます。

　ADHDは、Attention-Deficit/Hyperactivity Disorderの頭文字をとったものであり、「注意欠如多動症」のことです。ADHDには過度に動きすぎる多動や不注意などの特徴的な症状があります。これらの症状が12歳以前から見られることや、本

人や周囲の人が困っていることなど、総合的にみてADHDと診断されます。また、子どもの5％ほどが該当し、女児より男児に多いとされています。

ADHDの特徴

○ **不注意**
- 気が散りがちで、集中力を持続させることが難しい。
- 取り組んでいる課題から脱線することがしばしばある。
- 細かな部分を見落とすなどの間違いが多い。
- ボーっとしていて話を聞いていないことが多い。
- 物事を順序だてて考えることが苦手である。
- 忘れ物が多い。約束などを忘れがちである。

○ **衝動性と多動性**
- じっとしていることが苦手で、席に座っていられなかったり、そわそわしたりするなど、落ち着きがない。
- 不適切な場面で、走りまわったり高いところへ登ったりする。
- 話や質問を最後まで聞かずにしゃべりだしてしまう。
- 並んで待つなど、順番を待つことが苦手である。

（2）ADHDのタイプとその傾向

【事例2】 不注意優勢のレンちゃんと多動・衝動性優勢のアオイちゃん

（4歳児）

　レンちゃんは、マイペースなおっとりした子どもです。好きなブロック遊びには集中して取り組めるのですが、それ以外の活動はボーっとしていることが多く、読み聞かせの時間も心ここにあらずといった印象です。指示も通りづらく、根気よく何かをやり遂げることも苦手です。友達と遊ぶことはできますが、積極的に仲間に入ろうとするのではなく、誘われれば一緒に遊びます。また、おもちゃを片づけたり、持ち物を管理することが苦手です。持っているものをどこかに置いてきてしまうことが多く、失くし物が絶えません。みんなからは「なごみキャラ」として好かれていますが、担任の先生は少し心配をしています。

　アオイちゃんは、歩き始めたときからよく動く子どもでした。公園に行くと、無目的にひたすら走りまわったり、高さのある遊具のてっぺんまで登ってしまうようなことが多くありました。今も、高いところから飛び降りるなど向こう見ずな行動が目立ち、怪我が絶えません。友達は大好きで一緒に遊ぼうとするのですが、途中でほかの友達のことが気になり、遊びのグループを転々とすることもよくあります。また、友達を押しのけて自分のやりたいことをやったり、友達の話を聞いたりしないので、一人ぼっちになることもあります。困っている友達にや

> さしいことばをかけるなど、よいところがたくさんありますが、保護者や保育者は危険なことをするアオイちゃんを叱ることが多く、アオイちゃんは自信をなくしがちです。

　ADHDには不注意が強くみられるタイプと衝動性・多動性が強くみられるタイプ、両方を持ち合わせているタイプがあります。
　不注意が優勢なタイプは、ぼんやりしているために、学齢期に学習する内容を獲得できずに学力面での不利が生じます。多動・衝動性が強いタイプよりも目立ちづらく、大きなトラブルに発展することが少ないため、見過ごされて支援を受けられないこともあります。
　多動性・衝動性が優勢にみられる場合、保護者や保育者がとまどったり困ったりすることが多くあります。例えば、事例1も衝動性の高さによるものです。歩き始めたときから動きまわり、保護者が子どもの動きに追いつかず、安全を確保できないなどの問題もあります。また、感情をコントロールすることが難しく、些細なことで友達に手を出してしまうなど、トラブルになることがあります。その結果「わがまま」「乱暴」と思われることもあります。

(3) 発達の経過

〈乳幼児期〉　乳児期には、夜泣きや癇癪(かんしゃく)が激しく保護者が育てづらさを感じたり、生活のリズムが整いづらい場合もあります。多くは、幼稚園や保育所などの集団生活を送るなかで、落ち着きや集中力がないなどの症状で気づかれ、歩き始めると大人が追いつかないくらい動くために、安全を確保することが必要です。この時期は多動性や衝動性の強さに注目されがちで、不注意は目立ちにくい傾向にあります。

〈学童期〉　学校にはいると、着席が求められることが多くなりますが、そのような場面でも出歩いたり、座っていても体が動いていたりするために目立ちます。また、先生の話を最後まで聞けずに早とちりをしたり、勘違いをしたりすることも多く、本来の持っている力が発揮しきれません。多動性・衝動性が強い子どもは「座って」「よく聞いて」「ちゃんとして」などの注意を絶え間なく受け続けている場合があります。学童期までそのような対応が続けば、「一生懸命やろうとしてもできない」と自分に自信をなくしたり、周囲から「先生の注意を受け続けている子ども」とレッテルを貼られかねません。また、不注意が強い子どもの場合は幼少期では大きな問題として捉えられず見過ごされ、中学生以降の進学の際に学力の不振で問題となることがあります。また、不登校や引きこもりなどのリスクも高くなります。

〈青年期〉　多くの場合、多動は目立ちにくくなりますが、その傾向は残ります。じっとしていることが苦手だったり、待つことが難しく、よく考えずに行動に移してしまうことなどがあります。また、忘れ物が多く、時間を守ることができな

いなどのスケジュール管理に関することや、やり遂げる力などが求められる課題は苦労をしがちです。衝動性が改善されないケースでは、喧嘩などのトラブルに発展することも多く、反社会的行動を起こす場合もあります。

〈成人期〉 ADHDは子どものころからその症状が現れますが、困難を持ちながらも見過ごされ、大人になるまで気がつかれないことも多くあります。しかし、それまで許容されてきたことも社会に出ると、深刻な問題になります。例えば、過度なおしゃべりや不用意な発言から人間関係を保てなかったり、仕事で時間を守れなかったりケアレスミスを多発させたりすることなどにより、円滑な社会生活を送れずに、大きなストレスを抱えることがあります。一方で自分自身の特性を理解し、周囲の協力を得られるケースでは、得意分野で素晴らしいアイデアを生み出したり、前例にとらわれずに新しいことに挑戦するなど、社会でも力を十分に発揮できる場合もあります。

（4）ADHDと二次障害

ADHDは育て方や環境でなるものではなく、脳の情報処理の方法が多くの人たちと異なるタイプであると考えられ、一見すると問題がないように見えます。そのために「本当はできるのにやらない」「ちゃんと聞けばわかるのだから聞かないほうが悪い」と思われることもあります。保育者や教師から厳しくいわれれば、その場ではできることもありますが、それを継続するためには大きな緊張と我慢を伴います。彼らにとって適切な環境を整え、工夫しながら対応をしていく必要がありますが、支援を受けられない場合もあります。

そのようなケースでは、叱責が続いたことによる自信の喪失、十分な支援が受けられなかったことによる学力の不振やいじめの被害の結果、不登校や引きこもり、反社会行動などを起こすことがあります。このように、その障害そのものによる困難ではなく、子どもの特性から引き起こされた事象などによって、マイナスの状況が形成されることを「二次障害」といいます。多くの二次障害は環境の調整で防ぐことができます。二次障害を引き起こさせない工夫が大切です。

（5）ADHDの対応

①刺激を整理し混乱しづらい環境

皆さんが机の上にスマートフォンを置いて授業を受けていたとしましょう。そのときに何回もポップアップ通知がきていたら、気になってしまい少しだけ見てみようと手に取るかもしれません。それだけポップアップは強い刺激となり皆さんの脳に入力されています。ADHDの子どもは外界からのさまざまな刺激に反応しやすい傾向があります。皆さんのスマホのポップアップと同様に、それに反応しないようにするにはとても強い意志が必要になります。

好ましくない反応を回避するには刺激を整理する方法が近道です。皆さんだったらスマホをしまえばよいわけです。保育室の環境にはさまざまな刺激が多く存

在します。絵本を読む際の背景をシンプルにしたり、使っていない玩具は箱にしまうなど、集中してほしいものだけが目に入る工夫をする必要があります。

刺激の少ない環境構成の例

②伝わりやすい対応を心がける

一度にたくさんの情報を伝えても、一部のことばしか残らなかったり、混乱したりすることがあります。なるべく短いことばで、具体的にどのような行動をとればよいのかを示すことが必要です。「先生はなんて言ったっけ？」「さっきも言ったよね？」などのことばは、叱られたことだけが印象に残り行動の改善にはつながりません。肯定的なことばで具体的に伝えましょう。また、その子どもと保育者が一緒に対応を考えていくことも重要です。

8 発達障害児・者の思いと理解・援助Ⅱ

> **【事例3】 気持ちをおさえること・伝えること**
>
> （5歳児）
>
> 　ハルちゃんは、しばしば我慢ができません。順番を待つことや思った通りに行かないときに癇癪を起したり、友達をぶってしまったりすることもあります。一対一で話をしているときは、自分のしたことを反省し、涙を見せることもあります。
>
> 　先日、アキちゃんが遊んでいた玩具に気づき、「貸して」というと同時に取りあげてしまいました。アキちゃんから抗議されたハルちゃんは、アキちゃんに向かって玩具を投げようとしました。先生はそのときに間に入り、ハルちゃんの顔をみて「おもちゃを置いて」と伝えました。ハルちゃんの最初の勢いはなくなり、玩具は下に落ちました。先生はアキちゃんに玩具を渡し、ハルちゃんに「座って」と短くいうと、その場に座りました。
>
> 　少し落ち着いたハルちゃんに「座れたね！　あの玩具で遊びたかった？」と聞くと、アキちゃんと一緒に遊びたかったのだといいます。先生は玩具を投げなかったことや座れたことをほめ、話し合った結果、改めてアキちゃんに一緒に遊ぼうと誘ってみることになりました。

③友達との関係を調整する

　多動・衝動性が高い子どもは、友達との関係がうまくつくれないことがあります。私たちは問題をその子どもにあると考えがちですが、多くの問題はお互いの関係のなかから発生します。子どもを変えようと思わずにその関係を調整するつもりで対応してみることも必要です。保育者が子どもを伸ばすのではなく、子ども同士の関係のなかで、子どもが育っていくことのほうが多いものです。本章末のコラムの事例を参照にしてみてください。

④ADHDと服薬

　ADHDにより行動のコントロールが困難な場合は、先に述べたように環境や関わり方の工夫が大切です。しかし、多動や衝動性が強い場合、医療機関とよく相談したうえで服薬をする場合もあります。この薬はADHDを治すものではなく、脳内の神経伝達物質に作用して、症状をやわらげる働きがあります。効き方は人によってさまざまなので、医師に様子を伝えたうえで、指示に従って薬の調整することが必要です。

　園で環境調整をして、友達との関係も良好だった子どもが友達に手を出すようになったとか、最近いつも眠そうにしているなどの背景には、薬の種類や量を変更したことが影響している場合があります。家庭・医療機関・園で服薬に関する情報を共有することが大切です。

（6）被虐待児のADHD様の行動

　虐待を受けるなど不適切な環境下で育った子どもたちのなかには、衝動的な行動やルールを守れない行動などからADHDに間違われたり、コミュニケーションスキルの問題からASD傾向があると思われたりすることもあります。

　家庭で虐待を受けている子どもは、日々緊張のなかで過ごすことになります。虐待は脳機能そのものに影響を与えることがわかっており、感情のコントロールがうまくできなくなるなどの問題を引き起こします。近年、この症状を「発達性トラウマ障害」[*1]とし、発達障害と分けて考えることが重要視されています。

3　LDの子ども

（1）LDとは

　LDは、Learning DisabilityあるいはLearning Disordersの頭文字をとったもので、文部科学省では「学習障害」、医学的には「限局性学習症」と訳されています。知的発達の遅れは認められず、一般的な理解能力には問題がありませんが、読む、書く、聞く、計算するなどの特定の能力に困難がある発達障害の一つです。

【事例4】　字がうまく書けないけど……保育士を目指すサトウさん

　サトウさんは、スポーツが好きな青年です。小学校では野球、中学校からラグビー部に入り、高校でも活躍しました。子どもたちにスポーツのすばらしさを伝えたいと、保育士を目指し専門学校に入学、明るい人柄と面倒見のよさでクラスでも頼れる存在となりました。しかし、サトウさんには大きな悩みがありました。字がうまく書けないのです。小さい頃から不器用で細かい作業が苦手でした。今でも漢字の偏と旁が逆になったり、字を飛ばして書いたりしてしまいます。努力しなかったわけではなく、がんばってもできないので勉強はあきらめて、スポーツをがんばってきました。

　実習日誌を書かなければならないと知ったとき、絶望感でいっぱいになりましたが、サトウさんは学校と実習園に相談し、実習日誌の形式の変更の許可をもらい、パソコンを使って書くことにしました。その日の出来事や気づきを録音し、アプリで文字に起こすことで思いをたくさん書くことができます。保育所の先生に子どもの行動に対する考察がすばらしいとほめてもらい、ほっとしました。

[*1]　発達性トラウマ障害は、精神疾患の診断の基準として参照することが多い『DSM-5-TR』には掲載されていません。診断名ではなく、子どもの状況を表す用語として注目されています。

(2) LDのタイプ

　LDは、「読字障害（ディスレクシア：dyslexia）」「書字障害（ディスグラフィア：dysgraphia）」「計算障害（ディスカリキュリル：dyscalculia）」の3つに分けられ、多くは小学校に入ってからの学習場面で問題となります。

①読字障害

　読字障害は、読むことや文字を理解することに困難があり、以下のような症状があります。

- 文字や単語を逆さに読んだり、似たような文字を混同したりする。
- 文字とそれに対応する音を正確に結びつけることが難しい。
- ほかの同年齢の人に比べて読みあげ速度が遅い。
- 読んだ文字を理解することが難しい。

　読字障害の人たちは「文字がにじんで見える」「歪んで見える」など、多くの人と見え方が異なる場合があるようですが、視覚に関する問題ではなく、脳の認識の問題だと考えられています。読字障害があると書字も難しいため、「読み書き障害」といわれる場合もあります。

```
読字障害の人の見え方の特徴
```

- 文字がにじんだり、かすれたりして見える。
- 二重に見える。
- 鏡文字になったり場所が移動していたりする。
- 文字が歪んで見える。
- 文字が入れ替わって見える。
- 文字が動いて見える場合もある。

②書字障害

　書字障害は、書字能力を獲得することに困難があるとされ、以下のような症状があります。

- 鏡文字、偏と旁が逆になるなど、正しい文字が書けない。
- マス目や行からはみ出して書く。
- 筆圧が弱すぎたり、強すぎたりする。

　これらは、文字を構成する部分の位置や大きさを把握する視覚情報処理に問題

があるとされ、音の単位を認識・処理する能力である音韻処理とも関連して、読むことが難しいと書くことも難しいと考えられています。

③計算障害

　計算障害は、数学的なスキルや計算能力に関する困難があり、以下のような症状があります。

　　・足し算、引き算ができない。
　　・数字の大小の理解ができない。
　　・九九が覚えられない。
　　・図形や表などを理解できない。
　　・時間の理解が難しい。

　簡単なお金の計算ができなかったり、15分後が何時かわからなかったりします。知的障害があると勘違いされたり、いい加減にやっていると思われることもあります。

（3）発達の経過

〈乳幼児期〉　LDの子どもの多くは定型発達の子どもたちと同じように乳幼児期を過ごしますが、寝つきが悪いなど生活のリズムが整いづらい場合もあります。幼児期になるとハサミがうまく使えない、スキップができないなど協応動作が苦手な場合もありますが、この時点でLDと診断されることはほとんどありません。
〈学童期〉　教科学習が進み、文字を書いたり、文章を音読したりする機会が多く

なると、つまづきが目立つようになってきます。発達の遅れが部分的なために、周囲の人から障害として認識されず、「努力が足りない」「勉強不足」「不真面目」と思われますが、本人は努力してもできないので自信をなくしてしまう例が多くあります。学力の不振から不登校や引きこもりなどの二次障害を生み出す可能性が高くなりますが、適切な支援を受けることによって、学習の遅れを最小限に抑えることが可能です。

〈青年期から成人期〉　適切な支援が受けられない場合、学習をしても成果が得られず、進路選択に大きな影響をおよぼします。仕事の面では作業の遅さや不器用さが問題となる場合もあります。障害から生じる失敗の経験から、自己肯定感が低くメンタルの不安定さが目立つことも多くあります。

【事例5】　努力してもできない……自信を失ったイトウさん

　イトウさんは、保育所の頃から不器用さが目立ち、角を合わせて折り紙を折ったり、線の通りハサミで切ったりすることができませんでした。保育所は大好きで友達もたくさんいたので、保護者はとくに心配はしていませんでした。
　しかし、小学校に入ると、イトウさんの不器用さは文字を書く場面で大きな問題となってきました。鏡文字、線の数が多い、枠からはみ出すなど、とても読める字ではありません。お母さんがつきっきりで宿題を見ますが、何時間もかかるので、親子でぐったりしてしまいます。
　高学年になってもそれは変わらず、イトウさんはがんばってもがんばってもできるようにならないので、すっかり自信をなくして自分のことを「ダメ人間」と思うようになってしまいました。
　中学に入っても、自分の名前も間違って書いているときがあり、友達から笑われるのが嫌で、なるべく人と関わらないようにしています。この様子を心配した先生に勧められ、病院で診断を受けたところLDだとわかりました。イトウさんは、自分は努力不足ではなかったんだと涙がでました。

（4）LDの対応

①学習の工夫
　アンダーラインやスリットが入ったカードは、読みたい部分にフォーカスできるため、行を誤って読んだり、飛ばしてしまうことなどを防止できます。
　文字を書く場所にマス目をつけたり、枠のついたノートを使用することで、文字を書きやすくすることもできます。また、印刷物などの書体を吟味することで、読みやすくなることもあります。

スリット入りのカード・アンダーラインのあるカード

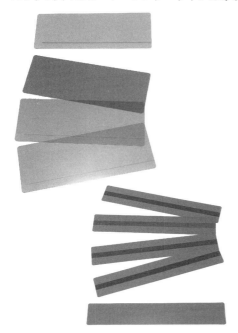

誰でも読みやすいフォント〈UDデジタル教科書体〉

　弱視や読字障害の子どもにも見やすいフォントとして、「UDフォント（ユニバーサルデザインフォント）」が注目されています。よく使用される明朝体は横棒が細いために画数がわかりづらく、ゴシック体は普段私たちが書く文字とは形が異なるものがある（例えば、さ・き）など、読みやすいフォントではありませんでした。そのため多くの人にとって読みやすい字として開発されました。高田裕美氏の著書『奇跡のフォント 教科書が読めない子どもを知って── UDデジタル教科書体開発物語──』[1] のなかに出てくる読字障害の小学生の男児は、教材の文字をこのUDフォントの一つであるUDデジタル教科書体にした瞬間に「これなら読める！　おれ、バカじゃなかったんだ！」というシーンが描かれています。

春になるとさくらが咲きます（MS明朝）

春になるとさくらが咲きます（MSゴシック）

春になるとさくらが咲きます（UD教科書体 NK-R）

―――――――――
1) 高田, 2023, p.13

8　発達障害児・者の思いと理解・援助Ⅱ

②合理的配慮とICT機器

　近年のICT機器の発展により、多くの障害がある人たちの可能性が広がっています。苦手な部分に対してICT機器を使用することにより、補完することが可能になってきました。LDの子どもに対する合理的配慮として、授業やテストでのタブレットやパソコンの使用を認めるケースも増えてきています。

読字障害の子ども
　パソコンやタブレットを使用し、電子化された文字情報を読みあげ機能を使って読むことができます。

書字障害の子ども
　文字を鉛筆で書かずに、キーボードで入力したり、デジタルカメラで黒板を撮影することなどが考えられます。また、テストをタブレットやパソコンで受けることで解答することができるようになります。

計算障害の子ども
　計算そのものは電卓に任せましょう。どうしてそのような式が必要なのかなど、計算式の立て方などを理解できるように進めます。

引用文献
・高田裕美（2023）『奇跡のフォント　教科書が読めない子どもを知って── UDデジタル教科書体開発物語──』，時事通信出版局．

参考文献

・日本精神神経学会, 髙橋三郎・大野裕監訳（2023）『DSM-5-TR　精神疾患の分類と診断の手引き』, 医学書院.
・吉益光一（2020）「注意欠如多動性障害（ADHD）の疫学と病態：遺伝要因と環境要因の関係性の視点から」,『日本健康医学会雑誌』, 29（2）, pp.130-141.
・杉山登志郎（2019）『発達性トラウマ障害と複雑性PTSDの治療』, 誠信書房.

第9章

保護者の思いと支援、関係機関との連携

1 保護者とのかかわりを考える

　この本を読んでいる皆さんは、保護者にどのようなイメージを持っていますか。保護者と話をするとなると緊張するかもしれませんね。若い保育者にとって、園で出会う保護者は人生の先輩であって、子育ての経験もある人です。保護者とのかかわりを通して学ぶことがたくさんあります。子どもは、園で過ごす時間よりもはるかに長い時間を保護者と過ごしています。保育者の知らない子どもの姿や、その子への適切なかかわり方を保護者は知っていることでしょう。そうしたかかわり方などを保育者が教えてもらい、学び、取り入れることで、園でのかかわりを充実させることができます。

　もちろん、保育者も人間ですから、すべての保護者とうまくかかわることができないときもあるかもしれません。保護者から意見をいわれて落ち込むこともあるでしょう。また、子どものよくない姿について伝えなくてはならないときもあるでしょう。こうすれば、必ず保護者とうまくかかわれるという「まほうの杖」は、残念ながらどこにもありません。保護者とかかわりながら、自分のかかわりを見直すことを繰り返していくしかないのです。

　保護者とかかわりに悩んだとき、こう考えてみてはどうでしょうか。

　　　保育者である私は、あの子の担当をやめることができる。
　　　でも、保護者は、これまで、あの子の親をずっとやってきた。そして、こ
　　れからもあの子の親であり続けるのだ。

　こう考えることができると、保護者の日々の苦労を想像することができ、保護者に尊敬の念を抱くことができると思います。そして、2つのことを心がけましょう。一つは、保護者の話をていねいに聴くということ。そして、もう一つは

「親子の歴史」に対する想像力の引き出しをできるだけ多く持つということです。
　「話を聞いて、想像する」。たったそれだけかと思うかもしれません。けれど、実際には、とても難しいことです。子どもがほかの子どもとトラブルを起こすなど「気になる行動」をしてしまい、その対応に苦慮すると、子どもの困った行動や保育者がどれだけ苦労しているかということを保護者にいいたくなります。
　しかし、保護者にはこれまで、その子どもと向きあってきた歴史、つまり、「親子の歴史」があります。親子の歴史のなかには、子どもへのかかわりについて、試行錯誤しながら、うまくいったことも、そうでなかったことも含めて、たくさんのできごとがあります。それらはすべて、保育者にとって、子どもへのかかわりを考える大事なヒントになります。もちろん、保育者にも担任となって以来のその子との歴史があると思います。保育者と保護者がつながり、それぞれの経験や知恵を出し合うこと、つまり、保育者と保護者が協働することで、子どもへかかわりはより豊かなものになります。

2　保護者の思いを想像する

　園の先生とのお話のなかで、保護者について、次のような話になるときがあります。

　　「あの保護者は、子どものことをわかっていない」
　　「あの保護者は、子どものことを真剣に考えていない」
　　「あの保護者は、子どもの障害が受容できていない」

　そういいたくなる先生方の気持ちもわかります。先生方は、善意から子どものことを思い、保護者に対して、もっと子どものことを考えてほしい、理解してほしいと考えているのだと思います。その気持ちは大切です。けれど、保護者のことは考えなくてもよいのでしょうか。保護者はいつも子どものことを考えなくてはならないのでしょうか。

　　保護者に対して子どものことを考えてほしい、わかってほしいと願っている自分は、どれほど、保護者のことを考えているだろうか。わかろうとしているだろうか。

　この問いを大切にしたいと思います。そして、保護者に対して、子どものことを理解してほしいとか、障害を受容してほしいなどと求める前に、まず、自分自身が、保護者の現状をすこしでもわかろうと努力しましょう。
　保護者には、これまでの子育ての苦労に共感し、これからは保護者だけが子育

てのことを考えなくてもよいことを伝え、一緒に考えさせてほしいということを明確に伝えます。

　保育者など「先生」と呼ばれる人たちは、保護者との面談場面などにおいて、まず、子どもの実態や生育歴を聞こうとします。子どもの実態把握は重要であり、面談の基本であると考えているからです。そして、保護者には子どもへのかかわりをともに考えてほしいと願ったり診断を受けてほしいと願ったりします。

　しかし、保護者の思いはどうでしょうか。子どもの話よりも、まずは、保護者自身の話を聞いてほしいのではないでしょうか。例えば、親子で近所の公園に出かけると、それまで遊んでいた親子がいなくなってしまうという経験をしている保護者がいます。それは、自分の子どもがほかの子どもに対して、砂をかけたり、おもちゃを取りあげてしまったりすることがあるためです。ここで、保護者が伝えたいのは、子どもの実態ではありません。近所で孤立している保護者自身の心持ちなのではないでしょうか。子どもの実態把握は重要ですが、まずは、保護者が語る「私の話」に傾聴することが必要です。

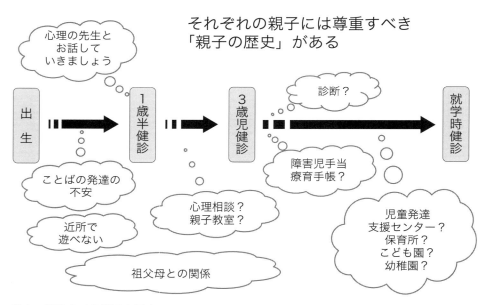

図1　尊重すべき親子の歴史

　日々、保護者はどのような思いで子育てをしているのでしょうか。図1には、発達障害がある子どもを育てている保護者が、子どもの誕生から就学までに出会う悩みや求められる判断について、最小限のものを示しています。はじめは小さな心配だったかもしれません。しだいに「障害」や「療育」とか、「特別支援教育」「障害児保育」などという、知らないことばに出会い、悩み、判断をするということが増えていきます。一つひとつの悩みや判断は保護者がはじめて経験することであり、大きな心理的負担を感じています。

保護者は、それでもなんとか前に進んできたり、次の一歩を踏み出そうとしたりしている状態で園にきています。目の前の保護者の歴史、つまり、これまでの保護者の経験や保護者が感じている思いを尊重することから、かかわりを始めたいと思います。

3 親子を支えるシステム

　それぞれの歴史を歩んでいる親子を支えるシステムは、それぞれの自治体で整えられています。そのうち、乳幼児期のシステムについて図2に示しました。各自治体の保健センターや母子保健課などの母子保健を担当する部署では、保健師がシステムの中心的な役割を果たしています。妊娠がわかったときには母子健康手帳が交付されます。交付するとき、保健師はこれから親になる人たちにていねいに面接をし、心配なことがあればいつでも相談するように伝えています。

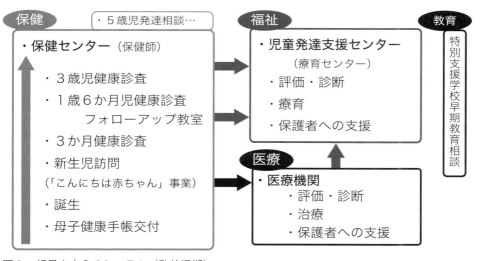

図2　親子を支えるシステム（乳幼児期）

　子どもが生まれると、新生児訪問や生後4か月までに保健師などが家庭を訪問する乳児家庭全戸訪問事業（通称：こんにちは赤ちゃん事業）が行われています。その後は、1歳6か月児健康診査（通称：1歳半健診）や、3歳児健康診査（通称：3歳児健診）はどの自治体でも実施されています。健診後にはフォローアップ教室が実施されており、必要に応じて、医療や福祉の機関を紹介することがあります。

　こうしたシステムのなか、障害のある子どもやその保護者と、医師などの専門的な立場の人が出会う場面には大きく分けて3つあります。1つ目は、妊娠中、周産期、新生児期です。この時期には、肢体不自由や重度・重複障害などの比較

的重度の障害のある子どもや視覚障害、聴覚障害などの感覚障害のある可能性がある子どもたちと専門家の出会いがあります。妊娠中には、妊婦に対してさまざまな検査を行います。そのなかで、形態の異常や、染色体異常に気がつくことがあります。また、周産期や新生児期には脳性麻痺の可能性や形態の異常、染色体異常に気がつくことがあります。新生児聴覚スクリーニングにより、聴覚障害がある可能性に気がつくことがあります。

2つ目は、1歳半健診の時期である、1歳台後半の頃です。この時期には、自閉症や知的障害のある可能性がある子どもたちと専門家の出会いがあります。

3つ目に、多くの子どもたちが幼稚園に入園する3歳の頃です。この時期には、発達障害のある可能性がある子どもたちと専門家の出会いがあります。

4 障害告知後の保護者の思いを想像する

障害の告知を受けた保護者はどのような思いを抱くのでしょうか。もちろん、すべての保護者が同じ思いになるわけではありません。目の前の保護者が「こんな思いだったかもしれない」と想像するための手がかりとして、保護者のことばを紹介します。

最初に、生後すぐにダウン症があることがわかった子どもの保護者の手記です。

> 告知を受けた次の日から、私は、娘を「かわいい」とは思えなくなりました。抱きたいとも思わなくなりました。死んでくれたらいいのに。こんな子いらない。娘がいなくなったとしても今だったら忘れられる、そう思っていました。とにかく私は、娘の出産はなかったことにしたかったのです[1]。

生後すぐに障害が告知された子どもの保護者のなかには、「死んでほしかった」「かわいくない」という思いを抱きながらも、育児を続けています。保護者のなかには、医療関係者から、障害のある子どもが生まれたのが、あたかも母親の妊娠中の問題であるかのようにいわれたという人がいました。これは医療を含め専門家に対する不信感につながる可能性があります。妊娠中に出会った友達から出産の報告を受けるなかで、自分だけが障害のある子どもの親になったことから強い孤独感を抱く保護者もいます。

このようなエピソードや保護者の思いは、生後すぐのことであり、私たちが知ろうとしなければ、表面に出てこないことだと思います。

次に、乳幼児健診や入園以降に障害がある可能性を指摘された保護者の思いです。

---

1) 日本ダウン症協会, 1999.

3歳児健診で言われたのです、「愛情が足りないって」……。たった15分しか話していないのに、話しかけが足りないのは認めるけど、そうせざるをえない事情もあったことを全く聞いてくれない。専門家不信になってしまいました[2]。
　母親のスキンシップ不足とのことを言っていましたが、もうこれ以上どうしろというのだ……[3]。

　母親のかかわりの不十分さが、子どもの障害の原因であるかのようなことばを浴びせられた保護者がいます。こうした言動は保護者の心の傷となって、癒えることなく残ってしまいます。「これ以上どうしろというのだ」ということばには、毎日、懸命に子どもとかかわっているのに、それを認められないことへの強い不満がうかがわれます。

　　いろいろなところに相談したが、どれも私にとっては手ごたえを感じなかった。私自身を否定されているようで、ことばの教室に通い始めるまでは、ずっと出口のないトンネルにいるようだった[4]。

　保護者が日々子どものことを考え、懸命に育児をしているにもかかわらず、それを否定されることが続いていたことがうかがわれます。そのような日々を「出口のないトンネル」と表現しています。保護者がこのような思いを抱いて園にきているかもしれないということを想像しておく必要があります。
　幼児期になって障害がある可能性を指摘された保護者のなかは、専門家の不適切な言動によって、不信感を抱いてしまっている場合があります。また、子どもの状態について、自分の子育てに責任があるかのように思ってしまったり、子育てに自信が持てなかったりしているかもしれません。さらに、同年齢の子どもと比較してしまいあせったり、どうして自分の子どもだけが、このような状態なのかと強い孤独感を味わってしまったりしている可能性もあります。
　これまで見てきたように、障害の告知を受けた保護者は、多かれ少なかれ、悩んだり、苦しんだりした経験があります。それでも、保護者はわが子と生きてきました。わが子と生きていこうと思えたきっかけはどのようなものだったのでしょうか。
　「こんな子いらない」といっていた保護者は、同じ手記のなかで子どもの心臓が力強く動いている音を聞いたとき、一生懸命に生きようとしている娘がとても愛しく感じたと書いています。また、次のような手記もあります。

---

2) 言の葉通信, 1999.
3) 久保山茂樹・小林倫代, 2000.
4) 久保山茂樹・小林倫代, 2000.

告知されてすぐは、私自身が事実と向き合うことに一生懸命で余裕がなくて、NICUの看護師さんやお見舞いにきた両親が「かわいい」を連発するのに対して素直に受け止めることができませんでした。それでも、看護師さんが私たちがいない間の次男の写真を撮ってメッセージと一緒に残してくれたり、わずかな成長を教えてくれて、だんだんと状況を受け入れることができたと思います[5]。

　この例のように、周囲の人が「かわいい」と繰り返しいっても受け止められなかったけれどNICU（Neonatal Intensive Care Unit、新生児集中治療室）の看護師さんたちが、写真を撮ってくれた、つまり、我が子の笑顔を見つけて喜んでくれたことや、わずかな成長を教えてくれたことで、心が動き、我が子と生きる決意ができたという保護者もいました。
　障害の程度が重いといわれる子どもの場合、保護者から見るとなかなか成長が実感できないときがあります。そんなとき、保育者が、こんなふうにかかわったら笑顔になったということを喜んで保護者に伝えたり、今月は休まずに登園できたとか、計測をしてみたらこんなに体重が増えていたなど、何気ない言葉かけが、保護者の力になることがあると思います。

　　　決して母親が悪いからこうなったんじゃないんですと言われて安心したのと、逆に自分の接し方が悪かったのかと思い直したぐらい……[6]。

　幼児期に障害のある可能性を指摘された、この保護者は、「決して母親が悪いからこうなったんじゃないんです」のことばに安心し、自分のかかわりを振り返ることができました。保護者は、自分のかかわりを責められるようなことばを浴びせると深く傷つき、前向きな気持ちになれませんが、子どもの状態は保護者のかかわりのせいではないと明言されることで次の一歩が踏み出せるのではないでしょうか。

　　　初めて、ことばの教室に行き、泣きながらそんな話をしたら、初めて今までやってきた事、自信をもってくださいと言われ、初めて救われました。4年前にそう言ってくれる人がいたら、きっと吃音も治っていい子育てもできたと思い、4年間を返して欲しいです[7]。

　この例では、4年間自分の子育てを肯定されず、自信が持てなかった保護者が、「今までやってきた事、自信をもってください」とのことばに救われたと述べて

---

5) わが子がダウン症と告知されたママ・パパたち, 2017.
6) 久保山茂樹・小林倫代, 2000.
7) 久保山茂樹・小林倫代, 2000.

います。この短い文章のなかに3回も「初めて」ということばが出てきます。それくらい、辛い時間を過ごしていたと想像できます。こういう保護者をこれ以上増やしたくないと思います。

このように、我が子に障害があることを指摘された保護者も我が子と生きてきました。その契機となったのは、わが子が確かに生きている、成長していることの証が得られたことであったり、「あなたのせいではない！」「ここまで、よくがんばった！」と認めてくれる人がいたことであったり、わが子をかわいいと思う人がいたことであったかもしれません。そして、同じ思いの保護者の仲間に出会えたことも大きいと考えられます。

5 診断を受けることと保護者の思い

障害に関する診断について考えてみます。診断を受けることで、保護者にとってプラスの効果があります。まず、自分の育て方のせいではないことが、確認することができます。また、診断を受けた障害について情報が得ることができます。こうしたことを通じて、前向きになれる保護者もいる一方、マイナスの効果もあります。診断を受けることで、精神的ショックが大きい保護者もいるのです。

また、保護者自身や家庭の危機につながります。さらに、診断を受けたあと、障害から子どもを見るようになり、子どもへのかかわり方がかたよってしまったり、狭いものになってしまったりする保護者がいます。

これらの効果のバランスを見きわめた上で、どのような時期に診断を受けてもらうのか、慎重に考える必要があります。また、診断後は保護者の心理が大きくゆれ動きますから保護者をフォローアップすることは必須です。

確かに、子どもの状態によっては、関係する専門機関を紹介することが必要な場合があります。それをどう伝えるか保育者にとって悩みの大きいことだと思います。これまで述べたように保護者との信頼関係を少しずつつくりあげておくことが重要ですが、それに加えて、以下に示すような配慮が必要です。

園から専門機関に行ってほしいといわれた保護者は、どのように感じるでしょうか。筆者の経験では「園をやめてほしい」といわれたと感じるようです。もちろん、園や保育者の側は、そのようなつもりはないと思うのですが、保護者にとってはそれくらい大きな出来事として受けとめられます。そこで、まず、保護者には「うちの園の大切なお子さん」であることをしっかり伝えたいと思います。決して、園をやめてほしいわけではなく、園の一員として、全職員で大切に思っていること、気になる面だけを見ているわけではなく、その子のかわいい面や得意な点もとらえていることなどを伝えましょう。

また、「診断を受けてもらわないと、特別な支援をしません」という態度が間違っていることはいうまでもありません。園では、園なりにその子どもに対する

支援を行っていることを伝えます。試行錯誤かもしれませんが、その結果として、こういう支援をしたらうまくいったということを伝えていきましょう。そうやって経過を追うなかで、その子どもには成長しやすい部分と、成長しにくい部分があることなども共有していきます。

その上で、園としては、いま試みている支援がこれで良いかどうか確認したり、さらに適切な支援がないかを検討したりしていて、そのために専門機関の診断や知見がほしいのだということを伝えます。

専門機関の利用を保護者に承諾してもらえたら、園の職員が同行することができるとよいと思います。それが難しければ、園での様子を手紙にして専門機関に伝えます。こうした取り組みによって、自分の子どもが園で大切にされていることが保護者にしっかりと伝わります。また、園での支援の充実のために専門機関を利用するのだということが保護者に正しく伝わります。専門機関としても、集団場面での情報が得られるので、適切な診断や支援のアドバイスをすることができます。園や保育者は、子どもの発達について、保護者とともに「ともに考える人」であることを明確に伝えることが重要です。

6 親子を支えるさまざまな機関の連携

本章の第3節では、乳幼児期の親子を支えるシステムについて述べました。ここでは、範囲を拡げて、生まれてから中学校までの親子を支えるさまざまな機関の連携について概観します。

自治体によって差がありますが、図3には多くの自治体にある機関を示しています。図の左側には母子保健、福祉、医療の分野について、右側には教育の分野

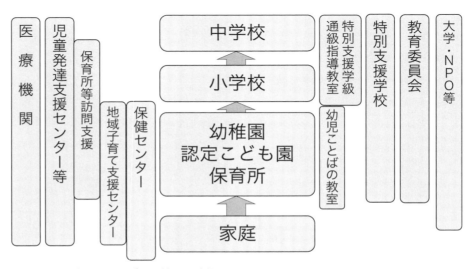

図3　親子を支えるさまざまな機関の連携（筆者作成）

を示しています。園で出会った親子が利用している機関があれば、保護者から話を聞いたり、保護者の許可を得て連絡を取り合ったりするなどして地域の機関のことを知る努力をします。また、園全体として、それぞれの地域にどのような機関があって、どのような役割を果たしているか共有しておくことが大切です。

児童発達支援センターなどでは、日常生活の基本的動作や集団生活への準備のための支援などを行っています。子どものなかには、センターを週2日程度利用し、残りを園に通う、「併行通園」も広く行われるようになりました。

これらの機関で行われる支援について、生涯を通して記録できるファイルを作成、活用している自治体があります。乳幼児期から成人期まで、できるだけ一貫した指導や支援ができるように、そのときどきの子どもの姿や生活の様子、指導や支援の内容などに関する情報を記録したもので、「相談支援ファイル」「就学支援シート」「サポートファイル」などの名称で呼ばれています。多くの場合、ファイルの管理は、保護者が行っています。親子にかかわる機関が、必要に応じてファイルの記載内容を共有します。とくに就学先を決定するときに重要な資料になります。小学校以降でも活用され、就学先の変更や就労の際の資料としても活用されています。

入園前に児童発達支援センターなどを利用している子どもの場合、入園時に相談支援ファイルなどが提示されることがあるかもしれません。相談支援ファイルなどには、保護者の思いや願いはもちろん、誕生から入園までにかかわった人たちの思いや願い、具体的な支援内容や方法が記されています。

園では、記載内容を熟読し、保護者との面談や、個別の教育支援計画や個別の指導計画の作成の際に活用することが重要です。入園手続きの際、相談支援ファイルなどが作成されている場合には、その内容についても保護者とていねいに確認をすると、入園後の保育やその子とのかかわりの重要な情報になります。

7 保護者との信頼関係を深めるために

保護者との信頼関係をより深めるための配慮について考えます。保育者が、保護者にとって「話したい相手」だと思ってもらえることが何よりも大切です。何もないときの、日頃の関係づくりを心がけたいと思います。たとえば、登園時の「おはようございます」にプラスしてひと言でも保護者に話しかけるとよいと思います。

何もないときのコミュニケーションを大切にしておくことで、子どもの姿を伝えるなどの深い話をしなくてはならないときにも、スムーズに話を始めることができるかもしれません。また、保育者の人柄がにじむような発信を少しずつしておくこともよいでしょう。クラスだよりに、保育者の趣味や最近読んだ本なども書いてみるなどすると、保護者は保育者に対して親近感を持ちます。

また、保護者の歴史や保護者の思いについて、想像力の引き出しをたくさん持っておきましょう。そのためには保護者の話にていねいに耳を傾けることが大切です。障害のある子どもを育ててきた保護者の手記が本として数多く出版されています。また、インターネット上にもさまざまな発信があります。それらを読むことでも、想像力の引き出しも増やすことができます。保護者の歴史や思いへの想像力の引き出しが多ければ多いほど、保護者との信頼関係を築きやすくなるでしょう。

　保護者が、家庭でしている子どもとのかかわりについて情報を得ておくことは保育者にとってとても大切です。また保護者も、保育者のかかわり方について知りたいと思っています。連絡帳の記述や送迎時のやりとりなどを通して、かかわり方をともに考え、ともに試してみて、その結果について共有できるような関係になれるとよいでしょう。つまり「協働する関係」です。

　ともに試すといっても、保護者によっては余裕のない時期の人もいます。保護者に対する提案は1回につき1つに絞ります。また、それがうまくいかなくても、落ち込まず、次のかかわりをともに考えるという姿勢が大切です。

　最後に、障害のある子どもを育てながら仕事をしている保護者について述べます。筆者らは、障害のある子どもを育てながら働いている母親66名にインタビューを行いました。その結果、仕事をしている母親は育児に関するストレスが少ないことや、仕事をして子どもと完全に離れる時間があるからこそ、子どもに向き合うことができるなどの答えを得ました。ある母親はこういっています。

　　　仕事をしてるとね、子どものことがとんでいくんです。ええ、とびます、とびます。それがいいんです。で、仕事終わって、子どもを迎えに行くでしょ、そうすると、もうかわいくて、かわいくて……[8]。

　保育所や認定こども園などには、こうした保護者がたくさんいることでしょう。そうした保護者のなかには、「障害のある子どもがいるのに仕事なんかして」というような心ないことばを浴びせられて傷ついている人がいるかもしれません。また、仕事と育児のバランスが難しく疲弊している人もいるでしょう。園が障害のある子どもを保育することで、保護者は安心して仕事をすることができます。そしてそれは、子どもへの前向きな気持ちをつくることにつながっています。

　本章では、保護者の思いを踏まえた保護者へのかかわりについて述べてきました。支援の必要な子どもの場合、その保護者も支援の対象として考えてしまいがちです。しかし、保護者の歴史のなかに、保育者が学ぶべきことがたくさんあります。保護者を支援しつつ、ともに考え、ともに試すことができる関係、つまり、「協働する関係」づくりを大切にしましょう。

---

[8] 久保山, 2006.

引用文献

- 久保山茂樹・小林倫代（2000）「障害児の早期からの教育相談における保護者対応」『国立特殊教育総合研究所研究紀要』，第27巻，pp.23-33.
- 久保山茂樹（2006）「障害のある子どもをもつ母親への就労支援」，『教育と医学』，第54巻5号，慶應義塾大学出版会，pp.66-73.
- 言の葉通信著（1999）『うちの子、ことばが遅いのかな……』，ぶどう社．
- 日本ダウン症協会（1999）『ようこそダウン症の赤ちゃん』，三省堂．
- わが子がダウン症と告知されたママ・パパたち（2017）『わが子がダウン症と告知された81人の「声」』，club-D.

第10章

発達支援のしくみと個別支援計画

　本章では、障害児が利用する就学前と就学後の福祉・教育機関で作成・活用されている個別支援計画についての理解を深めることを目指します。その理解に向けて、まずは、発達支援に対する考え方とその体系を学び、次に発達支援のうちでも、とりわけ個別支援計画と関連の深い障害児通所支援の種類としくみについて学びます。そして、最終的には、現場の事例を用いながら個別支援計画の立案とそれに基づく実施のようすを把握しながら理解を深めます。

1　発達支援の歴史と考え方

　現在の発達支援の考え方を理解するには、これまでの障害児の支援の歴史のなかで使われてきた「療育」の意味と、その変遷を確認する必要があります。

　まず、この「療育」ということばは、明治・大正期の日本において最初に肢体不自由児施設のはじまりとなる施設を創設した高木憲次がつくったことばといわれています。彼は「現代の科学を総動員して不自由な肢体をできるだけ有効に活用させ、以って自活の途の立つように育成させること」と定義しました。つまり、療育の意味としては、「肢体不自由児」の社会的自立を目指すチームアプローチであり、それは医学モデルに基づく、医療と保育・教育を並行して行う考え方を表すことばであったといえるでしょう。その後、昭和期の北九州市立総合療育センター初代所長の高松鶴吉は、その対象を肢体不自由から障害のある子どもすべてに拡大するとともに、「注意深く特別に設定された特殊な子育て、育つ力を育てる努力」として、子どもの育て全般への支援と育児支援の重要性が強調されるようになってきました。この時期、療育を行う施設は一般的に「療育施設」として呼ばれるようになっていました。

　平成期に入ると、この「療育」ということばは、「発達支援」へと変化してきました。そのきっかけとなったのが、知的障害、肢体不自由、難聴幼児の各通園

施設の代表が集まった「三種別通園療育懇話会（1995〔平成7〕年12月）」と中央福祉審議会（1996〔平成8〕年3月）の「障害児通園施設の在り方について（報告書）」の提出です。この会議と報告書では、支援の対象を障害が確定していない子どもたちにも広げ、対象児の能力改善のみならず、育児支援なども含んだ広い意味として「発達支援」を提唱し、併せて通園施設を一元化して「発達支援センター」として一元化しようとする考え方が述べられました。このことは、障害種別ごとの専門性による障害改善という"医学モデル"の療育体系から、すべての障害を対象に「子育ち支援と子育て支援」共通基盤にした"生活モデル"の施設体系への転換を目指す発端となりました。そして、このことは、現在、一般的な用語として使われている「発達支援」としての考え方のはじまりともいえるのです。

この「発達支援」とは、全国児童発達支援協議会がまとめた『発達支援の指針（2016）』によると「障害が確定した子どもへの（運動機能や検査上の知的能力の向上などの）障害改善への努力だけでなく、障害のある子ども（またはその可能性のある子ども）が地域で育つ時に生じるさまざまな課題を解決していく努力のすべてである。そのなかには、子どもの自尊心や主体性を育てながら発達上の課題を達成させ、成人期に豊かで充実した自分自身のための人生を送ることができる人の育成（協議の発達支援）、障害のある子どもの育児や発達の基盤である家庭生活への支援（家族支援）、地域での健やかな育ちと成人期の豊かな生活を保障できる地域の変革（地域支援）が包含されている」と定義されています。

2 障害児通所支援の種類としくみ

「療育」から「発達支援」へと考え方とともに用語が変化してきたなかで、それを具現化する実施体系は、2012（平成24）年の児童福祉法改正による「障害児通所支援」によって表されることになりました。

（1）障害児通所支援とは

障害児通所支援は、それまで障害者自立支援法で実施されていた児童デイサービスと児童福祉法で実施されていた障害児通園施設・事業が一元化され「障害児通所支援」として創設されたもので、具体的な事業として現在は、「児童発達支援」「医療型児童発達支援」「居宅訪問型児童発達支援」「放課後等デイサービス」「保育所等訪問支援」があります（図1）。

障害児通所支援の基本的な考え方として「障害児通所支援あり方検討会報告書（令和5年3月）」において障害児本人の最善の利益の保障、家族支援の重視、インクルージョンの推進などの観点を引き続き重視した上で、さらに現在の障害児通所支援を取り巻く課題や関連するほかの施策の動向等を踏まえ、①障害のある

こども本人の最善の利益の保障、②子どもと家族のウェルビーイングの向上、③地域社会への参加・包摂（インクルージョン）の推進、が述べられています。

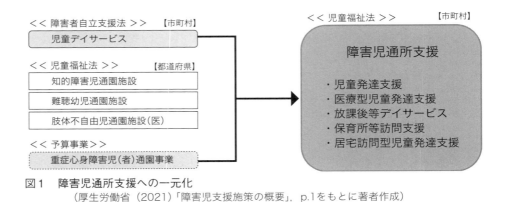

図1　障害児通所支援への一元化
（厚生労働省（2021）「障害児支援施策の概要」，p.1をもとに著者作成）

（2）各障害児通所支援の実施内容

　各障害児通所支援の実施にあたっては、「障害児相談事業」が作成する『障害児支援利用計画』に基づいて行われます。ここでは、後述する『障害児支援利用計画』と『個別支援計画』の理解を深めるために、まずは各障害児通所支援の内容について学ぶことにします。なお、現行の法的根拠（児童福祉法）において「児童発達支援」と「医療型児童発達支援」「居宅訪問型児童発達支援」は、「放課後等デイサービス」「保育所等訪問支援」と並んで、障害児通所支援の種類として独立した名称・分類で規定されていますが、これら「医療型児童発達支援」「居宅訪問型児童発達支援」は本書の便宜上、「児童発達支援」の一つ（含まれるもの）として説明することにします。

①児童発達支援

　児童発達支援とは、児童福祉法（第6条2の2）において「障害児につき、児童発達支援センターその他の厚生労働省令で定める施設に通わせ、日常生活における基本的な動作の指導、知識技能の付与、集団生活への適応訓練その他の厚生労働省令で定める便宜を供与することをいう」と規定されています。また、児童福祉法に基づく指定通所支援の事業等の人員、設備及び運営に関する基準において「障害児が基本的動作及び知識技能を習得し日常生活における、並びに集団生活に適応することができるよう、当該障害児の身体及び精神の状況並びにその置かれている環境に応じて適切かつ効果的な指導及び訓練を行うものでなければならない」としています。なお、これらの規定にある児童発達支援センターと児童発達支援事業（所）とでは、「身近な地域における通所支援機能（通所利用の障害児やその家族に対する支援）」が共通する役割であり、「地域支援機能（保育所等訪

問支援や障害児相談支援など）と「医療機能（医療型児童発達支援に限る）」が児童発達支援センター独自の機能となっています（図2）。また、規模において児童発達支援センターは障害保健福祉圏域を、児童発達事業（所）は、市町村域を単位として設置されています（図3）。

児童発達支援の具体的な内容としては「児童発達支援ガイドライン」において①本人支援、②移行支援、③家族支援、④地域支援、が明記され、この内容を踏まえつつ、各事業所の実情や個々の子どもの状況に応じて不断に創意工夫を図り、提供する支援の質の向上に努めることが求められています（表1）。

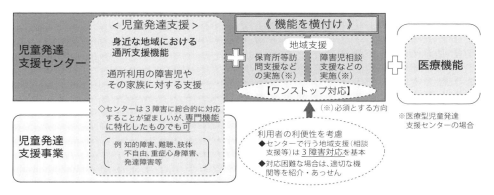

図2　児童発達支援センターと児童発達支援事業の違い
（厚生労働省（2021）「障害児通所支援の在り方に関する検討会 参考資料集」, p.37.）

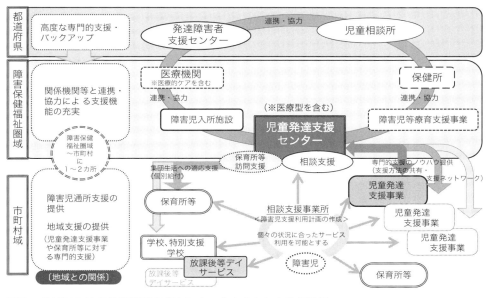

図3　地域における児童発達支援センターを中心とした支援体制
（厚生労働省（2014）「今後の障害児支援の在り方について 報告書」, 参考資料3.）

表1　児童発達支援センターガイドライン（一部抜粋）

> **第2章　児童発達支援の提供すべき支援**
>
> （1）発達支援
> 　ア　本人支援
> 　　「本人支援」は、障害のある子どもの発達の側面から、心身の健康や生活に関する領域「健康・生活」、運動や感覚に関する領域「運動・感覚」、認知と行動に関する領域「認知・行動」、言語・コミュニケーションの獲得に関する領域「言語・コミュニケーション」、人との関わりに関する領域「人間関係・社会性」の5領域にまとめられるが、これらの領域の支援内容は、お互いに関連して成り立っており、重なる部分もある。また、この「本人支援」の大きな目標は、障害のある子どもが、将来、日常生活や社会生活を円滑に営めるようにするものである。また、児童11 12発達支援センター等で行われる本人支援は、家庭や地域社会での生活に活かされるために行われるものであり、保育所等に引き継がれていくものである。
> 　イ　移行支援
> 　　地域社会で生活する平等の権利の享受と、地域社会への参加・包容（インクルージョン）の考え方に立ち、障害の有無にかかわらず、全ての子どもが共に成長できるよう、障害のある子どもに対する「移行支援」を行うことで、可能な限り、地域の保育、教育等の支援を受けられるようしていくとともに、同年代の子どもとの仲間作りを図っていくことが必要である。
>
> （2）家族支援
> 　　障害のある子どもを育てる家族に対して、障害の特性に配慮し、子どもの「育ち」や「暮らし」を安定させることを基本に、丁寧な「家族支援」を行うことが必要である。特に、保護者が子どもの発達を心配する気持ちを出発点とし、障害があっても子どもの育ちを支えていける気持ちが持てるようになるまでの過程においては、関係者が十分な配慮を行い、日々子どもを育てている保護者の思いを尊重し、保護者に寄り添いながら、子どもの発達支援に沿った支援が必要である。
>
> （3）地域支援
> 　　障害のある子どもの地域社会への参加・包容（インクルージョン）を推進するため、児童発達支援センター等は、保育所等の子育て支援機関等の関係機関との連携を進め、地域の子育て環境や支援体制の構築を図るための「地域支援」を行うことが必要である。

②放課後等デイサービス

　放課後等デイサービスとは、児童福祉法（第6条2の2）において「学校（幼稚園及び大学を除く。以下同じ。）に就学している障害児に、授業の終了後又は休業日に、生活能力の向上のために必要な訓練、社会との交流の促進その他の便宜を供与することをいう」と規定されています。また、児童福祉法（第21条の5の13）において「引き続き放課後等デイサービスを受けなければその福祉を損なうおそれがあると認める時は、前述の規定する学校に就学していることを前提に満20歳に達するまで利用することができる」としています。また、実態としては、事業所によって開所時間や活動プログラムの特色の違いなどがあることから、一人の児童が複数の事業所を並行利用しているケースが多く見受けられ、結果的には、一つの事業所に複数の学校の子どもたちが利用する傾向にあります（図4）。

　放課後等デイサービスの具体的な役割は、「放課後等デイサービスガイドライン」において①子どもの最善の利益の保障、②共生社会の実現に向けた後方支援、③保護者支援、が明記され、また、その基本活動としては①自立支援と日常生活の充実のための活動、②創作活動、③地域交流の機会の提供、④余暇の提供、があります（図4）。

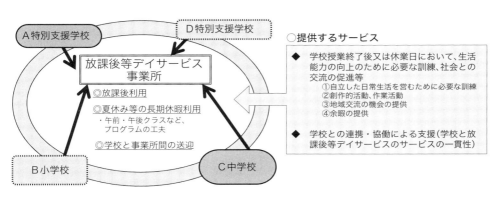

図4　放課後等デイサービスのイメージ
　　　（厚生労働省（2021）「障害児支援施策の概要」, p.7.）

③保育所等訪問支援

　保育所等訪問支援とは、児童福祉法（第6条2の2）において「保育所等訪問支援とは、保育所その他の児童が集団生活を営む施設として内閣府令で定めるものに通う障害児又は乳児院その他の児童が集団生活を営む施設として内閣府令で定めるものに入所する障害児につき、当該施設を訪問し、当該施設における障害児以外の児童との集団生活への適応のための専門的な支援その他の便宜を供与することをいう」と規定されています。すなわち、保育所等訪問支援は、児童発達支援センターなどで指導経験のある児童指導員や保育士、医療専門職が、保育所や学校、児童福祉施設などの障害児が集団生活する場所を訪問し、障害児や訪問

先の担当者に対し、障害児が集団生活に適応するための専門的な支援を行う事業のことをいいます（図5）。

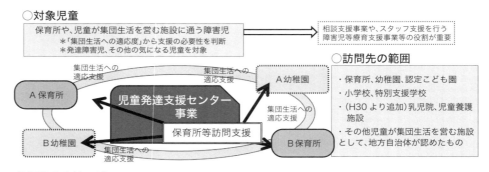

図5　保育所等訪問支援のイメージ
（厚生労働省（2021）「障害児支援施策の概要」, p.13.）

3　発達支援における個別の計画

　発達支援（障害児通所支援）において、一人ひとりの障害児に対して作成される個別の計画は、大きく分けて「障害児支援利用計画」と「個別支援計画（児童発達支援計画）」があります。ここでは、この2つの個別の計画を軸に、事業所・機関などで作成され、さまざまな名称で使用されている個別の計画の種類を整理し、そのあり方について学びます。

（1）障害児支援利用計画とは

　障害児支援利用計画とは、「障害児相談支援事業」が作成する計画のことで、個々の障害児とその家族に対して、総合的な援助方針や解決すべき課題を踏まえ、複数の事業所のサービスなどを見通して、もっとも適切なサービスの組み合わせなどを検討して、相談支援専門員が作成する計画のことです。障害児の発達や、その家族の生活を支える上で、各種の児童発達支援、あるいは障害児・者に対する各種福祉サービスを組み合わせてサポートする必要があります。障害児支援利用計画とは、そのような視点で、短・中期的な目標に向けてサポート内容の全体像を表している計画になっています。言い換えれば、この障害児支援利用計画は、後述する個別支援計画（児童発達支援計画）と整合性や連動性をもって作成されます（図6）。

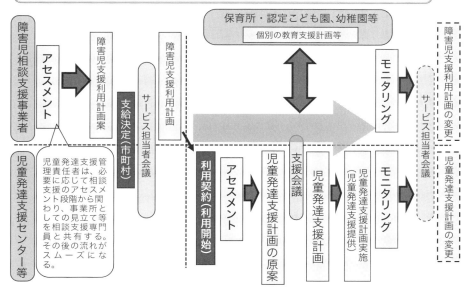

図6　障害児支援利用計画と個別支援計画（児童発達支援計画）
　　（厚生労働省（2021）「児童発達支援ガイドライン」，参考資料２．）

【事例１】　Bくん親子の障害児支援利用計画書

（３歳児）

　Bくんは、母親Aさんの産後休暇明けの職場復帰をきっかけに１歳から近所の認定こども園に通うようになりました。しかし、通いはじめてしばらく経つと、こども園の先生から「多動で落ち着きがない」との話がありました。ちょうどそのころ、こども園に保育所等訪問支援できていた先生からもアドバイスがあって、専門の病院を受診することになりました。

　診断の結果、Bくんは発達障害（ADHD）とのことで、市役所の子育て支援課を通じて障害児相談支援事業を紹介されました。障害児相談支援事業所では、Bくんと一緒にきた母親Aさんに対して、事業所保育士が併設の保育ルームでBくんと一緒に遊び、相談専門員の職員が母親Aさんと面接室で、医師の診断書と保育所等訪問支援で担当した職員の報告書をもとに、現在のBくんとAさんの生活の様子をうかがいました。

　面接の結果、AさんはBくんが１

歳のときにひとり親になり、両親は地方に居て協力が得られないこと、経済的には厳しい状況にあるので仕事は続けたいこと、帰宅後はBくんが暴れるときがあって、精神的にも落ち着いた生活が送れていないこと、最近、ますますBくんの落ち着きのなさが顕著になってきて、不安に思っていることなどが伝えられました。

その後、数回の面接を経て、Bくん親子の障害児支援利用計画書ができあがりました。結果、Bくんに対しては、これまで通っていた、こども園も週2回利用して新たに児童発達支援（センター）に週3回利用しながら、コミュニケーション力の習得、基本的生活習慣の獲得を図ること目標に、同時にAさんに対しては、ホームヘルプ（訪問介護）を利用しながら帰宅時のあわただしさをサポートして、余裕を持って子育てできる環境整備を図ることになりました。

作成例は、ひとり親家庭の母Aさんと軽度の発達障害があるBくん（3歳）の親子に対して障害児相談支援事業所の相談専門員が作成した障害児支援利用計画書です（表2）。

なお、事例の様式はほんの一例で、この障害児支援利用計画の様式（項目設定など）は、国が必要な項目を例示していますが、自治体や作成する事業所によって自由に設定できるようになっています。

表2　Bくん親子の障害児支援利用計画

障がい児支援利用計画案　（セルフプラン）　　　　【障がい児通所給付用】

支給決定市町村	○○市	計画作成日	○年○月○日
児童氏名	○○　B輔	利用者負担上限額	4,600円
児童生年月日	○年○月○日	障がい児通所受給者証番号	1000012345
保護者氏名	○○　A子	住所	○○市○○1-1-1
児童との続柄	母		

児童及び家族の生活に対する意向 （希望する生活）	(子・母) お友達とコミュニケーションを取って楽しく生活できるようになりたい。安定した生活リズムを身に付けたい。家族が余裕を持って子育てしたい。
総合的な援助の方針 （希望する生活をかなえるための目標）	□　（←更新申請の方のみ選択可能）　現在利用しているサービス内容を変更 必要な療育を受け、コミュニケーションの発達と規則正しい生活が促され、家族が楽しく生活でき余裕を持って子育てできるようになる。

希望順位	児童等のニーズ	ニーズを実現するための支援内容	支援期間	障がい種類・内容
1	お友達とコミュニケーションを取って楽しく生活できるようになりたい。	児童発達支援の提供する支援を受け、コミュニケーション力の向上をめざす。	12か月	□放課後等デイ □児童発達支援 □医療型児童発達支援 □保育所等訪問支援
2	安定した生活リズムを身に付けたい。	児童発達支援の提供する支援を受け、規則正しい生活リズムを身につける。		
3	家族が余裕を持って子育てしたい。	児童発達支援やホームヘルプを活用し、家族が余裕を持って子育てする。		
4				

（２）個別支援計画（児童発達支援計画）とは

　個別支援計画（児童発達支援計画）とは、障害児支援利用計画の総合的な援助方針などを踏まえ、障害児通所支援等の各サービス提供事業所が、事業所ごとに児童発達支援管理責任者が個別に具体的な支援を立案・作成する計画のことです。ただし、個別支援計画は保育所や認定こども園などの児童発達支援事業所（施設）以外でも作成されるので、この場合の作成担当者は、児童発達支援管理責任者には限りません。つまり、個別支援計画を広く捉えると、障害児とその家族に対して、その機関（事業所など）が行う目標・方法・内容を個別的かつ計画的に表して、その利用家族と実施上の約束（契約）を取り交わす文書であると理解することができます。

計画作成者	○○　○○
連絡先電話番号	（　０１２　） １２３　-　１２３４
障がい福祉サービス受給者証番号	（お持ちの場合） 9001234567
計画作成支援者	○○障害児相談支援事業所 児童発達支援管理責任者　（○○　○○）

せず全てそのまま利用したい。※ここにチェックをした方は、本欄以下及び裏面を記入する必要はありません。

児通所支援 ・量（日数）	障がい福祉サービス等 種類・内容・量（時間数・日数）	左記以外で利用するサービス 種類・内容・量（頻度）
サービス ＿＿＿ 日／週 ＿３＿日／週 ＿＿＿ 日／週 ＿＿＿ 日／月	ホームヘルプ等の訪問系サービス □身体的介護　　　　　　時間／週 ☑家事の援助　＿５＿時間／週 ☑通院時の介助　＿２＿時間／月 ☑外出の支援　＿２＿時間／週 （同行援護　・　行動援護　・　移動支援） □ショートステイ　＿＿＿ 日／月	こども園の並行通園 （週２回）

10　発達支援のしくみと個別支援計画

【事例2】 個別支援計画の作成

（3歳児）

　Bくんが児童発達支援センターを利用するにあたっての≪利用児及び家族の生活に対する意向≫は、Bくん自身が言葉で表現したものではないものの、現在、こども園に通っているなかで、友達と一緒に話しをして遊びたい様子が見受けられることから、母親Aさんと児童発達支援管理責任者が話し合って「お友達とコミュニケーションを取って仲良くなりたい」ことと、こども園で騒いでしまって怒ったりイライラしたりして楽しく過ごせていない様子があることから「楽しく園で過ごしたい」ことが記載されました。また、Aさんの意向として、Bくんが家庭で就前、暴れてなかなか眠らず規則正しく安定した生活リズムが整えられていないことから「安定した生活リズムを身に付けさせたい」ことと、Bくん自身が自分の気持ちが伝えられず情緒不安定になることがあり、Aさん自身も焦ってイライラしてコミュニケーションが取れない時があることから「子どもの気持ちが不安定になった時、落ち着いてコミュニケーションが取れる関わり方を習得したい」と記載されました。

　≪総合的な支援の方針≫は、作成前にBくんとAさん、そして児童発達支援管理責任者と心理担当職員で何度か面談を重ね観察・アセスメントした結果と、障害児支援利用計画書の情報をもとに、Bくんの発達上の課題であるコミュニケーション能力の向上を中心に、Bくんの現状で持てている能力と課題を明示しながら、当面クリアしたい短期目標と将来的に目指したい長期目標の内容を詳しく説明できるよう児童発達支援管理責任者が記載しています。

　≪長期目標・短期目標≫は、長期目標として≪利用児及び家族の生活に対する意向≫のBくん本人の意向が尊重され、短期目標として≪総合的な支援の方針≫の「視覚的コミュニケーションツール（絵カード）」等の具体的方法を反映して記載されています。

　≪支援目標及び具体的な支援内容等≫については、児童発達支援ガイドラインの内容に示してある項目のうち「本人支援」「移行支援」「家族支援」「地域支援」の順で、「支援目標」「支援内容」「達成時期」「担当者・提供機関」「留意点」「優先順位」を記載します。とくに「本人支援」の「支援内容」においては、5領域（「健康・生活」「運動・感覚」「認知・行動」「言語・コミュニケーション」「人間関係・社会性」）の視点と関連づけて記載します。

事例2は、事例1でひとり親家庭の母親Aさんと軽度の発達障害があるBくん（3歳）が、障害児相談支援事業所を利用して相談専門員に相談した結果、作成した障害児支援利用計画書をもとに、それを受けて児童発達支援センターを利用するにあたって作成した個別支援計画（児童発達支援計画）です（表3）。

（3）その他のさまざまな"個別の計画"

本章では便宜上、児童発達の実践領域すなわち児童発達支援や放課後等デイサービスなどの障害児が利用する場面を想定した個別支援計画について説明してきました。よって、それは『児童発達ガイドライン』や『放課後等デイサービスガイドライン』に規定されている個別支援計画ということになります。しかし、障害児の障害程度や状況によっては、児童発達支援を利用せず、就学前において保育所・認定こども園・幼稚園のみを、また就学後において特別支援学校や特別支援学級を利用せず小中高校のみを利用するケースがあります。このようなケース、保育・教育機関においての"個別の計画"については、Plan-Do-Check-Actサイクルで実践する視点や、本人と家族の意向と将来的な自立・発達支援に向けての計画という本質的な観点については同義と捉えることができますが、その実施機関の根拠となる規定が異なります。"個別の計画"の名称の違いや内容の差異が若干あります。以下に、その違いを整理する上でさまざまな"個別の計画"について説明することとします。

①個別の保育支援計画

「個別の保育支援計画」は、保育所保育指針第1章3（2）キにおいて、「障害のある子どもの保育については、…（中略）…また、子どもの状況に応じた保育を実施する観点から、家庭や関係機関と連携した支援のための計画を個別に作成するなど適切な対応を図ること」[1]としています。また、幼保連携型認定こども園教育・保育要領において「障害のある園児などへの指導に当たっては、…（中略）…家庭、地域及び医療や福祉、保健等の業務を行う関係機関との連携を図り、長期的な視点で園児への教育及び保育的支援を行うために、個別の教育及び保育支援計画を作成し活用することに努める…（略）」[2]としています。これらのことから、「個別の保育支援計画」とは、就学前の保育所・認定こども園を利用する障害児に対して家庭や関係機関と連権して、長期的な視点で作成される計画であることが理解できます。すなわち、児童発達支援でいう「障害児利用支援計画」の内容に近い、「保育所・認定こども園版の障害児支援利用計画」といったニュアンスの内容であることがいえます。

---

1) 厚生労働省, 2017.
2) 内閣府・文部科学省・厚生労働省, 2017.

表3　Bくん親子の児童発達支援センターでの個別支援計画

個別支援計画書

利用児氏名：○○　B輔

利用児及び家族の生活に対する意向	≪本人≫　お友達とコミュニケーションを取って仲良くなりたい。楽しく園で過ごしたい。 ≪家族≫　安定した生活リズムを身に付けさせたい。子どもの気持ちが不安定になった時、落ち
総合的な支援の方針	Bくんのコミュニケーション力は、概ね2語文程度の短文の理解はできるものの、言葉の意味理解加えて、人や物への興味関心はあるものの次々と興味関心が移ってしまい落ち着いて居られず、い静かでシンプルな環境を用意し視覚的なコミュニケーションツールも使いながら大人との個別習得も含めて、療育場面には可能な範囲でAさんの参加（観察）場面も作ります。
長期目標 （内容・期間等）	・お友だちと落ち着いてお話しができ一緒に遊べるようになる
短期目標 （内容・期間等）	・大人（先生や母親）とお話や絵カードを使って、思っていることが伝えられるようになる。

○支援目標及び具体的な支援内容等

項　目	支援目標 （具体的な到達目標）	支援内容 （内容・支援の提供上のポイント・5領域（※）
本人支援	嫌な時やお願いをする時に、身振りやことばで伝えることができる。	・具体的な伝え方（絵カード等）のモデルを大人が示す。 ・簡単なやり取りを端的に都度促していく。 ・本人からの表出や要求に可能な限り応え、伝わったことの楽しさを伝えていく。
家族支援	日常生活において、本人の意思を大切にしながら、やり取りをする場面を増やす。	・本人が自分で考えたり選んだりすることができるように、具体的な選択肢を2つ提示して選ぶ機会を設ける等、具体的な方法を伝え、家庭でも実践できるよう指導する。 ・本人のコミュニケーションや判断する仕草等を、個別支援の場面の観察や面談の機会などを通じて伝え、共有する。
移行支援	日常的な連携に加え、特に行事等の際には、説明の方法や促し方について共有を図る。	・必要に応じて保育園を訪問し、行事等、普段と異なる活動の際の子どもとの関わりについて、具体的な関わり方のモデルを示す。 ・保育園の連絡と当センターの連絡内容を相互に確認し、日々の様子を交換する
地域連携	関係機関で役割分担を行うと共に、それぞれの機関で得られた情報を共有し、日常的な生活や支援に活用するための具体策を提案する。	・連携会議を定期的に開催し、情報収集・役割分担について協議する。 ・各関係機関からの情報に基づき、具体的な場面での子どもとの関わり方の提案や関わり方のポイントについて助言を行う。

※5領域の視点

提供する支援内容について、本計画書に基づき説明しました。本計画書に基づき支援の説明を受け、内容に同意しました。
児童発達支援管理責任者氏名：

②個別の教育支援計画

「個別の教育支援計画」は、幼保連携型認定こども園教育・保育要領において「障害のある園児などへの指導に当たっては、…（中略）…家庭、地域及び医療や福祉、保健等の業務を行う関係機関との連携を図り、長期的な視点で園児への教育及び保育的支援を行うために、個別の教育及び保育支援計画を作成し活用することに努める…（略）」[3] としています。また、文部科学省「今後の特別支援教育の在り方について（最終報告）」において「個別の教育支援計画は、障害のある児童生徒の一人一人のニーズを正確に把握し、教育の視点から適切に対応していくという考えの下、長期的な視点で乳幼児期から学校卒業後までを通じて一貫して的確な教育的支援を行うことを目的とする」[4] としています。これらのこ

---
3) 内閣府・文部科学省・厚生労働省，2017.
4) 文部科学省，2003.

作成年月日：○年　○月　○日

着いてコミュニケーションが取れる関わり方を習得したい。

や発話など早とちりや、早口が目立ち、言葉が伝わらない理解できない場面が時々見受けられます。結果的に多動傾向にもあります。外界への興味関心があることを活かし、まずは興味関心が移らな的な関わりを通じてコミュニケーション力の向上を目指します。また、Aさん（母）の関わり方の

支援の標準的な提供時間等 （曜日・頻度、時間）
・個別：毎週月、金曜日（心理担当職員(月4回)、作業療法士担当（月1回） ・小集団：毎週水曜日（保護者都合により2時間の延長支援の可能性有）

との関連性等）	達成時期	担当者 提供機関	留意事項 （本人の役割を含む）	優先順位
認知・行動 言語・コミュニケーション	6か月後	心理担当職員 作業療法士 保育士	・保護者に対して具体的な接し方の例を示す時間（訓練場面の参観）を設ける。	1
	6か月後	心理担当職員	・月1回の頻度を想定し、担当者との具体的なやり取りをモデルにしながら、家庭での実践の様子を踏まえたフィードバックを行う。	2
	6か月後	児童発達支援管理責任者、○○こども園△△先生、保護者	保護者の意向も確認しながら三者で連携を図る点に留意する	3
	6か月後	児童発達支援管理責任者、支援担当者、○○こども園◇◇園長先生、△△先生	3ヶ月に1回程度の頻度で連絡会を開催予定。	4

「健康・生活」、「運動・感覚」、「認知・行動」、「言語・コミュニケーション」、「人間関係・社会性」

○年　○月　○日　（保護者署名）　　　　　○○　A子

とから、「個別の教育支援計画」とは、学校・教育機関に関わる障害児に対して家庭や関係機関と連権して、長期的な視点で作成される計画であることが理解できます。すなわち、先述の個別の保育支援計画と同様、児童発達支援でいう「障害児利用支援計画」の内容に近い、「学校・教育機関版の障害児支援利用計画」といったニュアンスの内容であることがいえます。

③個別の指導計画

「個別の指導計画」は、保育所保育指針第1章3（2）キにおいて、「障害のある子どもの保育については、一人一人の子どもの発達過程や障害の状態を把握し、適切な環境の下で、障害のある子どもが他の子どもとの生活を通して共に成長で

5）厚生労働省，2017．

きるよう、指導計画の中に位置付けること」5)としています。また、幼保連携型認定こども園教育・保育要領において「障害のある園児などへの指導に当たっては、…（中略）…特別支援学校などの助言又は援助を活用しつつ、個々の園児の障害の状態などに応じた指導内容や指導方法の工夫を組織的かつ計画的に行うものとする。また、…（中略）…個々の園児の実態を的確に把握し、個別の指導計画を作成し活用することに努めるものとする」6)としています。さらに、学習指導要領解説「総則編」で「個別の指導計画は、個々の児童の実態に応じて適切な指導を行うために学校で作成されるものである。個別の指導計画は、教育課程を具体化し、障害のある児童など一人一人の指導目標、指導内容及び指導方法を明確にして、きめ細やかに指導するために作成するものである」7)と記載されています。

　これらのことから、「個別の指導計画」とは、保育所・認定こども園、学校において個々の子どもの実態を把握し、具体的な支援や指導を行うための計画であることが理解できます。すなわち、児童発達支援でいう「個別支援計画」の内容に近い、「保育所・認定こども園・学校版の個別支援計画」といったニュアンスの内容であることがいえます。

引用文献
・厚生労働省（2017）『保育所保育指針』，フレーベル館．
・内閣府・文部科学省・厚生労働省（2017）『幼保連携型認定こども園教育・保育要領』，フレーベル館．
・文部科学省（2003）「今後の特別支援教育の在り方について（最終報告）」．
　https://www.mext.go.jp/b_menu/shingi/chousa/shotou/054/shiryo/attach/1361204.htm　2024年5月31日閲覧．
・文部科学省（2018）『小学校学習指導要領解説　総則編』，東洋館出版社．

参考文献
・厚生労働省「児童発達支援ガイドライン」．
　https://www.mhlw.go.jp/file/06-Seisakujouhou-12200000-Shakaiengokyokushougaihokenfukushibu/0000171670.pdf　2024年5月31日閲覧
・厚生労働省「放課後等デイサービスガイドライン」．
　https://www.mhlw.go.jp/file/05-Shingikai-12201000-Shakaiengokyokushougaihokenfukushibu-Kikakuka/0000082829.pdf　2024年5月31日閲覧
・厚生労働省・援護局障害保健福祉部障害福祉課障害児・発達障害者支援室（2021）「障害児支援施策の概要」．
・全国児童発達支援協議会監修，宮田広善・光真坊浩史編著（2024）『増補新版　障害児通所支援ハンドブック』，エンパワメント研究所．
・野田敦史・林恵編（2024）『演習・保育と障害のある子ども』，みらい．

---
6)内閣府・文部科学省・厚生労働省, 2017.
7)文部科学省, 2018.

Column⑨　明日が待ち遠しいと思える保育へ

　保育士の仕事は、児童の保育及び児童の保護者に対する保育に関する指導と児童福祉法第18条の4に定められています。簡単にいうと、保育士の仕事は、保育と子育て支援です。

　発達上の課題があると考えられる子どもの、園での様子を保護者に伝えていくことは、保育者にとって大変難しいことです。伝えたことで受診につながり、「実は、この子は生まれたときからとても育てにくいと感じていた。ほかの子を見ると辛かった。ずっとそれは自分のせいだと思っていた。親として力不足なのだと思っていた。だから誰にもいえなかった。でも、私のせいだけじゃなかった。今、はじめて子どもがかわいいと思えるんです」と語っていた母親もいました。しかし、「なぜそんなことをいうのか」「子どものことをちゃんと見ていっているのか」「あなたに私の気持ちがわかるのか」という保護者も少なくありませんでした。保護者の思いとして当然だと思います。保育者たちの関わりが不適切なのではないのか、保育所の環境がよくないのではないかという場合もありました。保護者の子どもに対する思いはおそらくみんな同じで、わが子を大切に思っていることは変わらないと思います。そして保育者もまた、その子どもを大切に思いながら日々の保育を行っています。しかし、なかなかお互いの思いが共有できず、悩むこともあるでしょう。

　私も保育者として悩む日々でした。そんなとき、ある研修会でムーブメント教育・療法に出会ったことが転機となりました。子どものできるところ、得意なところに目を向けた活動の考え方を知ったことで、これまで子どもの「できないところ」ばかりを見ていたこと、そして「できないこと」ばかりを保護者に伝えていたことに気がついたのです。その日から子どもたちのできることや得意なところに目を向けながら、活動や子どもへの関わりを自分なりに工夫したところ、子どもたちの変化を実感しました。子どもの笑顔が増え、自分も保育が楽しいと感じられるようになったのです。また、その子が「今までできなかったことができるようになった」ときに保護者に伝えるようにしたところ、保護者との関係性がだんだん変わっていくのを感じました。

　保育者が行う子育て支援は、子どもの育ちを保護者とともに喜び合うものとされています。そのためには、まず子どもが毎日楽しいと思ってくれること、そして保育者も子どもも、一日の終わりには「早く明日にならないかな」と思えることからはじまるのではないかと思います。

第11章
多様な支援を必要とする子どもの思いと理解・援助　―貧困・虐待・外国につながりのある子・性別違和等の子―

1　多様な支援の必要な子どもとは

　保育や教育の現場では、長い間「支援が必要な子ども」とは「障害がある子ども」のことを示し、その子どもたちに対する教育を「障害児教育」と呼んでいました。しかし、発達障害の概念が広く認知されるようになり、それまでの障害児教育の対象となっていなかった子どもたちにも注目が集まり始めました。2006（平成18）年には、学校教育法が改正・成立し、「障害児教育」は「特別支援教育」として、その対象に発達障害が含まれるようになりました。

　しかし、障害がある子どものほかにも支援が必要な子どもはたくさんいます。幼稚園教育要領解説第5節の「特別な配慮を必要とする幼児への指導」には「外国につながる子ども」が含まれてます。現在では子どもたちを包括的に支援する「インクルーシブ教育」という概念も広がっています。この章では、特別な配慮を必要とする子どもについて取りあげ、貧困家庭に育つ子ども、虐待経験のある子ども、外国につながりのある子ども、性別違和のある子どもについて考えます。

2　貧困と子どもとその家族について

（1）貧困について

　「貧困」の代表的な捉え方として「絶対的貧困」と「相対的貧困」があります。絶対的貧困は、人が衣食住など生存するために最低限必要とする物を欠くような状況です。例えば、着るもの、食べるもの、住むところがないという状態を意味しています。また、相対的貧困は、ある国のなかで生きていくときに、生活水準や文化的水準と比較して困窮した状態を指しています。現代の日本で主に問題に

なるのは、この相対的貧困です。これは、世帯所得がその国の等価可処分所得の中央値の半分に満たない状態です。相対的貧困の指標となる貧困線（等価可処分所得の中央値）は127万円（2021〔令和3〕年度）であり、それ以下の所得であれば相対的貧困ということになります。

日本の国民の約6人に1人がこの相対的貧困家庭にあり、相対的貧困率は「2022（令和4）年国民生活基礎調査の概況」[1]によると15.4％です。17歳以下の子どもの貧困率は11.5％で約9人に1人、ひとり親の2人に1人が貧困ということになります。とくに母子家庭での貧困が深刻であるとされています。世界の主要先進国と比較すると、2023〔令和5〕年時点でOECD加盟国38か国のうち日本は7位となり、米国や韓国よりも貧困率が高くなっています。

（2）子どもの貧困の原因と影響

貧困による影響として、まず経済的困窮があげられます。親が失業し定職に就いていない、非正規雇用で給与が少ないなどがあります。定職に就いていない理由としてあげられるのが、リストラ、失業、病気による療養など多岐にわたります。

「令和3年度全国ひとり親世帯等調査」[2]の結果によると、ひとり親世帯のうち母子世帯が全体の約88.9％を占め、平均年収も母子世帯は272万円に対して父子世帯は518万円です。同調査は、2016（平成28）年にも実施されていますが、世帯数および平均年収は増加傾向にあります。相対的貧困によって、ほとんどの子どもが買ってもらえるもの、ほとんどの子どもが体験する思い出や経験が得られないなどが生じてしまいます。そのため、その水準に至る世帯の子どもは、子ども時代からのさまざまな格差を受けやすくなってしまいます。

（3）貧困による子どもへの影響

貧困によって、子どもの育ちに影響を与えるものとして、学習への影響・教育を受ける機会への影響、心への影響、食への影響などがあげられます。

学習への影響・教育を受ける機会への影響では、経済・環境面から学校生活以外での学習のサポートを受けられないこと、家庭内で学習する環境がないことがあげられます。そのため、学習をする意欲の低下につながるなどもあります。

心への影響としては、生活のため親が就労せざるをえない状況から、夜間や休日も家庭におらず、子どもと一緒に過ごす時間が少なくなってしまいます。それにより、親子間のコミュニケーションを図る機会が損なわれ、大人を頼ったり相談するなども難しくさせる可能性があります。上記の学習にも記載したことに加えて、さまざまな経験をする機会などが少なくなることで生活への意欲の低下、自己肯定感の低さにも影響します。

1）厚生労働省，2022．
2）厚生労働省，2022．

食への影響として、食事がまともに取ることができない状況が起こります。その結果、健康への影響も大きくなり、早期に医療機関への受診することができないこともつながってきます。近年、この食事や居場所という支援に子ども食堂がつくられてきました。親の就労によって食事が食べられない子どもや、一人で食事をしなければならない子ども、さらには生活困窮によって親も食事を取れない状況にある家庭への支援として、子ども食堂は、地域のなかでのコミュニティの場として重要な場所となっています。その形態は地域によってさまざまですが、食を通した生活支援が展開されており、居場所支援、地域コミュニティ、学習支援など多岐にわたっています。

（4）障害児療育による親の就労と貧困

障害のある子どもを育てることを考えると、まず障害の程度によるが児童発達支援などを活用することが考えられます。子どもの障害については早期発見・早期支援を中心にすすめられており、成長と発達を考えると、療育が大切となってきます。その障害児の療育では、保護者が付き添う形となります。これまでの障害児家庭の研究から障害のある子どもに熱心に機能訓練を施すということが親の役割であり、その多くを母親に求められてきました[3]。とくに父親よりも母親が子どもの支援を担いやすいところがあります。しかし、日本は子どもの障害の有無にかかわらず、家族のなかでケアを必要とする者が存在するとき、ケア役割は女性によって献身的、犠牲的に担われるものをよしとする風潮があるとされています[4]。

療育を受けることは、子どもの成長発達を促すことにつながり、重要な支援です。その療育を受けるには、親のサポートが欠かせません。前述したものと重なるが、とくにその役割は母親が担っています。また、母親自身も子どもの障害軽減のために自己犠牲を払い、ケアを引き受けようとなりやすく、さらに役割意識を形成し、その役割を周囲の様子や状況から再確認、再認識することも指摘されています[5]。障害児・者のケアは、親に大きく依存しやすく、とくに母親を中心としたケアになります。これは親によるケアの抱え込みや母子密着になりやすいという指摘もなされています[6]。そして、障害児の育児・介護の中心的役割を担う母親は、介護負担による心身への影響を受けるという指摘もなされています。障害の内容によってケア内容は異なると思われるが、障害児のケアは、母親に偏りやすく、それによる影響を受けて生活していることは明らかです。

春木[7]は、特別支援学校在籍児の母親の就業率と国民生活基礎調査の母親の就業率を比較し、障害児の母親の就業率のほうが低いと指摘しています。また、

3）土屋, 2002.
4）大日向, 1988.
5）中川, 2003.
6）麦倉, 2004.
7）春木, 2019.

障害児の母親は、無職の人のなかで6割が就業を希望していたが実現に至っていない実態を明らかにしています。親の就労状況は一般家庭よりも厳しい部分があり、障害のある子どもの親は働きたくても働くことが難しい状況に陥りやすいのです。子どもに対して、貧困は心身の発達に重大な影響をおよぼし、子どもに複合的な不利をもたらす可能性があるといわれています。2013（平成25）年には、子どもの貧困対策の推進に関する法律が成立している。小野川[8]は、子どもが貧困下に置かれることによって安心、安全に生きることができる生活基盤、大人になっていくために不可欠な成長・発達の条件・環境を保障されない状況に陥ってしまうと指摘しています。また、窪田[9]も貧困というものが障害児本人の成長・発達を阻害し、障害の固定化、障害の重症化を引き起こし、それらを回避するために家族のケアや経済的負担が、さらに家族の生活を追い詰めてしまう悪循環が生むと指摘しています。このように、障害児の親と子どもの家庭が貧困と障害という要因が含まれることで連鎖しやすくさせてしまうところがあります。そのような状況を変化させるためにも社会がどのように障害のある子どもの家庭を支える環境や体制をつくり出すかを考えていく必要があります。

3 子どもの虐待とその影響

(1) 虐待について

2000（平成12）年に制定された「児童虐待の防止等に関する法律（児童虐待防止法）」の第2条において保護者（親権を行う者、未成年後見人その他の者で、児童を現に監護するもの）について行う行為を前提としています。2004（平成16）年の法改正により、保護者以外の同居人による児童虐待と同様の行為が、保護者によるネグレクトとして一類型として児童虐待に含まれること、児童の目の前でドメスティック・バイオレンス（面前DV）が行われることなど、児童への被害が間接的なものについても児童虐待に含まれることになりました。表1には児童虐待防止法による子ども虐待の定義を示しています。子ども虐待に関して、全国の児童相談所の虐待相談対応件数は、年々増え続けています（図1）。2022（令和4）年度（速報値）では、全国232か所の児童相談所において21万9,170件となっています。これは、虐待予防の啓発活動によって、世間から虐待にあたるかもしれないという認識が広まり、件数が増加しているともいえます。

また、子ども虐待の内容別相談件数は、2013（平成25）年より心理的虐待がもっとも多くなっています。2022（令和4）年度には、心理的虐待が12万9,484件（59.1％）、身体的虐待が5万1,679件（23.6％）、ネグレクトが3万5,556件（16.2

---
8) 小野川, 2016.
9) 窪田, 2015.

％）、性的虐待が2,451件（1.1％）となっています（図2）。次の表2では、2022（令和4）年度の子ども虐待相談を経路別にみた割合を示しています。多い順に警察などが11万2,965件（51.5％）、近隣知人が2万4,174件（11.0％）、家族親戚が1万8,436件（8.4％）、学校が1万4,987件（6.8％）となっています。

表1　子ども虐待の定義

身体的虐待	児童の身体に外傷が生じ，または生じるおそれのある暴行を加えること（なぐる，蹴る，タバコの火を押し付けるなど）
性的虐待	児童にわいせつな行為をすること，また児童をしてわいせつな行為をさせること（子どもへの性交や性的行為の強要，性器や性交を見せる等の行為）
ネグレクト	児童の心身の正常な発達を妨げるような著しい減食，または長時間の放置，その他の保護者としての監護を著しく怠ること（病気やけがをしても適切な処置を施さない，乳幼児を家に置いたままたびたび外出する，極端に不潔な環境で生活させる，同居人による虐待を黙認するなど）
心理的虐待	児童に対する著しい暴言または著しく拒絶的な反応，その他児童に著しい心理的外傷を与える言動（子どもの心を傷つけることを繰り返し言う，無視する，きょうだいと著しく差別的な扱いをするなど）

（児童虐待防止法より著者作成）

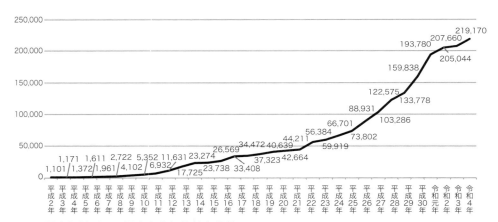

図1　児童相談所での児童虐待相談対応件数
　　（こども家庭庁「令和4年度児童虐待相談対応件数」をもとに著者作成）

表2　子ども虐待相談の経路別件数と割合

	警察等	近隣知人	家族親戚	学校等	児童相談所	保健所医療機関	児童本人	その他
令和4年度	112,965	24,174	18,436	16.035	9,564	4,188	2,822	30,986
％	51.5	11	8.4	7.3	4.4	1.9	1.3	14.2

（こども家庭庁「令和4年度児童虐待相談対応件数」をもとに著者作成）

子ども虐待の要因については、これまでさまざまな実態調査や事例検証を通して、虐待に至るおそれのある要因（リスク要因）が抽出されています（表3）。親

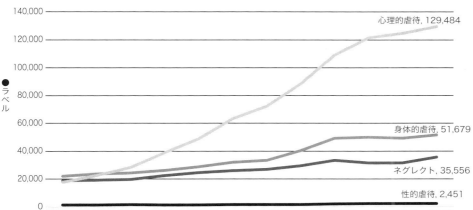

図2　子ども虐待の内容別相談件数
　　（こども家庭庁「令和4年度児童虐待相談対応件数」をもとに著者作成）

や子どもに疾患や障害を抱えていることは必ずしも虐待に直結するわけではありませんが、その子ども虐待が引き起こるリスクを高めている可能性はあります。

表3　虐待に至るリスク要因

保護者側の要因	保護者側のリスク要因には、妊娠、出産、育児を通して発生するものと、保護者自身の性格や精神疾患等の身体的・精神的に不健康な状態から起因するものがある。リスク要因と考えられているものを挙げると、まず望まぬ妊娠や10代の妊娠であり、妊娠そのものを受容することが困難な場合である。また、望んだ妊娠であったとしても妊娠中に早産等何らかの問題が発生したことで胎児の受容に影響が出たり、妊娠中又は出産後に長期入院により子どもへの愛着形成が十分行われない場合がある。保護者が妊娠、出産を通してマタニティブルーズや産後うつ病等精神的に不安定な状況に陥ったり、元来性格が攻撃的・衝動的であったり、医療につながっていない精神障害、知的障害、慢性疾患、アルコール依存、薬物依存等がある場合や保護者自身が虐待を受けたことがある場合もある。特に保護者が未熟である場合、育児に対する不安やストレスが蓄積しやすい要因がある。
子ども側の要因	子ども側のリスク要因としては、乳児期の子ども、未熟児、障害児、何らかの育てにくさを持っている子ども等である。
養育環境の要因	家庭環境として未婚を含む単身家庭、内縁者や同居人がいる家庭、子ども連れの再婚家庭、夫婦を始め人間関係に問題を抱える家庭、転居を繰り返す家庭、親族や地域社会から孤立した家庭、生計者の失業や転職の繰り返し等で経済不安のある家庭、夫婦の不和、配偶者からの暴力等不安定な状況にある家庭にリスク要因がある。また、妊娠中であれば定期的な妊婦健康診査を受診しない等胎児及び自分自身の健康の保持・増進に努力しないこと、出産後の定期的な乳幼児健康診査を受診しない等も含まれる。

（こども家庭庁「子ども虐待対応の手引き」より著者作成）

(2) 社会的養護における子どもと障害

　社会的養護とは、保護者のない児童や保護者に監護させることが適当でない児童を、公的責任で社会的に養育し、保護するとともに養育に大きな困難を抱える家庭への支援を行うことです。何らかの事情により家庭での生活が難しい子どもたちを社会が責任をもって育てるとともに、子育てに困難を抱える家庭への支援を社会全体で行うことを指しています。2022（令和４）年のこども家庭庁の調査によると、約42,000人の子どもたちが家庭に代わり里親や児童養護施設等の児童福祉施設で生活を送っています。

　里親および児童福祉施設に入所している子どものなかで障害などのある児童数（表４）は、児童養護施設で42.8％、里親家庭で29.6％となっており、年々増えている状況にあります。さらに入所している子どもの被虐待経験の有無（表５）については、児童養護施設で71.7％、里親家庭で46.0％の子どもたちが虐待経験をしています。

表４　障害等（心身の状況）のある児童数（令和４年度）

	総数	該当あり	該当しない
里親	6,057	1,793	4,258
	100.0%	29.6%	70.3%
児童養護施設	23,043	9,853	13,043
	100.0%	42.8%	56.6%
児童心理治療施設	1,334	1,168	161
	100.0%	87.6%	12.1%
児童自立支援施設	1,135	825	303.00%
	100.0%	72.7%	26.7%
乳児院	2,404	649	1,750
	100.0%	27.0%	72.8%
母子生活支援施設	4,538	1,409	3,095
	100.0%	31.0%	68.2%
ファミリーホーム	1,713	877	821
	100.0%	51.2%	47.9%
自立援助ホーム	958	487	463
	100.0%	50.8%	48.3%

（こども家庭庁『児童養護施設入所児童等調査の概要』をもとに著者作成）

表5 被虐待経験の有無について（令和4年度）

	総数	該当あり	該当しない
里親	6,057	2,789	2,996
	100.0%	46.0%	49.5%
児童養護施設	23,043	16,519	5,766
	100.0%	71.7%	25.0%
児童心理治療施設	1,334	1,114	194
	100.0%	83.5%	14.5%
児童自立支援施設	1,135	828	262
	100.0%	73.0%	23.1%
乳児院	2,404	1,213	1,152
	100.0%	50.5%	47.9%
母子生活支援施設	4,538	2,961	1,334
	100.0%	65.2%	29.4%
ファミリーホーム	1,713	973	606
	100.0%	56.8%	47.9%
自立援助ホーム	958	744	141
	100.0%	77.7%	14.7%

（こども家庭庁『児童養護施設入所児童等調査の概要』をもとに著者作成）

（3）虐待による子どもへの影響

　乳幼児は、泣くことを中心に親が欲求に合わせて世話をします。このような経験を通じて、子どもは自他の区別を理解し、安心・安全を抱き、信頼を得ています。安全基地を形成した後に探索行動が生まれて外の世界に触れていくことになります。また、不安なときには親などの特定の人のもとに戻り安心・安全を再獲得しています。これはアタッチメントと呼ばれており、対人関係を築く際に重要な力となるもので、親（特定の養育者）との間に結ぶ情緒的な絆です。イギリスの精神科医ボウルビィー（J. Bowlby）がその概念を提唱したものです。

　このアタッチメントの形成は、親の働きかけによって、個人差があることも明らかにされています。親との安定したアタッチメント関係が形成されないことで安全基地が育たず、心理、行動上の困難を示しやすくなると愛着障害となります。子どもの頃から虐待を受けている子どもは、つらいときや不安なときに親を求めても無視されたり、怒られる経験をすることがあります。そのような経験によって、アタッチメント形成がされず、他者に対する不安や信頼ができなくなること、逆に相手と適切な距離を保つことが難しくなってしまいます。このような無秩序・無方向型のアタッチメント行動は、虐待や養育不全によるものと考えられており、愛着障害の一つの形です。虐待とも関係しますが、親の精神疾患や過剰な

育児不安・ストレスなどが長期に続くことによってアタッチメント形成を阻害するともいわれています。

影響を受けた子どもの支援では、親を支援することも重要ですが、アタッチメント対象となるのは親に限るものではないため、その相手を基盤に他者やほかの子どもとの関係性を広げるような関わりが重要です。

【事例1】 ネグレクトが疑われる障害のあるAくんとその家族

（3歳児）

3歳のAくんは、父親と母親の3人暮らしである。父親も母親も精神疾患を患っており、Aくんも自閉スペクトラム症と診断され、療育手帳も取得しています。Aくんは、Z児童発達支援センター（以下、Z園）に通っており、Z園の保育者は送迎時のAくんの母親の表情に元気がないことが気になっていました。

ある日、Aくんの衣服が汚れたままであること、異臭がありお風呂に入っていないなどの様子がうかがえました。保育者は、Aくんの身のまわりのことを父親や母親ができていないのではと考えるようになりました。また、Aくんは、Z園では担当の先生や実習生など、誰にでもベタベタと甘える様子があります。友達関係では、うまく友人関係をつくることができず、ケンカしてしまうことも多々あり、トラブルが絶えませんでした。保育者は、Aくんの母親と面談し、家での生活を聞き取ると、家庭でAくんが甘えてくることに対応するのがしんどく、キツく当たったり、無視してしまうと話していました。父親も仕事を休みがちで生活はギリギリの状態とのことでした。

障害のある親と子どもの事例です。親も障害があるため、支援機関や医療機関が関わっています。Aくんは児童発達支援センターで療育を受けている状況です。そのような家庭生活を通して、徐々に経済的に困窮や親の心身の状態が悪化すること、子ども自身の成長とともに変化が見られてきたことで、家族が行き詰まりつつあります。

父親と母親には、それぞれかかりつけの病院があり、就労も安定しなくなり経済的困窮に陥りそうです。病院の地域連携室や自治体の窓口への相談も今後必要になってきます。Aくんについては、児童相談所が児童発達支援センター利用時に関わっており、心配な家庭であることは理解しています。親子分離は最終手段として、基本的に家庭での養育を継続させることを第一とします。そのためにも親族からの支援の有無、地域資源の活用を再検討しながら継続的に見守ることが必要です。また、Aくんの障害特性と今の状態を踏まえて、母親の状態の安定後に子どもへの関わり方などのレクチャーや注意点などを学ぶ機会をつくります。

Aくんの家庭生活を続けていくために、要保護児童地域対策協議会（以下、要対協）を開催し、家族に関わる機関で情報共有を図っていくことが重要です。要対協には、父母のかかりつけ病院、居住地の自治体職員、児童発達支援センター、児童相談所、児童委員、民生委員などがメンバーとなり家庭生活を継続するため

の手立てを検討します。ただ、今後父母の養育が困難になった際には、障害児入所施設の活用も視野に入れておくこととなります。

4 外国につながる子どもの保育

(1) 保育園等就学前施設の多文化化

　日本の国際化は急激に進み、在留外国人数は1990（平成２）年には107万5,317人でしたが、2023（令和５）年６月末にはその３倍の322万3,858人（前年末比14万8,645人、4.8％増加）となり、過去最高を更新しました（図３）。労働力不足解消のために、1990年に出入国管理及び難民認定法を改正し、多くの日系外国人を招き入れて以降、外国人の労働者への規制は緩和され続け、家族とともに渡日した外国人労働者の定住化が進んでいます。

　例えば、ブラジル人の集住地域として知られる群馬県大泉町に住む外国人の割合は約20.5％（大泉町2024年５月）、出身国は50か国近くにわたり、ブラジルと日本だけではない多様な文化が入り混じった地域へと変貌しています。同様の状況は日本各地でも増えつつあり、保育所等の就学前施設でも、外国につながりがあり日本の文化とは異なる家庭環境にある子どもたちが急増しています。

　ここでは、外国につながる子どもと保育の課題について、「文化や生育背景の違い」と「言語獲得」の２点を中心に述べます。

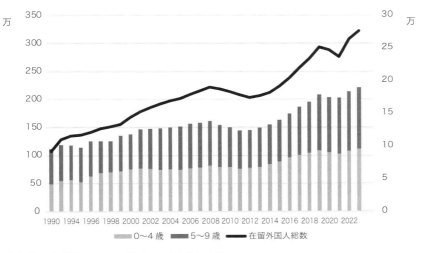

図３　在留外国人総数と０〜９歳までの子どもの数

（2）文化や生育背景の違い

> **【事例2】 外国からきた子ども ―多文化化する保育園―**
>
> 　ユイ先生が就職した保育所の園児は半分が外国からきた子どもです。出身国もブラジル、ペルー、中国、ベトナム……何か国にもおよびます。
> 　入園したばかりの中国人のハオレンは、4月なのに長袖のフリースの下にウールの下着を着ています。これでは暑すぎると思い、お迎えにきたお母さんに身振り手振りを加えて、薄着で過ごしても大丈夫だと伝えました。しかし、次の日も厚着をしています。ベテランのサチコ先生がお母さんに、園ではたくさん体を動かして遊ぶこと、気温に応じて服装を調整することで体調も整うことをていねいに説明し、お母さんも納得しました。
> 　来月入園するインドネシア人のサリのご両親が園生活について相談にきました。スマートフォンで翻訳しながら話をすると、食べ物に制限があることがわかり、サチコ先生は給食の調理師さんと相談して、お弁当と給食を組み合わせる方法を提案していました。

　それぞれの国によって慣習や宗教は異なり、考え方や行動も違います。ハオレンが厚着をしていたのは、中国では「体を冷やしてはいけない」という伝統的な考えがあるからです。また、インドネシアではイスラム教徒が多く、豚肉を食べることが禁止されています。文化だけではなく、その家庭と子どもが経験してきた背景を知ることも重要です。戦争などの生命の危機を経験した避難民の子どもは精神的な苦しみを抱えている可能性が高く、より専門的な支援が必要なこともあります。

　そういったそれぞれの文化や背景を知り、こまやかな対話を心がけ、お互いが納得できる地点を探していくことが必要です。

> **【事例3】 日本人化の保育から違いを認め尊重する保育へ**
>
> 　ハオレンは徐々に周囲になじみ、日本語がわからないながらも、日本人の友達と楽しそうに遊ぶ姿が見られるようになりました。しかしある日、帰宅したハオレンがお母さんに「誰も僕のことをわかってくれない」と泣きながら訴えたと聞き、ユイ先生はショックを受けました。

ユイ先生は「園の生活に慣れて日本人になじんできてよかった。いずれ日本語も日本人と同じように話せるようになるだろう」と楽観的に考えていたことに気づき、もっとハオレンの気持ちを知ろうとして寄り添うべきだったと振り返りました。

　外国から来た子どもの多くは、日本語がわからなくても皆と一緒に遊び、日本語を獲得していきます。そのため、それまでの生活や家庭の生活と異なる環境下で孤独や不安を感じていることに、保育者が気づかなかったり、日本になじんでほしいあまり、日本人のようになることをよいと感じ、それを求める「日本人化の保育」を目指してしまうことがあります。それぞれの文化を尊重し、ことばの通じない孤独や不安、不満を理解し、解消していかなければ、子どもがもつ本当の力を発揮することは難しいといえます。

　保育所保育指針第2章4保育の実施に関して留意すべき事項（1）保育の全体に関わる事項オでは「子どもの国籍や文化の違いを認め、互いに尊重する心を育てるようにすること」[10]とあります。互いの違いを違いとして認めながら、それを特別のことではなく「いろいろな子どもがいるのが普通」「お互いの違いをよく知ろう」とする園全体の雰囲気づくりが重要です。

（3）言語獲得の問題　—ダブルリミテッド・バイリンガルを防ぐために—

【事例4】　言葉の獲得　—ミゲルとマリアの場合—

　ミゲルは4歳のときにブラジルから渡日しました。担任の先生は、ミゲルも両親も日本語ができないことを気にして、家庭でも日本語を使うように勧めました。両親はつたない日本語でミゲルに話しかけましたが、単調な会話になりがちです。ミゲルの日本語は上達していきましたが、ポルトガル語は話せなくなりました。小学校にあがったミゲルは3、4年生くらいから勉強についていけなくなりました。日常会話程度の日本語は使えますが、物事を深く考えたり、文章を書いたりすることはできません。成績不振のまま中学生になり、家族に進路の相談をしたくても、両親は日本語がわからないし、ミゲルは簡単なポルトガル語しか話すことができません。

　同じようにブラジルからきたマリアも、入園当初はことばがわからず、とてもさびしい気持ちでした。先生がたくさんの日本語で話しかけてくれ、徐々に日本語もわかるようになってきました。家庭ではポルトガル語を使っています。両親は家族の会話を大事にし、マリアにはブラジルの絵本をできるだけ与えました。高校生になったマリアは、日本語、ポルトガル語の両方を使うことができ、ポルトガル語と似たスペイン語も勉強中です。学校の英語は得意科目です。大学進学を目指し、将来は多言語を使って国際的な通訳になることが夢です。

10）厚生労働省, 2017.

日本語を早く覚えるには、家庭でも日本語を使用するほうがよいと思う人がいるかもしれませんが、日本語が不得意な親が日本語を使うことは、子どもが誤った日本語を覚えたり、家庭でお互いの意思疎通ができる共通言語を失い、家庭が分断される可能性があります。子どもが一番はじめに覚え、もっとも理解できる言語を母語といい、頭の中で考えることばを内言語といいます。母語を育て、内言語を豊かにすることで抽象的な概念を理解することが可能になります。多言語環境下で育つ場合、日常会話はできても抽象的言語の理解ができない「ダブルリミテッド・バイリンガル」といわれる状況に陥ることがあり、その子どもの将来に多大な影響をおよぼします。さらに言語の獲得は「自分が何者なのか」というアイデンティティの確立にも深くかかわっています。

　母語が充実していれば次の言語として日本語を獲得しやすくなり、両言語とも年齢相応に使える「バランス・バイリンガル」になることでもできます。母語と社会との言語が異なる場合、保育者は「家庭での母語の保持と充実」「園での日本語の充実」を図る必要があります（図4）。

　外国人は永住者や定住者であっても貧困リスクが高く、読み書きを含めた言語コミュニケーションの可否は就労に大きく関係します。保育者は幼児期が言語獲得において非常に大事な時期であることを十分に知っておく必要があります。また、言語の獲得は感情と密接にかかわっており、話しかけさえすればよいものではありません。日本語で話しかけるだけではなく、安心できる環境のもとでの、豊かな感情の共有が必要です。

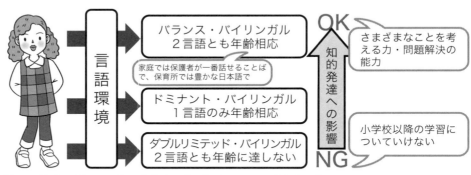

図4　ダブルリミテッド・バイリンガルとバランス・バイリンガル

5 ジェンダーバイアスと性別違和のある子ども

(1) 自分のもつジェンダーバイアスに気づく

【事例5】 自分らしさを仕事につなげたハルキの話

　僕は小さい頃からかわいいものが大好きでした。母はあまり性別にこだわらずに、希望すれば女の子向けのリボンを付けたウサギのキャラクターグッズも買ってくれました。父はもっと男らしく育ってほしいと思っていたようですが、無理強いはしませんでした。通っていた幼稚園では、女の子と一緒にお姫様の絵を描いたり、おままごとで遊んだりしました。先生方は男女分けるようなこともなく、一人ひとりの個性としてみてくれていたように思います。

　僕は今、自分が好きだったキャラクターデザインの仕事に就いています。子どもの頃、周囲の大人が僕の好きなものを否定せずにいてくれたことで、今の自分があると思っています。

　ジェンダーとは、社会や文化のなかでつくられた「男らしさ」「女らしさ」などの性別に基づく考え方や価値観のことをいいます。近年、保育所や幼稚園などでも男女による差別や決めつけをしないジェンダー平等への意識が高まってきています。しかし、自分自身では気づかない性別に関する偏見（ジェンダー・バイアス）をもっていることもあります。

　例えば、「男の子から先に行くよ」「女の子同士で遊ぼうね」などのことばかけや「折り紙がきれいに折れたね、さすが女の子」「男の子だからボールが強く蹴れたね」などの行動をほめることばも、「性別に見合う行動」を求める指示として伝わる可能性があり、子どもへの刷り込みにつながります。

　子どもが男女の性別について認識することは重要ですが、性差に基づく大人の決めつけが子どもの選択の範囲を狭めてしまう可能性があることを十分に理解す

る必要があります。

保育所等におけるジェンダーバイアスに気づこう

園の環境や慣例
配布物の色が男女で違う
発表会の役割を性別で指定する
名簿が男女別

保育者の子どもへの関わり
くん・ちゃんなど呼称を性別に基づいた呼び方をする
同性同士で遊びように勧める
「女の子だから」などど性別を理由にした説明を行う

本人がどのように呼ばれたいかを第一に考えよう

子どもは大人の態度を取り込んでいくことを意識しましょう

「ひなまつり」
ひな祭りの折り紙人形にお内裏様に女の子が写真を貼りたいと希望したらどのように対応しますか？
「先生、ボクおひな様のほうに写真貼りたいな！」
「私おだいり様がいい！」

子ども同士
「女は〜、男は〜」の発言や「女みたい」「男のくせに」など性別に関するからかいや悪口がある。遊びのときに男女で分かれる。遊びの種類を男女別に認識している。

（2）性別違和のある子ども

【事例6】 性別に違和のあるワタル

ワタルは小学校入学を控えています。年少の頃には「本当は女の子なのだけど、間違って男に生まれてきた」といい、女の子の服装を好む、おっとりとした性格でした。お父さんはその様子を男らしくないと思い、短髪を強制し、空手教室に通わせました。しかし、夜に怖い夢を見て泣くなど精神的に不安定になったワタルを見た両親は、男の子らしく育てることをあきらめ、ワタルの思うように育てようと方針を変えました。
現在は、保護者・幼稚園・小学校で話し合い、本人の意向を聞きながら、女の子の服装で小学校に通えるように調整しています。

幼少期から自分の性別に違和感をもったり、同性を恋愛対象とする人たちがいます。これらは一般的に「性的マイノリティ（LGBTQ）」といい、恋愛の対象が同性のレズビアン（L）、ゲイ（G）、両性が対象となるバイセクシュアル（B）、生物学的な性別と自己認識する性別とが一致しないトランスジェンダー（T）などがあります。また、性的マジョリティの人を含めたすべての人それぞれの性的指向と性自認のことをSOGI（ソジ）といいます（図5）。

トランスジェンダーの人は性別違和を幼少期から感じる場合もあります。幼児期には性自認の揺らぎもありますが、違和感がある性を押しつけることは、その子どものありのままを否定し、主体性を奪うことにつながります。子どもの権利条約やこども基本法でも、自己に直接関係することについて子どもは自由に意見をいうことができるとされています。また、保育所保育指針でも子ども自身の主体性を尊重し、自己肯定感が育まれるように対応することが重要だとされていま

す。どのような性自認であっても、自らの意向や意見を発言し、それが認められることにより、「自分らしく生きてよい」という自己肯定感を持つことが必要です。

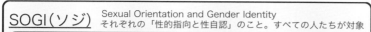

図5　SOGI（ソジ）とは

引用文献

- 春木裕美（2019）「学齢期の障害児を育てる母親の就業についての実態調査―就業形態別の比較に焦点を当てて」『厚生の指標』，66(7)，pp.26-35.
- 厚生労働省（2017）『保育所保育指針』，フレーベル館．
- こども家庭庁（2024）『児童養護施設入所児童等調査の概要』，令和6年2月．
- こども家庭庁（2024）『子ども虐待対応の手引き』，令和6年4月，改訂版．
- 窪田智子（2015）「学校における障害児家族の生活と養育困難とその対応」『障害者問題研究』，42(4)，pp.18-25.
- 久野典子・山口桂子・森田チエ子（2006）「在宅で重症心身障害児を養育する母親の養育負担感とそれに影響を与える要因」『日本看護研究学会雑誌』，29，pp.59-69.
- 麦倉泰子（2004）「知的障害者家族のアイデンティティ形成についての考察：子どもの入所施設にいたるプロセスを中心に」『社会福祉学』，45(1)，pp.77-87.
- 中川薫（2003）「重症心身障害児の母親の「母親意識」の形成と変容のプロセスに関する研究―社会的相互作用がもたらす影響に着目して」『保健医療社会学論集』，14(1)，pp.1-12.
- 土屋葉（2002）『障害者家族を生きる』，勁草書房．
- 小野川文子・田部絢子・内藤千尋・髙橋智（2016）「子どもの「貧困」における多様な心身の発達困難と支援の課題」『公衆衛生』，80(7)，pp.475-479.
- 大日向雅美（1988）『母性の研究―その形成と変容の過程：伝統的母性観への反証』，川島書店．

第3部

保育における障害のある子どもへの支援を理解しよう

第12章◎個々の発達を促す幼児期の教育・保育
　　　　―保育場面のなかで個々の発達に応じる―

第13章◎集団の力の関わりと育ちあい　―保育場面の
　　　　なかでの集団の力の関わりと育ちあい―

第14章◎基本的生活習慣や社会性を育てる

第15章◎保育者の保育力を高めること

第12章

個々の発達を促す幼児期の教育・保育
―保育場面のなかで個々の発達に応じる―

1 幼児期の教育の基本

　まず、幼児期の教育・保育についての考え方を確認してみましょう。幼稚園教育要領では、幼児の教育について「幼児期の特性を踏まえ、環境を通して行うものであることを基本とする」とし、「幼児期の教育における見方・考え方を生か」し、「主体的な活動を促し、幼児期にふさわしい生活が展開される」なかで、「遊びを通しての指導を中心としてねらいが総合的に達成されるようにすること」「幼児一人一人の特性に応じ、発達課題に即した指導を行うようにすること」[1]が示されています。

　これについて幼稚園教育要領解説では、「幼稚園教育が目指しているものは、幼児が一つ一つの活動を効率よく進めるようになることではなく、幼児が自ら周囲に働き掛けてその幼児なりに試行錯誤を繰り返し、自ら発達に必要なものを獲得しようとするようになることである。このような幼児の姿は、いろいろな活動を教師が計画したとおりに、全てを行わせることにより育てられるものではない」「教師主導の一方的な保育の展開ではなく、一人一人の幼児が教師の援助の下で主体性を発揮して活動を展開していくことができるような幼児の立場に立った保育の展開である」[2]とされています。

（1）環境を通して行う教育

　環境を通して行う教育は、幼稚園教育要領解説で「遊具や用具、素材だけを配置して、後は幼児の動くままに任せるといったものとは本質的に異なるものである。もとより、環境に含まれている教育的価値を教師が取り出して直接幼児に押し付けたり、詰め込んだりするものでもない。環境の中に教育的価値を含ませな

---
1) 文部科学省, 2017, p.5.
2) 文部科学省, 2018, p.29.

がら、幼児が自ら興味や関心をもって環境に取り組み、試行錯誤を経て、環境へのふさわしい関わり方を身に付けていくことを意図した教育である。それは同時に、幼児の環境との主体的な関わりを大切にした教育であるから、幼児の視点から見ると、自由感あふれる教育であると言える」[3]と説明されています。

つまり、「幼児期は自分の生活を離れて知識や技能を一方向的に教えられて身に付けていく時期ではなく、生活の中で自分の興味や欲求に基づいた直接的・具体的な体験を通して、この時期にふさわしい生活を営むために必要なことが培われる時期である」ことを前提として、「目的や目標が達成されるよう、幼児期の発達の特性を踏まえ、幼児の生活の実情に即した教育内容を明らかにして、それらが生活を通して幼児の中に育てられるように計画性をもった適切な教育が行われなければならない」[3]と考えられているのです。

（2）遊びを通しての総合的な指導

遊びを通しての総合的な指導について、幼稚園教育要領解説では「（自発的な活動としての）遊びは、幼児期特有の学習なのである。したがって、幼稚園における教育は、遊びを通しての指導を中心に行うことが重要である」[4]と解説されています。つまり、幼児教育・保育における遊びは「余暇活動」ではなく「重要な学習」であり、遊びこそが幼児教育・保育の本質であると考えられます。

（3）発達の課題

発達の課題については、幼稚園教育要領解説で「その時期の多くの幼児が示す発達の姿に合わせて設定されている課題のことではない。発達の課題は幼児一人一人の発達の姿を見つめることにより見いだされるそれぞれの課題である。その幼児が今、興味や関心をもち、行おうとしている活動の中で実現しようとしていることが、その幼児の発達にとっては意味がある」と解説されており、「一人一人の環境の受け止め方や見方、環境への関わり方が異なっている」ことを前提として、「幼児はその幼児らしい仕方で環境に興味や関心をもち、環境に関わり、何らかの思いを実現」しようとしている行動が、多くの幼児が示す発達の姿から見ると好ましくないと思えることがあっても、「その行動をし、その行動を通して実現しようとしていることがその幼児の発達にとって大事である場合がしばしばある」ため、保育者は、「幼児が自ら主体的に環境と関わり、自分の世界を広げていく過程そのものを発達と捉え、幼児一人一人の発達の特性（その幼児らしい見方、考え方、感じ方、関わり方など）を理解し、その特性やその幼児が抱えている発達の課題に応じた指導をすることが大切である」[5]と記されています。また、「幼児期の教育は、次の段階の教育に直結することを主たる目標とするもの

3）文部科学省, 2018, p.30.
4）文部科学省, 2018, p.35.
5）文部科学省, 2018, p.37.

ではなく、後伸びする力を養うことを念頭に置いて、将来への見通しをもって、生涯にわたる人格形成の基礎を培う重要なものである」とされ、そのため保育者は、「幼児一人一人の行動の理解と予想に基づき、計画的に環境を構成すべき」であり、「幼児の活動の場面に応じて様々な役割を果たし、幼児の活動を豊かにすべき」[6]であるという考え方が示されています。

2 障害のある子どもの指導

障害のある子どもの幼児期の教育・保育については、どのように考えられているのでしょうか。幼稚園教育要領では、「障害のある幼児などの指導に当たっては、集団の中で生活することを通して全体的な発達を促していくことに配慮し、特別支援学校などの助言又は援助を活用しつつ、個々の幼児の障害の状態などに応じた指導内容や指導方法の工夫を組織的かつ計画的に行うものとする」[7]とされています。つまり、幼児期の教育の基本を押さえた保育環境・集団のなかで遊んだり、生活したりすることを通して、個々の発達が促されるように、保育者が子どもそれぞれの障害の状態などに応じた内容や方法の工夫をし、計画‐実践・記録‐振り返り・評価‐改善・計画の4ステップを繰り返していくこと（サイクル）が求められているといえます。

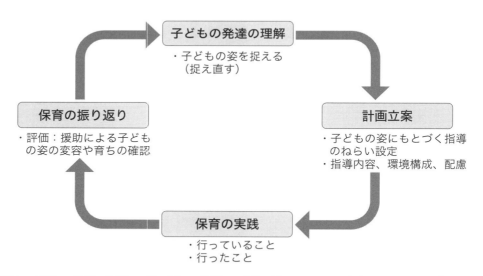

図1　計画‐実践・記録‐振り返り・評価‐改善・計画のステップ（PDCAサイクル）

それでは、障害のある子どもの個々の発達を促す教育・保育の展開について、具体的にみていきましょう。

---
6) 文部科学省, 2017, p.5.
7) 文部科学省, 2017, p.12.

（１）子どもの姿を捉えて目標・ねらいを設定する（計画）

　障害のある子どもの幼児期の教育・保育においても、一般的な幼児期の教育・保育と同様に、子どもの姿を的確に捉える「幼児理解」が重要です。特別支援教育においては、「実態把握」という言葉で表現されることもありますが、つまりは子どもの姿をていねいにみて読み取ることです。強いて違いをいえば、障害のある子どもの場合には、各年齢で予想される幼児の姿とは違う姿が見られたり、多くの子どもとは異なるの認知や感覚の特性から、外界の捉え方や理解の仕方が保育者の予想する子どもの姿の範囲を超えていくことがあるため、日頃からよりていねいに見て、その子どもの見方・感じ方に想像をめぐらし、理解に基づく予想をすることが必要になるといえるでしょう。また、子どもの姿を捉える際、見る側がどのような教育観・子ども観をもっているかが影響することが指摘されています。障害のある子どもの姿を捉える際、定型発達の子どもと比較して、子どもの「ここが育っていない」「ここができていない」という点に注目してしまうということが多くあります。マーガレット・カーは、子どもの姿を見るときの焦点の当て方について、自身の経験から「旧来のモデル：deficit model（問題モデル）」と「新たなアプローチ：credit model（信頼モデル）」[*1, 8]と名づけて説明しています。

　松井は、カーのいう「旧来のモデル」を「伝達論的教授観」[*2]と表現して、「保育者がきちんと教えなければ、子どもに力がつかないという捉え方は、子どもが生活の環境の中で自然に学ぶ状況を想定しておらず、「保育者が何をどのように教えたらよいか」にばかり考えが及び、「子どもが何をどのように学んでいるか」への意識が弱くなる点に問題がある」[9]と述べています。そして、「個体能力的発達観」[*2]で子どもの姿を捉える見方をすると、「能力を伸ばして問題を改善することばかりに目が向き、周囲の子どもたちや保育者との関係、物理的な環境の課題など、保育上の課題を考える意識をもちにくくなり、その子どもに対して有効な方法を見つけることに注力することになる」「保育者を「どうやって頑張らせたらよいのか」という思考に誘ってしまう」[9]と警鐘を鳴らしています。

　実際に保育をしていると、「結果だけみるとできていない」ことであっても、「ちょっと難しいことに取り組んでみたい・新しい活動に参加してみたい・関わってみたい」という挑戦する意欲を見取れる子どもの姿によく出会います。保育において子どもの姿を読み取る際には、さまざまな育ちの状態（活動の結果）

---

*1　問題モデルは、子どもが示す問題点、すなわち子どものできない、身についていない部分に焦点をあてます。信頼モデルは、子供を能動的な学び手であると捉え、子どもの保育への意欲的な参加の姿に焦点をあてます。
*2　伝達論的教授観は、子どもにより多くの知識や技能を詰めこむことで子どもはより大きく発達するとしている考え方になります。個体能力的発達観は、個人の能力を他者や場などの文脈のなかで全体的に捉えるのではなく、そこから切り離して１つの個体のなかに能力が存在すると捉える考え方です。これによれば、能力はよくも悪くも、その子どもの問題として考えられるようになります。
8）カー, 2013, p.18, 33-35.
9）松井, 2018, p.21.

を捉えつつも、それ以上にそこに向かっていく子どもの思いや姿勢を肯定的に捉えることが重要となります。そして子どもの姿を捉えたら、次に、日々の生活や遊びを通して育ちそうな芽やねらいを設定します。その際、できないことをできるようにすることだけにとらわれずに、子どもにとって生活が充実するために必要なことを考えて設定することが重要です。

（2）内容・方法の工夫（実践）

幼児期には、遊びや生活のなかで、生きる力や社会性を培っていきます。ヴィゴツキーは、「子どもは、遊びのなかではいつも、自分の年齢よりも上になり、自分の日常のふるまいよりも高いところにいる。つまり遊びでは、子どもは自分より頭ひとつ背のびをする」[10]と述べています。皆さんも、ごっこ遊びのなかでは学校に通うお兄さんやお姉さん、大人の役割になりきって日常生活を模倣することが楽しくて仕方がなかった記憶があるのではないでしょうか。そのなかで、ことばや身近なお仕事、社会のメカニズムを体得するなどの認知能力が育ってきたかもしれません。また、おもちゃを媒介として友達と関わるなかで社会性などの非認知能力も育ちます。遊びに熱中して思い切り体を使うなかでは、運動機能や身のこなし、危険回避能力の獲得や生理的機能が育ってきたことでしょう。

幼稚園教育要領解説では、「幼稚園教育のねらいを達成していくためには、幼児が活動に没頭し、遊び、充実感や満足感を味わっていくことが重視されなければならない。活動を豊かにすることは、いろいろなことをできるようにすることと同じではない。重要なのは、活動の過程で幼児自身がどれだけ遊び、充実感や満足感を得ているかであり、活動の結果どれだけのことができるようになったか、何ができたかだけを捉えてはならない。なぜなら、活動の過程が意欲や態度を育み、生きる力の基礎を培っていくからである」[11]と説明されています。

例えば、投げゴマが回せる小学生に憧れて、自ら毎日何度も挑戦している5歳児は、できずに終わった1日であっても、充実した表情で帰り、また翌日にはキラキラした目で挑戦します。そんなとき、「遊びは発達のエネルギー」ということばを思い出します。幼稚園教育要領解説には、没頭できる遊びや活動を見つけたり、生み出したりすることが重要であることを踏まえ、「いろいろあり得る活動の中から興味や関心のある活動を選び取っていくことができるように、しかも、その活動の中で発達にとって大切な体験が豊かに得られるように」保育者は、環境を構成することが必要であると明示されています[11]。そしてその環境の構成における保育者の役割について「新しい事物を出したり、関わりを増やしたりしていくことだけではない。反対に、その活動にとって不要なものや関わりを整理し、取り去ったり、しばらくはそのままにして見守ったりしていくことも必要」[12]と

9）ヴィゴツキー, 1976, p.45.
10）文部科学省, 2018, p.43.
11）文部科学省, 2018, p.44.

しています。つまり、保育者には一人ひとりへの的確な幼児理解に基づき、「幼児の興味や関心がどこにあるのか、幼児同士の関わり合いの状況はどうなのか、教師の願いや指導のねらいは何かなどを考慮」しながら「教材を精選していく」ことや「幼児を理解する者としての役割、共同作業を行う者としての役割」など、さまざまな役割を果たすことが求められると解釈することができます。

　この考え方は、障害のある子どもの個々の発達を促す教育・保育においても同様です。障害のある子どもの実際の保育内容・方法の工夫を考える際には、ともすると「皆と同じようにできるようになるための工夫」「活動に参加できるようになるための工夫・保育技術」に傾倒していってしまうことが多々あります。しかし、保育の本質である、遊びを中心とした生活を通して「楽しい」という快の感情に支えられながら、一人ひとりの子どもがかけがえのない存在として尊重され、子どもや保育者とつながり築かれる営みを重要視することを忘れてはなりません。「子どもを直す」「子どもを変える」という発想ではなく、育てるという感覚を意識することが重要となります。

　では、事例を読んで考えてみましょう。

【事例1】 子どもの「楽しい」を捉えて遊びの世界を広げる

（3歳児）

　Aちゃんは、年少クラスに通う3歳児です。発語はなく、指さしやうなずきなどでのコミュニケーションも少なく、ヒトに何かを「伝えよう」という意識自体が、まだ乏しいようです。不快については大きな声を出したり、泣いたりして、その場から離れることで表現します。大人への関わりは要求があるときのみ、大人の手を引いたりして伝えますが、要求を伝えるよりも（例えば、手が届かないところに置いてあるものがほしければ椅子や棚に登って取ろうしたり、着たい服をいろいろな引き出しや洗濯機から探し出して着たりするなど）、自分で何とかして思いを成し遂げようとすることのほうが多いです。

　集団で絵本を見たり、歌ったりする活動には興味を示さず、興味のあるところに一人で自由に動きまわって過ごします。園では、鏡にうつる自分をみて過ごす時間が多く、そんなときには機嫌よく声を発したり、歌の一部分のような鼻歌のような音を発したりしています。鏡の前に人がきたり、保育者が言葉をかけると、パーっと走って離れていってしまいます。自分が発見したことや楽しい気持ちを、視線や表情（振り返って大人の顔を見るなど）で、まわりの大人に伝える姿もまだありません。

　保育者に誘われると、表情を変えたり視線を合わせたりすることなく着席していることもありますが、しばらくするとその場から離れていきます。繰り返し誘われたり着席を促されると、体をよじるようにして手を払いのけたり、大きな声を出して離れていくこともあります。保育者の手にもっているものを見ることはあっても、顔を見たり、視線を交わしたりすることはなく、存在に気づいていないのではないかという印象です。

　保育者はAちゃんに、自分の気持ちに人が共感したり、人と過ごしたりする心

地よさを知ってほしいと思っていました。そして、ヒトに自分の要求や発見を知らせたいと思う気持ちや、楽しめることや興味・関心を持てることを増やしてほしいと考えていました。

　そんなある日、Aちゃんはホワイトボードのペンを見つけると、それをもって走って鏡の前に行きました。どこかに絵を描きたいのかなと思ってそっとついて行って見守っていると、機嫌のよい高い声を発しながら、ペンを握って持ち、蓋をあけて顔の目の前あたりで上下に動かして蓋をし、また蓋をあけて顔の前で動かして蓋をするという動きを繰り返していました。保育者は以前、絵具遊びのときに、口に絵具を塗って鏡を見に行っていたAちゃんを見て、口紅のまねかなと読み取ったことを思い出し、もしかして今日はマスカラをする模倣遊びをしているのかもしれないと捉えました。そこで、同じホワイトボードのペンを持ち、水道一つ分あけた鏡の前に行き、Aちゃんには直接声はかけずに「お出かけだからきれいにしなくちゃ」とつぶやきながら、よりそれらしくマスカラを塗る動きの再現をしてみました。すると、Aちゃんは、すぐにはその場から離れていってしまわずに保育者に視線を向けてしばらく見てから再び自分も動作を繰り返しました。

　保育者は、保育終了後に出来事を記録するとともに、以前、絵具遊びをしたときの記録を見返して振り返りました。そして、翌日の準備として、おままごとコーナーに乳酸菌飲料やスティックのり、クリームの容器などの化粧品に見立てられそうな廃材を集めて、装飾をして並べ、鏡も置いて、見立て遊びを誘発するような化粧台コーナーを増設してみました。

　子どもの姿から、子どもの今の興味・関心を探り、一緒に好きを見つけたり、遊びをつくったりしていくことが個々の発達を促す教育・保育の基本です。生活のなかでさまざまな育ちの課題をもつからこそ、その子どもが心から楽しいと思える時間、空間、そして仲間を保障するために、日頃からよりていねいに子どもの姿を捉えること、つまり子ども（当事者）の声を聴くことが大切なのです。

（3）再び子どもの姿を捉えて目標・ねらいを設定する
（振り返り・評価 ・ 改善・計画）

「指導計画に基づく実践後に改めて子どもの姿を捉え直すこと」が振り返り・評価の基本となります。「特別な配慮を必要とする幼児への指導の充実」には、「あくまでも子供の発達への評価ではなく、教職員が実践した指導への評価」であり、「子供の発達する姿を捉えることと、それに照らして教職員の指導が適切であったかどうかを振り返り評価すること、の両面について行う必要がある」と述べられています。「「今日はこうだった」「この活動をした」「全員が出来上がった」という記録や振り返りから一歩踏み込んで、「どうしてこうなったのだろう」「もしかして、こうだったのかな」という仮説や、「もし、こうしたら、どうだろう」と予想しながら多様な考えを書き出してみる」ことを通して、「子どもの姿の見立て・捉え方」や「環境に関わる子どもの姿の予想」があっていたか、「楽しい中での充実や満足感を実感できる経験となるような」環境や保育者の働きかけが適切であったかなどを振り返るのです[13]。

そして予想していた子どもの姿やねらいに直接関連しなくても、印象に残った子どもの姿は併せて記録して再び捉えることで、生活全体における子どもの豊かな育ちにつなげていくことができます。つまり、子どもの現在の姿を記録にとどめ、対話に基づいた評価を行うことを通して、計画に基づく指導実践（環境構成や関わり）が有効であったかどうかを検討することが、本章でいう「振り返り・評価」であり、さらにそのときに捉えた子どもの姿から（翌日の）計画を考えることにつなげて保育実践を積み重ねていくことになるのです。

以上のように、子どもの姿を捉えて予想して環境を計画・準備し、そのヒトやモノと関わる子どもの姿を再び捉えて計画する営みを何サイクルも繰り返すことで、障害のある子どもの育ちに必要な経験を生活のなかで積み重ねていくことができます。この振り返り・評価から改善・計画を積み重ねることは、保育者にとっては働きかけや、環境設定の手がかりを新たに得ることになり、保育の質の保障や向上にもなっていくといえます。

（4）集団のなかで生活することを通して発達を促す（インクルーシブ保育）

幼稚園教育要領には、障害のある子どもの指導にあたって「集団で生活することを通して」[14]と明言されています。水野は、「自分との身体的差異に気づく幼児期に障害者の存在を直接的あるいは間接的に知り、また障害者を見慣れることによって、幼児は障害に関する新奇性を低め、成長した後にも障害者を避ける行動を低減することができる」[15]と述べています。また、山田は、「幼児期から障

---

13) 一般財団法人保育教諭養成課程研究会, 2023, p.107.
14) 文部科学省, 2017, p.12.
15) 水野, 2008, p.25.

害があっても共に遊ぶ仲間として過ごす機会が、共生社会の第一歩となる」[16]としてインクルーシブな保育を勧めています。

では、従来の「統合保育」と「インクルーシブ保育」の考え方は、どこが違うのでしょうか。どちらも子どもの時期から障害のある人々と身近に接することになります。統合保育は、障害のある子どもと障害のない子どもは違うということを前提に、障害のある子どもとない子どもを同じ場で保育するという考え方です。障害のある子どもからみれば、差別・排除されることなく活動に参加することを許容され、指導の工夫や訓練によって同じように参加できるような成長が目指される保育といえます。一方、インクルーシブ保育は、河合によって「子どものもつ特徴はいろいろであること、つまり個人差や多様性をまず認めることからはじまる…（中略）…個人差や個性の違いも幼児期には当然です」「多様であるどの子も大切な存在として、一人ひとりが伸びやかに育つ保育、子ども同士が育ち合う保育をめざします。いろいろな子どもたちのなかには、障害のある子、配慮や支援を必要とする子たちも含みます」[17]と説明されています。前提とする子どもの見方が違うことから、「特別な支援をすることによって今までの保育活動に障害のある子どもがついていかれるようにする」統合保育とは違って、インクルーシブ保育は「子どもの多様性に合わせて通常の保育の枠組みを変えていかなければならない」という考え方です。

つまりインクルーシブの発想は、障害のある子どもだけに着目するのではなく、どの子どもも一人の人間として尊重され、それぞれが異なった存在であることを前提にしており、したがって異なった興味・関心がある子ども一人ひとりに応じた保育をその都度考えて、変えながら行っていくという考え方になります。若月は、「インクルーシブな保育とは、統合から一歩踏み込んで、保育の中にいる子ども一人として捉えて、個々の要求に応じて保育を変更することが可能な保育」[17]であると述べています。また、その場合に「させることを主眼とするのではなく、共に楽しむ園生活が形成される必要がある」とも述べ、加配の保育者が個別の対応をするケースについて「他の子どもと同じようにさせるための存在意義が強くなる」など対応によっては分離または統合保育になってしまうことに触れ、インクルーシブ保育で個々の発達を促す幼児期の教育・保育の配慮のあり方に言及しています[18]。

田中は、3、4歳児になると社会性と自制心がつき、「仲間どうし手をつないで助けあ」ったり、「年少者の世話をし導くこともできはじめ」たりと、「相手との共通点を引き出したり、相違点（違い）を受容する」ようになる一方で「この時期に乱暴なことばやきたないことばも好んで使われ始め」、「相手に対して「バカ」「ドジ」「ウンコ」「オシッコ」などをあびせる」[19]とし、柴崎は、「自分と違

---

16) 山田, 2010, p.95-96, 206.
17) 河合, 2013, p.19.
18) 若月, 2023.
19) 田中, 1986, p.212.

うものを排除する気持ちも芽生え始める」[20]時期と述べています。

　違いに気づくこの時期に、障害のある子どもとない子どもが、遊びや生活のなかで日々関わりをもって過ごせば、子ども同士のジレンマや葛藤が生まれることが想像できます。葛藤やジレンマが生まれないようにするのではなく、その際に、あいまいにやり過ごしたり、どちらか一方が思いや考えをいえずに我慢を強いられた生活するのではなく、保育者が必要に応じて子どもが理解できる表現で、それぞれの状況や思いを言語化して両者に伝えて自分たちで考えられるようにしたり、その都度ていねいに話し合ったりしていくことで、次第に特別な感情をもたない当たり前の仲間になっていくと考えられます。

　障害に対する偏見のない段階で幼稚園や保育所などに入園し、障害のある子どもとない子どもとが一緒に生活をはじめ、自分と違う他者についての疑問を持ち始める時期に、さまざまな他者の存在を知り、多様な価値観を学んでいくことで、お互いを尊重でき、対等に、共に生きていくようになることを目指せるのがインクルーシブ保育であるといえます。インクルーシブ保育では、幼稚園や保育所の一人ひとりの子どもの気持ちや生活に保育者が向き合っていくことで、みんなが自分らしくいきいきとした生活が送れることを目指すという考え方が前提となります。まさに「みんなちがってみんないい」[21]の発想です。

3　障害のある子どもの個々の発達を促す幼児期の教育・保育のこれからのあり方

（1）インクルーシブ・多様性社会における発達観・教授観の見直しの必要性

　汐見は、日本の子どもの「過剰適応」「他者評価へのデリケートさ」「自己肯定感の縮小と他者への配慮の拡大」というパーソナリティ傾向を、親による過干渉や日本型の教育が作るものだと述べています[22]。汐見によれば本来子どもは、人の評価を気にしないで「おもしろいな」「やったな」とか自分に埋没して欲求を満足させるなかで育っていくものですが、「親による過干渉により、親が喜ぶと私も嬉しい、親の期待通りにできると嬉しいという気持ちから、自分がおもしろいからやるのではなくて、他者からいい評価を得たいからやる」というようになり、そのことで主体性がない子どもに育つとしています。そして、そのような育ち方の子どもは、従来の日本型集団保育においては適応しやすく、保育者からすると集団行動を取らせやすく都合がよかったと分析しています。また、早期教育のような正誤のある課題に幼いうちから取り組むことは「答えが正しければよいメッセージを、間違えるとマイナスのまなざしを、母親から受け取る」ことが繰

20）柴崎, 2001, p.118.
21）金子, 2011, p.18-19.
22）汐見, 1995, p.19, 113.

り返されることになり、「無条件に愛されているという感覚が薄く」なり、「母親が愛情を注いでくれるような行為をし続けるようになる」と指摘しています。つまり幼児期に「条件付きの愛し方」に近い保育をすることは、「信頼感の形成」に影響し、「他者の自分に対する評価が気になって仕方がないパーソナリティの育ちを助長する」ということになると指摘しているのです[22]。

さらに汐見は、「日本の企業は、世界の企業の中で特殊な経営の仕方をしていて有名」「日本人は勤勉な民族なのではなく、日本のシステムにより気付かず働いてきた」「とにかく人生を競争と考える発想が強いのは日本の社会システムにより育まれた結果」と述べ、その維持の一助となっていたのが「子どもが教師好みの行動をしないと、「○ちゃんはまだ？」などの言葉をかけ、他者と比較したり、評価をすぐ下す方法」で「競争の論理に乗せることで集団を動かす教育」をしてきたことにあると指摘しています。そしてその結果、「子どもはいつも人と比べられていると」感じ、同じであることがよいことであると考えて行動したり、自分はダメだと思われていると感じて消極的になったりする国民性がつくられたと結論づけています[22]。

近年、自己有能感やセルフエスティームの重要性や多様性の尊重は当たり前になってきています。しかし、日本人はまだ主体性、自信の弱さや同調圧の強さを指摘されることが多い状況にあります。今後、インクルーシブ・多様化が進んでいくなかで、日本の教育観は、根本的なパラダイムシフトが求められていくといえます。障害のある子どもの保育をていねいに考えることが、多様性やダイバーシティという考え方が単なる理想論とならないための日本全体の教育観の変換に示唆を与えるきっかけになる可能性もあると期待しています。

（2）当事者のよき理解者であること

ここまで、幼児教育の基本と障害のある子どもの個々の発達を促す保育の考え方は同様であることを中心に述べてきました。最後に、同様であることは前提として、幼稚園教育要領で示された「工夫」を改めて考えておきたいと思います。

東田は、自身の著書『あるがままに自閉症です―東田直樹の見つめる世界―』[23]のなかで、以下のように語っています。

> 味　方
> 　幼稚園や学校で普通の子の中にいる障害児は、わからないことばかりで、できないことだらけです。頼れるのは、担任の先生だけです。
> 　なぜみんなみたいにやれないのかということを考えるより、どうすればその子が毎日楽しく保育園や幼稚園に通えるのか、それを考えてほしいのです。
> 　小さい頃、誰も助けてくれなかった記憶は、一生その人を苦しめます。小

23）東田, 2013, p.53, 46.

さい頃の自分というのは自分であって自分ではありません。しかし、何とかして欲しかったという思いは、今の自分と重なるのです。今も昔も、誰も助けてくれなければ、その人に生きる望みはないでしょう。

　小さい頃幸せなら今辛くても、きっとあの時のように誰かが自分を助けてくれると、人を信じられるようになります。たとえ今幸せでも、小さい頃の自分を今の自分が助けることはできません。

　だから僕は、小さい頃幸せであってほしいのです。

　一人が好きだと思われて、ひとりぼっちにされるのは本当に寂しいものです。どうか、その子の味方になってあげてください。

ごほうび

　僕は、何かをした時にごほうびをもらえるという療育を家ではしていません。ごほうびは有効だと考える人もいます。また、効果を上げている人もいると思いますから、それ自体を否定するつもりはありません。

　僕がごほうびをもらいたくなかった理由は、指示された行動の結果、ごほうびがもらえるいうことに抵抗を感じたからです。自尊心が傷ついてしまうのです。どうしてこんなことをするのだろうという疑問は、心の中から消えませんでした。ごほうびをもらうことで、将来働く意味を知ることができるという人もいます。そう学べる人にとっては、いいのでしょう。

　しかし、自閉症者にもいろいろな人がいるのです。僕のように行動をコントロールされていると感じてしまう人もいます。

　本人に合った療育かどうか、見極めることが重要です。そこが、支援者の力量だと思うのです。

　療育で傷つく子供もいます。そして、子供の傷ついた心は、すぐには元通りにはなりません。

　自分から療育方法を選べる当事者は少ないでしょう。親や先生にとって、やってみた療育がその子に合わないと判断するのは勇気がいることですが、心を癒すために、さらに膨大なエネルギーをつぎ込まなければならないのは、とても悲しいことではないでしょうか。

　障害のある子どものよき理解者となるためには、障害のある子どもも個性のある一人の子どもとして捉え、障害名（診断名）でその子どもの姿を捉えるのではなく、一人ひとりをていねいに知ろうとすることが大切ということなのではないでしょうか。

　障害のある子どもの保育の場合、陥りがちな失敗ケースとして、松井は「その子どもの障害名から指導方法を調べ、「自閉症スペクトラム障害には、○○の方法が有効である」「ADHDには、△△の方法が効果的だ」というようにその理論の「答えのみ」を学んでしまうことがあげられます。「障害名」のみですぐに使

えそうな答えを採用してしまうと、結果として、一時的に状況が改善されても、その理由がはっきりしないため、時間が経つと再び保育に行き詰まり、新たな問題に直面する」[24]と指摘しています。その子どもの姿をしっかり読み取って仮説を立て、その仮説に合わせて保育内容や保育方法を工夫した場合には、その実践の結果を振り返り、再度仮説を立て直して保育を積み重ねていくことができますが、この「答えのみ」学ぶ方法だと変化させながら積み重ねていくことができないという問題がでてきます。

　松井は、一般的な状況の中で示された答えだけをみて有効だと判断された、いわゆる"障害特性に合った教育方法・技術"は、個々人の生活の状況を省いて提示されており、「その子ども」に合った答えだとは限らないことに言及し、「一般的な答えが有効だと思い込んでしまうと、「その子どもの課題」つまり、問いを立て直す作業を怠ってしま」う問題点を指摘しています[24]。

　日常生活におけるモノ・ヒト・コトなどがさまざまに入り組んだ環境にあるその子どもの今いる状況のなかでしか導き出せない子どもの姿を捉えることでこそ、その子どもに合った遊びや援助を考え出すことができます。そういった複雑な状況のなかで、子どもは学んでいるのです。そのことを踏まえ、ていねいに子どもの姿を捉えて考えることが個々の発達を促す幼児期の教育・保育には必要となります。

（3）障害のある子どもの遊びの指導における工夫

　障害のある子どもも障害ごとに一様ではなく、それぞれ違うという視点が大切なことは前述の通りです。しかしここで、あえて障害のある子どもに共通する特徴を考えてみるとすると、どんなことが考えられるでしょうか。幼稚園の保育室に目が見えない子どもがいる状況を思い浮かべてみてください、同様に耳が聞こえない子ども、体が自由に動かせない子ども、認知に特異性がある子ども……それぞれ思い浮かべて考えてみましょう。理由や背景要因はそれぞれ違いますが、まわりにあるおもしろそうなモノ・コトに気づきづらいかもしれません。または気がついてもすぐに近づいていくことが難しいかもしれません。過去の経験からおもしろそうなものがあるかもしれない「探してみよう」とまわりを見まわしてみることをしないかもしれません。そう考えると、背景や原因はそれぞれ違っても、障害のある子どもに共通するつまずきの要因として、「自然に環境に興味を持って自分から働きかける力が弱い」ことが考えられます。また、「働きかけてみて楽しかった」という経験を積み重ねることや、十分に楽しむのに時間がかかることが考えられます。

　そうだとすれば、保育者には、子どもの姿をしっかり理解した上でやってみたくなる遊びに絞って準備したり、配置を工夫したり、遊具と子どもをより近づけ

24）松井, 2018, p.26.

る関わりをするなどの「遊びの下支え」となるような援助を考えていくことが求められます。幼児期の子どもが自ら「遊びたくなる要素」「手に取りたくなる要素」「がんばっても近づいてみようと興味を引く要素」や環境構成は、個々の発達状況や障害によるつまづきの内容によって違います。保育者は、その専門性として、目の前の一人ひとりの子どもを的確に捉えて、さらにそれぞれの素材や遊具、活動の特徴を知っていることが求められます。そして明日、○○ちゃんにどんなモノや活動をどのように厳選し、準備すべきかを計画することが求められます。

ここで気をつけなければならないのは、大人が選んだ遊びを手取り足取りやらせるということとは根本の考え方が違うということです。介入しすぎたり、過剰に支援したりすることは、発達の芽を摘んでしまうこともあるので注意する必要があります。

遊具は、子どもにとっては遊ぶための道具であることは前提であり、結果として、子どもの発達に必要なさまざまな刺激を与えてくれるものです。

（4）当事者の視点に立つこと

ここで、また東田の言葉を借りたいと思います[25]。

できないきもち

誰でも自分が簡単にできることは、他の人もできてあたりまえだと思いがちです。障害者にとってつらいのは、普通の人ができることができないことではなく、できない気持ちをわかってもらえないことではないでしょうか。

できないのを、さぼっているとか、ふざけているとか、わざとしないとか言われることほど辛いことはありません。それは、普通の人と障害者の間だけではなく、障害者同士の間でも起きる問題なのです。苦手なことを克服する努力はもちろん必要です。けれども、障害が原因で起きることについては、急に良くなることの方が少ないと思います。ひょっとすると、もうどうしようもないのかもしれません。それでも、直す努力を続けていかなければならないのです。

なぜなら、そうしなければ少数派の僕たちの居場所は、この社会にはないからです。

誰もが必死に生きています。それは大切なことですが、どこか寂しいと感じるのは僕だけでしょうか。

---

25) 東田, 2013, p.82, 90, 88.

好きだという気持ちを伝える

　好きだという気持ちを伝えることは大切です。

　人は怒る時には、自分の感情を強く相手にぶつけてしまいます。しかし、相手のことを好きだという気持ちを、うまく伝えられる人は少ないのではないでしょうか。

　褒めるのと、好きだという気持ちを伝えるのは別です。

　褒めることは意識的にやっていても、好きだという気持ちを伝えきれていない人はたくさんいます。

　褒めるのは、その人を評価することです。褒める内容に付け加えて好きだと言っても、いい子の自分を評価されたと感じる子もいます。

　好きだという気持ちは、それだけで伝えて欲しいのです。そのままのあなたが好きというのは、努力しなくてもいいことではありません。評価とは関係なく、今のあなたが好きというメッセージだと思うのです。

　大人を完成形と捉え、子どもはその途上にある未熟な存在という発達観でいると、保育者が「自分の常識に合わない行動を取る子ども」と出会ったときに、あわてて子どもを変えようという指導に陥りやすいことは、前半も述べてきました。しかし、子どもを大人の常識に合うように変えようという意識から導き出される方法として真っ先にあがるものが、「きちんと知識や技能を教えて、しっかり身につけさせる」というものです。そのような意識になると、「先生もがんばって教えるから、あなたもがんばって」という押しつけになってしまったり、その方法で保育者の思い通りに子どもが育ってくれなかった場合には、「こんなに時間をかけて、何回も繰り返し、ときには厳しく教えた」のにと子どもを責めたり追い込んだりする感情を持つこともでてきます。また子どもの側も、逃げようとしたり話をごまかそうとしたり、自分の不安や困り感を他者に発散する形で表現したり、劣等感を持つなどの二次的な問題が発生し、より複雑化する場合も多くみられます。

　子どもの行動を自分の常識に合わせて変えようとするのではなく、子どもの具体的な要求や行動の背景にある内面の動き（感情や思い、意欲など）を察知することが大切です。子どもがそれらの要求や行動を通して本当に求めていることは何かを推し量り、その子どもの発達にとってどのような経験が必要かを保育者がそれぞれの場面で可能な範囲で受け止めて援助や対応を考え出していくことが大切になります。また、子どものためにと思ったことが「子どもに負担をかけていないかな？」「大人の都合じゃないかな？」「園の都合じゃないかな？」「今これをすることは○○ちゃんにとってどのような意味があるのかな？」と立ち止まって俯瞰的に見直すことや、「混乱して大きな声を出したり、人をたたいたりしたのは何が原因だろう？」「そのとき、どんな気持ちだろう？」「どうしたら○○ちゃんにわかるだろう？」と考えて、具体的な援助を工夫するなど、まず子どもの心

に耳を傾けたり、共感したりする姿勢が大切です。

　子どもの本当の声を聴くこと。また、必要に応じて代弁者となることが第一です。その上で、豊かに生きていくために必要な力を育めるように本人のペースに合わせて環境設定や手がかりを工夫しましょう。自尊感情や達成感が意欲につながります。どんなあなたでも好きだということを伝えてきましょう。それはときには行動をほめることで伝えることもありますが、できたことをほめることだけに終始しないようにすることも大切です。身近な人への愛情や信頼関係を基盤に調整力が育ちます。豊かな感情の交流をしましょう。

引用文献

- 一般財団法人保育教諭養成課程研究会（2023）「特別な配慮を必要とする幼児への指導の充実」（令和4年度文部科学省委託研究「幼児教育施設の機能を生かした幼児の学び強化事業」特別な配慮を必要とする幼児への指導の充実に関する調査研究）．
- ヴィゴツキー（1976）『児童心理学講義』，明治図書出版．
- 金子みすゞ（2011）『こだまでしょうか、いいえ、誰でも。』，宮帯出版社．
- 小山望・太田俊己・加藤和成・河合高鋭編著『インクルーシブ保育っていいね』，福村出版．
- 汐見稔幸（1995）『その子らしさを生かす・育てる保育―新しい時代の保育をめざす保育者のための教育学―』，移動大学出版会．
- 柴崎正行（1993）『障害児保育』，ひかりのくに．
- 田中昌人（1986）『子どもの発達と診断　幼児期Ⅱ』，大月書店．
- 東田直樹（2013）『あるがままに自閉症です―東田直樹の見つめる世界―』，エスコアール．
- マーガレット・カー，大宮勇雄・鈴木佐喜子訳（2013）『保育の場で子どもの学びをアセスメントする』，ひとなる書房．
- 松井剛太（2018）『特別な配慮を必要とする子どもが輝くクラス運営』，中央法規出版．
- 文部科学省（2017）『幼稚園教育要領』，フレーベル館．
- 文部科学省（2018）『幼稚園教育要領解説』，フレーベル館．
- 山田真（2010）『障害児保育（創成社新書39）』，創成社．
- 若月芳浩（2023）『幼児期の関係機関との連携（NISE学びラボ）』，国立特別支援教育総合研究所．https://www.nise.go.jp/nc/training_seminar/online　2023年12月5日閲覧

参考文献

- 川田学（2019）『保育的発達論のはじまり』，ひとなる書房．
- 佐伯胖（2001）『幼児教育へのいざない』，東京大学出版会．
- 野本茂夫（2005）「どの子にもうれしい保育」，野本茂夫監修『障害児保育入門』，ミネルヴァ書房．

Column⑩　子どもたちが笑顔になれる音楽活動

　音楽療法とは、音楽を意図的・治療的に用いることで、心身の障害があり発語や意思疎通が難しい子どもでも、音楽を介するとコミュニケーションが取りやすくなります。しかし注意すべき点として、自閉スペクトラム症や注意欠陥・多動症などの発達障害のある子は、特定の音や音量に対して過敏な傾向を示すので、刺激の少ない小さい音から始め、徐々に音量をあげ、刺激を増やすことが重要です。また、音に対しての配慮だけではなく、話しかけるときの声の高さ、テンポも大切です。音の質や流し方、子どもたちが「好き、心地よい」と感じる音楽を流すことで、音を受け止め、ほかを意識する感覚を育て、音楽に親しみを感じることができれば、音という一つの脅威が減り、自己成長につながると考えます。

　音、音楽に慣れることができてから音楽療法へと進めて行きますが、音楽療法を集団で行うよさは、ほかを意識し、みんなで同じことをする楽しさ、一体感、協調性、言語コミュニケーションスキルの向上など期待できる効果は多く、意図のわからない繰り返し行われる行動の減少によい影響をもたらすこともわかっています。

　発達障害のある子は、集中力が短いため、音楽療法の進め方には工夫が必要です。集中力が持続するよう、動く『動』の活動の後は、椅子に座るなどの『静』の活動を取り入れ、プログラムに緩急をつけることで、子どもたちが飽きないよう配慮します。音楽に興味を示さず、音とは無関係に歩きまわったりする子どもには、膝に乗せて身体をさすり不安な心を包み込むように受け止める働きかけをします。重度障害がある子どもには、笑顔で声かけしながら流れている音楽のテンポで身体をタッチしたり、揺らしたり補助しながら楽器を鳴らし、鳴らすことや聴こえる音を楽しむことを体験します。身体は動かなくても、ゆったりとした気持ちで歌いかけたり音楽を聴いてもらうと、笑ったりまぶたをパチパチ動かしたり、うれしい感情を表現し手足を動かそうとする反応が見られます。それが音楽に対しての感情表現の表れと理解します。笑顔になり音楽に触れる楽しさの経験が、心身の安定、感情の発散、楽しさの感情表現へと導けると考えます。

　音楽遊び（身体表現、楽器活動、歌唱活動）を通して、保育者・仲間と一緒に歌う、楽器を鳴らす、音楽に合わせて身体を動かすことでコミュニケーション能力が育ち、楽器演奏で自分のパートで音を出す、順番を待つ、まわりと合わせるなどの経験が、役割を意識し社会性を高めることが期待でき、さらに発達支援、心理的援助、身体的援助へとつながっていくと考えます。

　音楽療法は、楽しみながらさまざまな角度から音楽を用いて刺激を与えますが、目に見える形ですぐに効果が表れるものではないので、長期的に計画を立て実行することが大切です。障害児はこだわりが強い特性があるので、始まり・終わりは毎回同じ歌を使うことで活動がスムーズに行えます。音楽に触れることで笑顔になり、楽しさの経験の積み重ねで人生が豊かになり、自己表現ができることに期待したいです。

参考文献

・土野研治（2006）『障害児の音楽療法―声・身体・コミュニケーション―』，春秋社．
・加藤博之（2005）『子供の豊かな世界と音楽療法―障害児の遊び＆コミュニケーション―』，明治図書．

第13章

集団の力の関わりと育ちあい ―保育場面のなかでの集団の力の関わりと育ちあい―

　幼稚園や保育所などに入ると、子どもたちは家庭から離れてはじめての集団生活を経験することになります。園では、大勢の子どもたちが一緒に生活をしていて、一人ひとりが個性をもち、それぞれの欲求や要求の出し方も異なります。たとえ集団のなかの一人であっても、一人ひとりをきちんと見て、それぞれに合った対応をすることが求められます。

　Tくんは4歳の秋に転園してきました。3歳のときに通っていた幼稚園で乱暴な子というレッテルを貼られたと訴えるお母さんの表情はとても硬く、そして実際、Tくんはまわりの子とトラブルばかりという状況でした。5歳になってもTくんは相変わらず落ち着きのない子でしたが、幼稚園が大好きで、少しずつ先生のいうことも聞けるようになり、クラスの活動にも喜んで参加するようになりました。保育者との信頼関係に支えられながら園生活に慣れ、次第に安心感をもって周囲の環境に積極的に関わっていくようになったTくんは、友達と一緒にいる心地よさを感じ、集団の一員としての生活を楽しむようになっていったのでしょう。幼稚園という現場とTくんにとって必要だったのは障害があるかどうかという診断ではなく、もっとも適した保育者側の関わり方を見つけることだったのかもしれません。これは「集団のなかで、個々の発達や状況に応じた個別支援をするという幼児教育のスタンスは、特別支援教育の考え方にとても近い」ということを改めて感じられるエピソードではないでしょうか。

　ここでは、幼稚園や保育所での一人ひとりの育ちと、その子どもの属する集団との関係について考えてみましょう。

1 集団生活の意義

（1）仲間集団（個から集団へ）―インフォーマルな集団―

　乳幼児期、とくに3歳未満児は心身ともに著しい発達をとげる時期です。入園当初は、同じ場所にいても子どもは思い思いに遊んでいて保育者の対応も個別ですが、子どもの生活の安定を図りながら、自分でしようとする気持ちを尊重し、温かく見守るとともに、受容的、応答的に関わることで、次第に友達と同じものを持って同じ場で同じ動きを楽しむようになり、ものや場を共有することで、一緒に遊ぶ楽しさを感じるようになっていきます。

　3歳児になると、友達と一緒にいたいという気持ちが強くなり、一緒に遊びを楽しむ姿が見られます。また、友達と一緒にいたいと思う一方、「これは私のもの」「自分でやりたい！」というような、自分の欲求を押し出していく自己主張が強く見られるようになりますが、同じように思っているほかの子がいることで、自分の欲求を抑える自己抑制が求められるようになります。友達と関わるなかでさまざまなぶつかり合いを経験し、自己主張と自己抑制のバランスを学んでいくと考えられます。

　4歳児では、仲間集団ができて、特定の気の合う友達と一緒に遊ぶことが楽しいという姿が見られるようになります。その反面、仲間関係が広がるにつれ、大勢の友達のなかで自分の力を出していくことに難しさを感じる経験もするようになります。今までの安定した友達関係に新しい友達を迎え入れるときの葛藤や、自分の気持ちに折り合いをつけて集団の活動に参加しようとする姿も見られます。集団のなかで自分の主張を実現していく過程では、ぶつかり合いや葛藤が生じ、自己主張と自己抑制をくり返し経験します。この経験は子どもが集団に自ら参加していく力を身につけていくために必要であり、一人ひとりが力を発揮できる集団を形成することにつながります。

　5歳児になると、これまでの園生活や遊びのなかでのさまざまな経験の積み重ねにより、見通しをもって行動したり、あきらめずに最後までやろうとしたりするようになり、物事を筋道立てて考えようとする姿も見られるようになってきます。そして、集団のなかで自分の力を出し、友達と目的を共有しながら一緒に行動することを楽しむようになってきます。また、仲間関係のなかで、友達の考えていることや気持ちを理解すること、自分の気持ちや考えを友達と折り合いがつくようにコントロールする自制心などを経験から獲得し、遊び集団で役割をもったり協力したりするようになります。

　幼稚園や保育所などでは、一人ひとりの育ちが、友達との出会いによって促されると同時に、一緒に生活するなかで仲良しの友達ができ、その一人ひとりが力を発揮することで集団が育っていくのです。

【事例1】 一緒にやろう！ まだ遊びたい！

(幼稚園2年保育、4歳男児、7月)

　A男とB男は家も近く、入園前から一緒に遊んでいて、いつもA男が自分のイメージをつぶやき、B男が従うということが多いです。

　このころ、山つくりは2人のお気に入りの遊びになっていました。今日も2人で砂場に穴を掘って水を溜め、B男が「海みたい」といったことがきっかけで、2人は裸足になって穴のなかに入ってバシャバシャ足を踏み鳴らし始めました。2人の様子を見ていたC男が「いーれーて！」といいますが、B男が「いいよ」といったのに対して、A男は「ダメだよ」と拒否しました。C男は無言で下を向き、泣き出しそうな顔になりました。困ったB男がA男に「Cくんに、お水汲んできてもらおうよ」というと、A男はしばらく考えるようにC男の顔を見ていましたが、「いいよ」といってじょうろを差し出しました。

　その後、3人で交代しながら水を運び、"海"のなかに入って30分ほど遊びが続きました。片づけの時間になり、「お弁当食べたら、またやろうね」といい合いながら3人でシャベルとじょうろを片づけました。

　入園して4か月。新しい生活にもやっと慣れて、まわりの子どもたちが何をしているのか興味が出てくる時期です。気になる友達ができたり、今まで一人で遊んでいた子が、同じものをもっている子や同じ場所で遊んでいる子と関わりながら、2人で遊ぶ姿が見られるようになってきたりします。A男とB男は、入園前から一緒に遊ぶことが多かったので、ことばでの伝え合いがなくても、互いに相手の動きやつぶやきをキャッチして自分の動きを決めるという流れが自然にできています。C男は、やっとまわりに目が向き始め、楽しそうに遊んでいるA男とB男の仲間に入りたかったのでしょう。勇気をもって「入れて」という仲間入りのことばを発したのに、A男に拒否されてしまいます。

　この事例では、「仲良しの友達と一緒に遊びたい」という気持ちをもっているA男が、葛藤しながらもC男を仲間に入れることを受け入れています。

(2) クラス集団（自然発生的でない集合体） ―フォーマルな集団―

　仲のよい友達との関係を築き、深めていくことによって、子どもたちの集団はより意味のあるものになりますが、仲のよい友達との集団だけが園での生活における集団ではありません。園では仲がよいかどうかとは別に、クラスという集団生活を余儀なくされます。この集団は、仲良しグループのようなインフォーマルな集団とは違い、意図的に形成された集団で、子どもたちにとっては生まれては

じめて出会うフォーマルな集団ということになるでしょう。子どもたちはそのなかで、新たな友達との出会いや関わりを経験し、友達を受け入れたり、自分が受け入れられたりすることを通して、集団に属する一員としての意識を持つようになります。幼稚園や保育所などでは、仲間集団というインフォーマルな集団において、一人ひとりが自分の好きな遊びや居場所を見つけ、園生活を安定して過ごせるようになることが基盤となって、クラスというフォーマルな集団のなかでも安定して過ごせるようになるのです。

園全体の活動のなかで一人ひとりが安定して行動する姿、友達との遊びがクラスの活動になる過程、計画されたクラスの課題にグループの友達と取り組む姿などがうかがえます。保育者には、個への働きかけと同時に、クラスやグループなどの集団生活への意図的な働きかけをし、子どもたちがクラスとしてのまとまりを意識しながら生活できるようにしていくことが求められます。

【事例2】 生活発表会にむけてグループで紙芝居をつくろう

（幼稚園、5歳女児4名、男児3名、2月）

1月になり、担任の提案で生活発表会の出し物を考えることになりました。クラス全体で創作劇と合奏をやることと、グループに分かれて自分たちで何をやりたいか出し物を考えることになり、A子たちは7名で紙芝居に取り組むことにしました。

リーダーに立候補したA子を中心に、どのような紙芝居にしたいか、それぞれがアイデアを出し合いましたがなかなかまとまりません。A子が「リーダーが決めるから、勝手に決めないで」と怒った口調でいったので、その日はそのまま終了となりました。

次の日、担任から「みんなの好きな紙芝居の真似っこしてもいいよ」というアドバイスを受けて、『ちびっこにんじゃ　にんまる　じゃんまる』の紙芝居が候補にあがりました。そして、「迷路は自分たちで考えよう」「お姫様を助けるところはそのままでいいんじゃない」「巻物の中身と出てくるしかけとナゾナゾは自分たちで考えよう」など口々にアイデアを出し合い、どのような紙芝居にするのか徐々にイメージを共有していきました。

登場するキャラクターの絵を描く担当と、迷路の形やナゾナゾなどを考える担当に分かれて作業を進めていましたが、B男、C子、D男は外で遊ぶのが好きで、A子が声をかけてもなかなか集まらずに作業が進みません。E子が「Cちゃんたち、遊んでばかりでずるい」といい出し、どうしたらいいか担任も入って

グループで話し合いをしました。話し合うなかで、生活発表会までに完成させないとクラスのみんなにも迷惑がかかることや観に来てくれるお客さんががっかり

することなどに気づき、集まる時間を自分たちで決めて作業や練習をするようになりました。

　5歳児になると、クラス全体で目的を共有する活動にも取り組めるようになります。A子たちは、担任の先生から生活発表会の話を聞いて、紙芝居をやりたいという思いを共有しますが、どのような紙芝居にするかという具体的な部分になるとイメージを共有することは難しいようでした。みんなの好きな紙芝居を、話し合うための素材にしたことで想像が膨らみ、具体的なアイデアが出るようになり、どのような紙芝居にしたいかというイメージが共有できました。完成までにはトラブルもありましたが、それぞれが自分の役割を自覚して活動に取り組んでいます。

　この事例では、生活発表会で発表するというクラス全体の目的に向かって、グループのみんなと作業を進める過程で、それぞれのアイデアを出し合ったり、担任の力を借りてトラブルを解消したりする様子が見られます。

2　個の育ちと集団（の力）

　子どもが主体的に環境に関わり遊びや生活を進めていくなかで、これまで積み重ねてきたさまざまな経験や友達関係をもとに、遊びや生活のなかでテーマを見つけ、一つの目的に向かって力を合わせて取り組み、実現しようとする協同性の高い集団が形成されます。そして集団で生活するなかで、互いに刺激を受け合い影響し合いながら個の発達が促され、その一人ひとりの力が集団のなかで発揮され、役割が生まれ、子ども同士が関わりあうことによって遊びはさらに楽しくなり、集団全体が育っていくと考えられます[1]。

（1）特別な配慮を必要とする子ども

　特別な配慮を必要とする子どもとは、どのような子どものことをいうのでしょう。保育者は、保育場面で気になる言動が見られたり、まわりの子どもに比べて発達が緩やかだったりする子どもに対して"特別な配慮が必要"だと考えることが多いのではないでしょうか。しかし、「子どもの側に立ってみれば、保育者が"気になる"子どもだけが特別なニーズをもつ子どもなのではなく、すべての子どもたちがそれぞれに固有の特別なニーズをもっているのである。それゆえ保育者には、どの子どもに対しても、それぞれの子どもたちがもつそれぞれの特別なニーズを把握し、そのニーズに合わせた対応をすること」[2]が必要なのです。

---
1) 井上, 2018, pp.203-204.
2) 辻川, 2012, pp.162-163.

【事例3】 安心できる友達ができて集団に溶け込めたＡ男

(幼稚園2年保育、5歳男児、10月)

　Ａ男は入園直後から不安がとても強く、園では緘黙、担任が声をかけ、そばで見守っていないと動けませんでした。とくに、行事など見通しがもてない場面では、大人に触れていないと安心できない様子が見られました。5歳児クラスになったときに転園してきたＢ男がＡ男に頻繁に声をかけるようなりました。最初はとまどっていたＡ男でしたが、パズルや積み木重ねゲームなどをＢ男と一緒に遊ぶうちに、自分から道具に触れて遊ぶようになり、笑顔を見せることも多くなりました。

　2学期になり、運動会の時期にはＢ男と一緒ならクラス全体の活動にも喜んで参加するようになっていました。4歳のときはかけっこもダンスも参加できなかったＡ男でしたが、リレーでＢ男と同じ走順にしてみると、担任の声かけがなくても力いっぱい走る姿がありＢ男に負けたくないという気持ちが伝わってきました。またダンスでは、参加するものの大人が傍でモデルを見せても動こうとしませんでしたが、Ｂ男が「Ａくん、旗をあげる！」と声をかけると、とっさに旗をあげる場面がありました。そのときに「できたじゃん！」とＢ男から声をかけられたことがきっかけで、みんなの真似をしながら動こうとするようになりました。

　運動会当日、全部踊るのは難しいけれど、部分的にでも自ら旗を振り踊る姿がありました。運動会後は、Ｂ男以外の友達とも関わるようになり、クラスの活動でも担任の声かけなしに参加する姿が見られるようになりました。

　Ａ男はＢ男からの誘いにとまどいながらも関わりをもつようになり、一緒にいることで安定して行動できるようになっていきました。Ｂ男がＡ男にとって心のよりどころとなっている一方で、ライバル心を掻き立てる相手にもなっていることがわかります。そのＢ男に、運動会のダンスで認められたことが自信につながり、クラス全体の活動のなかでも安定して行動するようになったようです。

【事例4】 興味のあることを共有することでクラスに溶け込めたＢ男

(幼稚園2年保育、4歳男児、11月)

　Ｂ男は6月に私立幼稚園から転園してきました。入園当初は、思い通りにいかないと友達に唾を吐く、椅子を投げるなどの行動が目立ちましたが、担任との関係

が築けてくると、人懐っこい一面を見せてくるようになりました。発音が聞き取りづらい上に早口であるため、保育者、友達ともに、B男が何をいっているかわからないことが多いという面もありましたが、おしゃべり好きで、行事の寸劇に感情移入して泣いてしまうなど、感受性が豊かなこともわかり

ました。また、恐竜が大好きで知識も豊富、なりきって遊ぶなど、イメージしたことを表す遊びが好きだということもわかってきました。
　２学期に入り、自分から友達に関わろうとするようになってきましたが、一方的な関わりが多く友達との遊びは持続しません。そのためか、画用紙や廃材を使って恐竜をつくったり、画用紙に描いたりすることを一人で楽しむことが多くなっていました。B男が、自分で描いた恐竜をペープサートにして動かして遊ぶのを見た担任が黒幕を用意したところ、興味を持った子どもたちが違うキャラクターや背景などをつくったりし始めました。B男は、自分なりのシナリオや段取りを伝えるなど、一緒に遊ぶ友達とのやりとりを楽しむ姿が見られるようになりました。
　その後、年長児になってからの生活発表会では、このときの遊びをもとにグループで、ガメラが出てくる話を創作して発表しました。その際、B男が話の構成段階からほかの子をひっぱって進め、「今日はBくんが休みだから、Bくんが元気になって幼稚園にきたら決めたい」というくらい、大きな存在となりました。

　友達と関わりたいという気持ちをもっているB男ですが、遊びに加わってもいつの間にか一人になってしまうようでした。そのようなとき、一人でも安定できる遊びや居場所があることは必要です。B男にとって恐竜に関係する遊びが自身の安定につながっていました。同じ興味を共有する子が見つかったことで、友達との遊びも続くようになり、仲間とのつながりができました。

【事例5】　得意な絵を媒介に友達とつながったC子

（保育所、4歳女児、3月）
　C子は2歳0か月で保育所に入園し、直後から都内の療育センターに通って、言語訓練と運動機能訓練を行っています。ほぼ毎日登園してみんなで行う活動にも参加しますが、集中力が短く、気持ちが向かないと床に寝転がってしまい、活動の切り替えにも時間がかかります。ことばでのコミュニケーションをとる力が、ほかの子よりも緩やかなため思いがうまく伝えられないこともあり仲介が必要な場面が多くあります。

4歳児になり、友達とのつながりをつくりたいと考えた担任が、C子の得意なポケモンの絵を活用した的あてゲーム（的に当てるとC子が描いたポケモンがゲットできる）を提案しました。そのときは、ゲームに興味を持って取り組む子はいたもののC子との関わりは見られませんでした。そこで、C子が

描いたポケモンを図鑑にし、友達が自由に見られるようにすると大人気でした。ポケモンの絵に関しては、みんながC子に一目置くようになりました。クラスにある「ポケモンを探せ」の本が人気で取り合いになるときも、「Cちゃんが好きだから貸してあげる」という子も出てきて、C子も友達に対して親しみをもち関わる姿が多くなってきました。

その後、5歳児になって、友達がリレーをしているときなどに遊びに誘うと、C子も進んで参加するようになり、集団ゲームなどでは友達とハイタッチして喜びあう姿もみられるようになりました。

自分の好きなことや得意なことをまわりから認められることは、誰にとってもうれしいことです。C子の得意なポケモンの絵やポケモンの知識を図鑑という形にすることで、まわりの子がC子の存在を意識し、関わりを持つきっかけになりました。

【事例6】 本を読んであげたことで友達とつながったD男

（児童発達支援事業通園クラス、3歳男児、1月）

D男は、自身の発語はほとんどなく先生のことばをゆっくり真似ていうこともありますが、発音は不明瞭で、半年〜1年近く発達の緩やかさがあります。また、ことばの理解（受信）については、簡単な

指示ならば、ことばだけで伝わることもあります。

D男のクラスでは、集まりのときに、友達にシール帳を渡したり、スケジュールのイラストを先生と一緒に指さしてみんなに知らせたりといった簡単な当番を順

番に行っています。同じクラスのＥ男は発語が豊かで、当番時に自分が覚えた絵本を、みんなに読み聞かせる様子があり、Ｄ男はＥ男が当番時に本を読む様子をいつも見ていました。
　ある日、集まりの前にトイレを済ませ、椅子に座り絵本を見ながらみんなが集まるのを待っていたＤ男は、後から来たＦ男のほうを向き、Ｅ男の真似をして絵本を開いて挿絵を指さしました。発語はありませんが、Ｆ男はＤ男の様子を見て椅子に座りました。Ｄ男はＦ男の顔を見ながら挿絵を指さしてページをめくり、最後のページまで絵本を読むような仕草をしていました。

　ほとんど発語のないＤ男ですが、まわりの子の様子をよく見ていて、Ｅ男の行為を自分も真似したいという意欲が見られます。ことばがなくても、表情や動作で思いを伝えることができ、それを受け止める相手がいると、つながりを感じることができるのです。

（２）保育者の役割

　個の育ちが集団を育て、集団の育ちは個の育ちにつながっています。個と集団の関わりを豊かに育てる保育者の指導について、金田の作成した図があります（図１）。縦軸が「目指す子ども像の方向」で、横軸が「保育者の姿勢」を示していて、子どもの育ちと保育者の関わりの視点を明らかにしています。

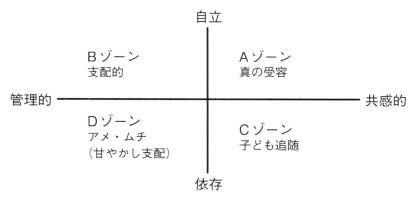

	指導の視点・方法	子ども像
Ａゾーン	自立・内的共感（民主的）	自律的自己コントロール
Ｂゾーン	自立・外的管理（支配的）	他律的自己コントロール
Ｃゾーン	依存・内的管理（追随的）	自分だけの自己充実
Ｄゾーン	依存・外的管理（矛盾型）	不安定

図１　保育・教育の指導の視点・方法と子ども像
（岡村由紀子・金田利子（2002）『４歳児の自我形成と保育—あおぞらキンダーガーデン・そらぐみの一年—』，ひとなる書房）

　この視点に立って個と集団の関わりを育てる指導を考えると、個の育ちや協同

性の高い集団の形成は、保育者が共感的に関わることによって自立の方向を目指すときに可能になることがわかります。

　3歳未満児、とくに乳児は発達が未分化なので、一人ひとりの子どもに受容的、応答的に関わり、愛着関係を形成することが必要です。1歳以上3歳未満児は、発達の個人差も大きいので、一人ひとりの子どもに応じた発達の援助がタイミングよく行われることが求められます。3歳以上児になると、子どもの実態を踏まえ、個と集団を意識して保育することになります。

　3歳児クラスの子どもたちは、最初は「集団」という意識はなくても、おもしろそうなことだったり気になる子が参加したりしていると、自分もやってみたくなります。そのため保育者は、「みんなで一緒に活動すると楽しい」と思えるような経験を提供し、保育者やクラス集団への安心感を培い、集団で活動する楽しさに気づくように環境を整えたり働きかけたりすることが必要です。また、友達関係がまだ流動的な頃には、保育者が子ども同士の関係を把握したうえで、新たな遊びの展開につながるように援助することで、どうしたら友達と楽しく遊びを進めていけるのかを学んでいきます。さらに、集団がある程度落ち着けば、保育者は個に関わることができ、個が安定していれば、全体の状況が把握しやすくなるので、仲間集団ができ始めた頃を見計らって、保育者は、子どもが自ら集団との関係を広げていけるように、また遊びの魅力にひかれて集団が形成されるように、環境を整えたり働きかけたりします。そして、子どもが繰り返し探究する姿を支え、仲間やグループで相談し合う機会をつくることにより、子ども同士がさまざまな関係を築くようになり、協同性の高い集団が形成されるのです。保育者の役割とは、つねに子どもの発達や遊びの様子、集団の育ちなどを把握しながら、個と集団に対して、その場にあった関わりをタイミングよくすることなのではないでしょうか。

　次にあげるのは、他園になじめず4歳児で転園してきたA児の記録です。母親は「Aは落ち着きがないので規律のしっかりした幼稚園の3歳児クラスに入園させよう」と考えたようです。しかし、トラブルの際に担任からは、A児だけ注意され、相手の親にも謝るようにいわれるのに、逆の場合は、いつもやっているからということで謝られたことがなく、まったく対応が違うと感じたため、親子ともども、前の園の担任に対しても友達に対しても不信感を募らせた状態で入園してきました（S-S法[*1]による言語発達遅滞の検査結果では、生活年齢4歳0か月、受信面は2歳1か月、発信面は2歳3か月程度と診断）。

　入園当初のA児は、目に入ったことがあると途端に行動し、関わりをもとうとしますが、加減がわからず相手を攻撃しているように見えてしまうので、まわりの子は怖がって近づこうとしませんでした。母親も前園での経験から、まわりに

13　集団の力の関わりと育ちあい

[*1]　S-S法（国リハ式言語発達遅滞検査）は、言語発達遅滞児の評価や言語発達障害全般の評価を行うための検査法で、言語の記号形式と指示内容の関係に基づいて評価を行うため、言語理解の発達段階に即した一貫した評価が可能です。

表1　A児の変化と保護者の援助

	エピソード	A児の姿	友達との関わり	保育者の思い・働きかけ
第1期	砂場で遊んでいるとき、近くで型抜きをしている子のところに行って頬をつねる。	落ち着きがなく、友達に興味はあるが自分の気持ちを言葉でうまく伝えられないので、突然たたいたりつねったりしてしまう。	A児は体が大きく、すぐに手を出すので、近づいて来られると後ずさりする子が多い。	【A児との信頼関係を築きたい】 ・A児が手を出す前に気づけるよう支援員を配置し、A児の気持ちを受け入れて仲介できるような環境を整える。 ・A児に対しては、体に触れながら気持ちを共感し、落ち着くのを待ってからどうすればいいか伝えるようにする。
第2期	鬼ごっこをしている数人の子どもたちのところに行って「いれて」というが無視されてしまい、担任に訴える。	自分の思いを受け止めてもらえたと感じ、安心して担任と関わろうとするようになった。体を動かす遊びが好きで、鬼ごっこなど仲間になりたいが入れてもらえず、地団太を踏んで悔しがったり友達に向かっていったりする。	A児はすぐに怒るから怖いというイメージがあり、支援員が一緒でないと仲間に入れようとしない。	【A児の不安を軽減したい】 ・支援員と担任がA児への関わりにずれが生じないように、A児の成長や発達を見通した具体的な関わり方について共通理解するように努める。 ・A児が友達と関わりたいという気持ちを受け止め、遊びの場への仲間入りを仲介するとともに、担任や支援員が抜けるタイミングをみて、A児が友達のなかで遊べたという満足感を味わえるようにする。
第3期	保育参加の日に、母親の手を引いて友達のところに連れていき、一緒に遊ぼうと声をかける。	受け入れてくれる友達が数人できて、その子とであれば穏やかな表情で遊べるようになってきている。家庭でも友達の名前が出たり遊びの様子を伝えたりするようになった。	A児が怒る理由や手を出すタイミングなどがわかり、優しい面にも気づいて、声かける子が出てきた。	【A児が心理的に安定し、他児との関係を築いてほしい】 ・母親自身が周囲から受け入れられているという安心感を持てるようにし、他児の保護者がA児の特性について理解を深められるように支援する。 ・A児が友達のなかで安定して過ごせるように担任や支援員は見守り、友達との遊びが続くよう介入のタイミングをみて関わるようにする。
第4期	発表会にむけて、ペープサートを発表するグループになるが、自分のペープサートができあがると、外に遊びに行ってしまう。同じグループの子にとがめられると嫌々ながらも部屋に戻り、自分のペープサートをいじりながら遅れている子を待つ。	自分ではまわりの様子を見て、どうすればいいか考えることは難しいが、同じグループの仲間という気持ちがあり、声をかけられると従おうとする気持ちが出てきている。	A児を同じグループの一員と認めて、一緒に活動しようという気持ちをもって声をかけたり行動したりする。	【A児が自信を持ち、クラス内での居場所をつくってほしい】 ・A児が、自分の欲求を抑えてまわりの様子を見て動こうとする気持ちを認め、自信をもって行動できるように支援するとともに、周囲から受け入れられているという安心感を持ち、自分から関わろうとする気持ちを持ち続けられるように勇気づける。 ・A児を受け入れている子どもたちの思いを受け止め、必要に応じてA児との関係を仲介できるよう見守る。

受け入れられていないと思い孤立感を持っているようでした。園では、A児の行動特性を踏まえ、スモールステップでの指導を行うと同時に、個別の支援計画・指導計画を作成したうえで、担任と支援員の関わりにずれが生じないように努め

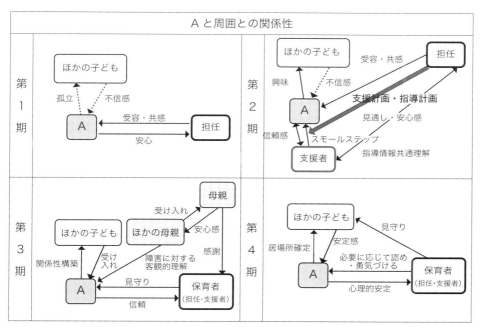

図2　A児と周囲との関係性の変化の過程

ました。

　保育者はその専門性から、常に「個」と「集団」を意識し、子どもの生活全体を視野に入れながら総合的な観点を持って保育を展開しています。園に特別な配慮を必要とする子どもが入園してくると、子どもの発達に必要と判断した場合は、特別支援教育支援員が配置され、集団のなかで「配慮を必要とする子ども」の発達を保障するために担任と連携をとりながら保育にあたっています。子どもの遊びや生活を、より多くの保育者で見守り、充実したクラス運営を行っていくためには、可能な限り保育者間で日々の話し合いを行い、子どもや保育の流れについて共通理解をしたり、価値観、保育観、保育に対する思い、願いなどについて相談したり意見を出し合ったりできるような柔軟性をもった職員集団を築くことが望まれます。

　また、保育者の専門性だけでは対応が難しいときには、多様な視点から個としての子どもの育ちを捉えることを可能にする専門機関との連携も必要になります。

引用文献

・井上宏子（2018）「集団生活の意義と配慮」，滝口俊子・井上宏子・井口眞美編著『保育と心理臨床をつなぐ―保育者・心理職・保護者の協働をめざして―』，ミネルヴァ書房．
・辻川優（2012）「特別なニーズをもつ子ども」，小田豊・神長美津子監修，友定啓子・小田豊編著『保育内容　人間関係（新保育シリーズ）』，光生館．

参考文献

- 金田利子(2002)「「あおぞら」の保育の意義と4歳児の自我形成の研究」岡村由紀子・金田利子『4歳児の自我形成と保育―あおぞらキンダーガーデン・そらぐみの一年―』,ひとなる書房.
- 厚生労働省(2017)『保育所保育指針』,フレーベル館.
- 厚生労働省(2018)『保育所保育指針解説』,フレーベル館.
- 東京都日野市公立小中学校全教師・教育委員会,小貫悟(2010)『通常学級での特別支援教育のスタンダード―自己チェックとユニバーサルデザイン環境の作り方―』,東京書籍.
- 文部科学省(2017)『幼稚園教育要領』,フレーベル館.
- 文部科学省(2018)『幼稚園教育要領解説』,フレーベル館.

Column⑪　うれしい・楽しい・おいしい

子ども「逆あがりができたぁ！うれしい！」　保育者「よかったね、うれしいね。」
子ども「散歩たのしい！」　保育者「楽しかったね。明日も行こうね。」
子ども「おいし～い！」　　保育者「おいしいね、おいしいって幸せだね。」

子どもの毎日を「うれしい・楽しい・おいしい」でいっぱいにしたい

　毎日成長していく子どもたちの日々は、1日として同じ日がありません。一人ひとりの乳幼児が、人として育っていく過程に関わっている私たちの仕事は、なんて楽しくて、クリエイティブで、エキサイティングな仕事なのでしょう。

　散歩で保育者が「えぇ～！　白いホトケノザがある！」というと、その声にみんな集まって見ます。「ほんとだ」「白い」「かわいいい」「めずらしいね」。保育者も子どもも一緒にうれしそうに、このエピソードを教えてくれました。小さな自然に気づいて感動を共有できるのはすてきなことです。

　子どもたちは、自然のなかで四季を感じ、おいしい物や生き物などを発見します。五感（視覚・聴覚・触覚・味覚・嗅覚）を豊かに育てたいです。草花や木の実、昆虫や鳥、小さな命との出会いや別れのなかで心が動いたときには、子どもが発することばに感動することがあります。こうしたとき、保育の仕事をしていて本当によかったと思うのです。

子どもたちとつくって楽しむ遊び

　「金山には昔からこんな言い伝えがあるんだよ。山のふもとの集落では、夕方暗くなっても家に入らないで遊んでいる子どもたちに、お母さんが大きな声で『かご爺さんに連れていかれるよ』と呼ぶと、子どもたちが飛んで帰ってきたんだって。」

　保育者「かご爺さんだぞー。」　子どもたち「きゃ～にげろ～！」

　これが鬼ごっこになりました。タッチされたら次の鬼（かご爺さん）になります。なかなか子どもたちが捕まらないときは、鬼（かご爺さん）が木の陰に隠れます。

　子どもたち「かご爺さ～ん！　もういいよ。」
　　　　　　「金山のかご爺さん、でーてこい、こいこいこい！」

　鬼（かご爺さん）は様子を見ていて、すぐにはでません。木の陰から手や足を見せて、子どもたちをドキドキさせます。あれ？　となったところで、かご爺さんが飛び出して追いかけると、大喜びで逃げる子どもたち。そしてルールは、遊びながら変えていくのが楽しいのです。

　保育者を目指す皆さんが養成校等を卒業し、現場で活躍されることを願っています。

第14章

基本的生活習慣や社会性を育てる

1 保育のなかの基本的生活習慣や社会性

（1）基本的生活習慣

　保育場面のなかで、基本的生活習慣は、保育用語辞典によると「生活習慣とは、毎日の生活を送る中で習慣化された行為を意味する。その中でも生命的な行為として日常繰り返されるものを基本的生活習慣と呼び、通例食事、排泄、睡眠、着脱衣、清潔の5項目があげられる。生命的な行為として生涯を通じてなされるものであるが、同時にその形成過程においては文化の影響を強く受ける」[1]と書かれています。また、松田によると、「習慣」という語の意味することとして重要な事柄を6つあげています[2]。

　① 習慣は、後天的に獲得する行動様式であり、人に自然に備わっているものではない。
　② 習慣は、「繰り返し」「反復」により習得される。
　③ 習慣は、国や地域により異なり、社会・文化・時代により変化する。
　④ 習慣は、社会化の過程を通して伝承される。
　⑤ 習慣化により、そのことに対する興味・関心は減少するが少ない心的努力で繰り返されることができ、そのことに費やす時間とエネルギーが節約される。
　⑥ 習慣化した行動様式を破ると不快感が生じ、その行動を行わなければならなくなる。

　乳幼児期の子どもの成長・発達において、この基本的生活習慣の形成は、大き

---
1) 森上・柏女, 2015.
2) 松田, 2014.

な意義があると述べられています。

　幼稚園・保育所・認定こども園などにおいては、これらの生活習慣を身につけることは、のちに人が生まれた社会に日々の生活をするために不可欠であり、もっとも基本的な生活といえます。保育の上では、身辺の自立を意味します。自分の身のまわりのことは自分でできることは、生きていく上で必要不可欠です。社会に適応して生活をすることであり、乳幼児期の発達のなかでも、この時期からある程度の習得が重要なことでもあります。保育する上では、基本的生活習慣の食事、排泄、睡眠、着脱衣、清潔に関しては、年齢発達における生理的機能、全身運動、手指の操作、言語・認識、対人関係、社会性などと、そして、個人差、環境や経験の違いがあることを理解して、援助していくことが大切になります。

　また、障害のある子ども、障害のない子ども、また、発達が気になる子どもであったとしても、基本は社会に適応して生きていく力をつけることであると考えると、基本的生活習慣は生きていくために重要なことになります。生活の基盤である基本的な生活習慣の教え（マナーなど）の大部分は家庭であり、子どもの教育は家庭が第一義的責任と位置づけられています。しかし、現在のように、低年齢児から保育利用の増加や保育時間の長時間化によるなかで、かつては家庭でなされた、いわゆるしつけの部分が、今では、保育現場に求められるようになってきています。食事であれば、箸の使い方、また、食事マナー、挨拶、清潔などの生活習慣の形成です。

　併せて、子どもを取り巻く環境の変化もひと昔と違ってきています。時代の変化もあり、多くの乳幼児が生活をする保育施設の保育者には、目の前の一人ひとりの子どもの発達過程や障害の状況を把握し、適切な環境のもとで、どの子どもにとっても、集団のなかで一緒に生活をすることを通し、個々の子どもが基本的生活習慣を身につけられるようにします。自立に向けて、よりよい成長ができるよう、適切な援助をすることが求められています。

（2）社会性とは

　社会性とは、人との関係性に関するスキルのことを指すといわれています。社会性は保育用語辞典によると「乳幼児の社会性は、母子関係、仲間関係などの対人関係、生活習慣の自立、コミュニケーション能力、道徳性などを指して用いられることが多い。また、発達研究で社会性という時、そのほとんどは個人の能力の一つをさして用いられる、たとえば、人とかかわりがうまくいかない子どもは社会性が未発達であるとみなされる。しかし、社会性とは、もともと人と人との関係性を示す言葉であるから、それを個人の能力としてしまうのは矛盾しているという指摘もある。最近では、関係論的視点から社会性をとらえる試みが生まれている」[3]。例として「子どものけんかにおけるやり取りをみると、相手の出方

3）森上・柏女, 2015.

によって子どもがたくみに自分の出方を変えていることがわかる。こうした相互交渉の発達が、社会性の発達と言えるのである」[4]と記されています。

　幼稚園、保育所、認定こども園などの保育の現場においては、生活や遊びすべての場面で社会性、つまり人との関係性なくして、集団生活（社会生活）は成り立っていきません。子どもたちは、友達との関わりを通し、社会のスキルを学び、そして自己の能力を高めていきます。やがて、一緒に生活をすることを通し、集団のなかで個々の子どもが成長できる、そして、集団のなかで生活がやりやすくなることにつながるのです。

　社会性においても、基本的生活習慣と同様、保育者は発達や環境の違い、発達の個人差など、子ども一人ひとりをよく観察し、必要な援助をしていくことが求められています。

（3）生活習慣（調査から）

①基本的生活習慣の発達

　ベネッセ教育総合研究所の「第6回　幼児の生活アンケート」（2022年）年齢別の生活習慣の発達状況による1歳児から6歳児の調査です（表1）。基本的生活習慣の生活リズムに関する内容を見ると、子どもたちの生活スタイルの変化に伴い、排泄に関する達成率はあがっています。一方、箸を使って食事をすることに関しては年齢があがっています。これは幼児の食事形態が変わってきているといえるでしょう。主な調査内容を以下に取り出しましたが、基本的生活習慣において、乳幼児期の子どもが社会の生活スタイルの影響を受け、発達状況が多様化している状況があります。このことから一人ひとりの子どもの状況に合わせた援助や支援が必要であることがいえるでしょう。

　　○食事マナー　コップを手でもって飲む　スプーンを使って食べる　おはしを使って食事をする　歯を磨いて、口をすすぐ
　　○排泄　おしっこをする前に知らせる　自分でうんちができる　自分でパンツを脱いでおしっこをする
　　○生活習慣　家族やまわりの人にあいさつをする
　　○睡眠　きまった時間に起床・就寝する
　　○着脱衣　一人で洋服の着脱ができる

②調査から見えたこと

　表1を見ると、乳幼児期の子どもにとって時代背景があり、少なくても10年以前を対象に考えてみると、大人の姿を見てマナーを覚えたり、保育の場で集団生活を過ごすなかで、その様式に応じていました。基本的生活の食事マナー、排泄、着脱衣などを取りあげてみると、ある程度集団のなかで友達の姿を真似した

---

[4] 森上・柏女, 2015.

表1　子どもの発達（年齢別　経年比較）

		1歳児 10年 (538)	1歳児 22年 (611)	2歳児 10年 (479)	2歳児 22年 (620)	3歳児 10年 (537)	3歳児 22年 (620)	4歳児 10年 (561)	4歳児 22年 (620)	5歳児 10年 (494)	5歳児 22年 (620)	6歳児 10年 (503)	6歳児 22年 (620)
食事マナー	コップを手でもって飲む	63.6 < 75.6		96.0	95.1	95.8	99.3	96.1	99.2	95.9	99.0	98.4	98.5
	スプーンを使って食べる	60.7 < 69.0		95.5	96.2	95.6	98.9	96.1	99.0	95.9	99.0	94.2 < 99.4	
	おはしを使って食事をする	3.3	3.5	37.5 > 26.8		64.7 > 57.2		82.0 > 73.4		90.9 > 85.2		93.8	91.6
	歯を磨いて、口をすすぐ	11.9	8.4	66.5 > 51.8		85.8	82.0	93.4	92.7	93.8	95.8	93.8	94.3
排泄	おしっこをする前に知らせる	4.1	5.8	22.6	19.2	82.2 > 76.2		95.2	96.6	94.7	97.2	94.0	96.8
	オムツをしないで寝る	0.9	1.5	4.8	3.9	43.9 > 34.3		70.8	68.9	81.9	80.7	94.0	96.8
	自分でうんちができる	6.1 < 24.6		24.0 < 35.4		73.6	71.3	91.8	91.9	93.3	94.3	94.2	95.1
	自分でパンツを脱いでおしっこをする	1.7	3.2	17.4	14.7	77.5	72.8	95.0	96.3	94.7	97.9	94.4	96.3
生活習慣	家族やまわりの人にあいさつをする	39.5	40.4	81.2 > 74.5		87.5	88.5	91.4	91.1	92.3	94.8	91.5	91.7
	決まった時間に起床・就寝する	50.5 < 71.9		63.7 < 75.3		66.9 < 79.2		79.5 < 85.5		82.9	87.0	81.9	84.9
	一人で洋服の着脱ができる	2.2	5.4	25.4 < 36.8		64.5 < 77.8		90.9	93.8	93.9	97.2	94.0	94.7
	一人で遊んだあとの片付けができる	14.3 < 27.8		44.4 < 61.4		65.5 < 72.1		79.3	83.5	84.7	89.2	85.7	86.9

注1）「できる」の％。
注2）満1歳以上の子どもをもつ母親の回答のみ。
注3）10年、22年調査の結果を比較し、10ポイント以上の差があったものは濃い網掛け、5ポイント以上10ポイント未満の差があったものは薄い網掛けをした。
注4）（ ）内は人数。
注5）0歳6か月～6歳11か月の年齢層で分析する際のウェイトを用いて集計した。
（ベネッセ教育総合研究所（2023）「第6回　幼児の生活アンケート」、p.32.）

り、友達同士で刺激されて身につくことも多くありました。家庭でも、また保育の場においても、生活において必要なことは、大事なことであるという考えです。今も多くのことは変わりありません。これらは日本の文化でもあるので変わりないことですが、生活のスタイルの多様性というように、家族のあり方、就労のあり方、ものの価値観も、多様となってきていることも調査表には表れています。

　基本的生活習慣の考え方は、子どもが今をよりよく生きていくために必要なこととして、保育を考えていかなくてはなりません。近年は、保育者にとっても保育そのものが非常に難しくなってきています。生活習慣や集団生活のことをとっても、どの子どもも幸せに生きていけるようにするためには、これからの保育を多様性の時代のなかで、インクルーシブ保育を視野に入れ、障害のある子ども、障害がない子どもであっても、よりよい保育を行うことが大切になります。

2　事例から基本的生活習慣や社会性を育むことを考える　—3つの事例から—

【事例1】　基本的生活習慣の援助　—自閉傾向にあるAちゃん—

（4歳女児）

〈Aの状況〉
・4歳児、3月生まれ女児
・保育園入所：2歳0か月　現在、5歳3か月

・家族：父　母　本人　弟（2歳）
・都内療育センターにて言語訓練　運動機能訓練

〈生活面〉
・身のまわりのことはほぼ自立し、自分で行うことができる。便の始末を練習中である。全体への指示では、指示が通らないことがある。わかっていても気持ちが切り替わらず、ふらふらして支度などに取り組まないことがあるので、保育者が個別に声をかけるなどの援助が必要。
・箸が持てず、フォーク、スプーンを使って食べている。
・食事のときは必ず保育者がつき、食器の扱いや箸の持ち方を指導をしている。
・トイレに行って手洗い、うがいをして席に着くなど、「次に何をするかな？」など、ことばをかけるとできる。個別についていないとできなくなる。

〈コミュニケーション〉
・一人で遊ぶことが多いが保育者の仲介のもと、友達と一緒に過ごすことを楽しむことができる。
・ことばでのコミュニケーションを取る力が伸びてきたが、他児よりもゆっくりであるため、思いがうまく伝わらないこともあり仲介が必要である。

（1）保育者の関わり援助

　Aは、現在は、4歳児クラスの3月生まれです。同年齢の子どもたちとは、約1年の幅があるなかで、年齢発達の差もあります。生活面では、入園当初（2歳児）は、椅子に座ることが苦手で、姿勢を保つことも難しい状況でした。運動機能の面で座ることができても維持することが難しいということは、体幹の筋力をつけることが必要でした。これについては運動機能訓練を受けていますが、保育のなかでも体幹を強くする遊びを行うようにしていくことが大切になります。園では、クラスの運動遊びに積極的に誘うことが大切です。また、その他の配慮として、椅子に滑り止めや、足置きを椅子につけるなどの配慮も大事なことの一つと考えられます。配慮することで、座る姿勢や集中力がつくことにつながります。

　4歳児クラスになり、手、指先の操作の力がついてきて、3点持ちができるようになりました。食事のときは、保育者がつき、ことばかけなどを行います。やることをことばをかけて促すことも大切ですが、遊びのなかで、手指先の操作を促す遊びを取り入れて、遊びを通して発達を促したことや、Aの好きな遊びの一つである絵を描くことを自由に行わせて、指の操作する力をつけることも大切な援助になります。

　Aにとって、楽しい、またできたことをほめることなどが、次のステップになります。さまざまな支援があるなかで、個別対応が必要であるため、フォローの担任をつけて1対1の対応をすることも必要となります。状況により、個別での対応が必要な場合と、見守る場合があるので、Aに対してはどのような対応が必

要になるのか、柔軟に対応を変えているのが現在の状況になります。こうしたことを担任間や、また園全体の職員で、常に話し合うことが大切になります。

（2）支援環境の連携

　Aの場合、都内の療育センターで言語訓練と運動機能訓練を受けています。療育センターとの関係や連携が大切になります。保育者間での援助や支援だけでは限界があります。専門的な訓練内容を知ることや専門的なアドバイスをもらうことにより、保育のなかでAのできることの段階を知ることで、保育に生かせる内容が明らかになります。さらに、療育センターと連携をすることで、保育者の支援方法も明確になります。

　また、Aの保護者との連携も大切なことになります。保護者と保育者の子どもへの関わりを一致させることは、子どもの発達の援助となります。保護者を支えながら、常に連携していくことが大切です。

【事例2】　コミュニケーションがスムーズにできるようなったSくん
　　　　　　—社会性、集団の一員としての援助—

（3歳児、中程度の知的障害・自閉スペクトラム症）

（1）プロフィール

　Sが保育園に入所したのは3歳児クラスのときです。市の療育センターで中程度の知的障害・自閉スペクトラム症という診断を受けていました。小2の兄と小1の姉がいます。3歳児クラスのときは、ことばはほとんどなく、ほかの子どもと同じことはできませんでした。行動は保育室の一角で主にブロック遊びをすることが多く、コミュニケーションも担任以外とは、ほとんどとれませんでした。

（2）社会性が芽生えてきた
①たたく・嚙みつく行為を止めましょう

　4歳児クラスになって、Sは少しずつ自分の意思を出せるようになりました。5月頃より急に保育室から出るようになったのです。それを止めようとした担任や補助の保育者を嚙んだり蹴ったりするようになりました。また、給食の時間になってブロックなどの遊びを片づけるよう声をかけても同じでした。困った担任は、保護者と発達支援コーディネーターに相談し、話し合うことにしました。

　保護者によると、家族にはそのようなことはなく、ただ父親にはときどき暴力をふるうということでした。保護者と保育所の職員で、「暴力で自分の意思を通すことは、将来にとっても人間関係の構築にとってもよくない」という共通認識を持ちました。それからは暴力をふるうときは止めることにしました。怒るのではなく、ことばで「痛いからやめて」「たたかないで」というようにしようと決めました。だんだんと彼が信頼している担任、補助の保育者への暴力は減っていきました。

②彼のやりたいことを認めましょう

　保育室にはいますが、Sはみんなと一緒の行動をすることはありませんでした。

唯一、給食の時間だけはみんなといっしょでした。担任は悩みました。散歩に行かない彼を「認めてもいいのかな」と保育園の発達支援コーディネーターを中心に関係職員で話し合いました。

　特別支援教育のねらいから話し合いました。結論は障害があってもなくても子どもが笑顔でいられる保育所にしようということでした。それからは、にぎやかな保育室にいたくないときや散歩に行かないときは保育室や事務室で担任やほかの職員が見守り、彼が遊びたいことで過ごせるようにしました。

③ことばでのやりとりを大切にしましょう
　10月頃になると、彼が一番心を許している保育者と遊ぶようになってきました。ドライブごっこで「となりに乗って」「シートベルトをして」と話しかけていました。家庭でのことばのやりとりが再現されているようです。また、じゃまされたくないときは、「出てって」「こないで」というようになりました。

　私たちは、大体「はい、わかりました」といいますが、彼が遊んでいる場所を使いたいときには、「会議で使うので貸してね」ということもあります。

　給食を事務室で心を許している保育者と食べたいときは、担任と一緒に園長に「事務室で食べてもいいですか」ということができるようになりました。「いただきます」「おかわりください」「ごちそうさまでした」は、事務室の先生たちと繰り返しやりとりをしてできるようになりました。

（3）大切なことは一人の人として向き合うこと
　彼は、週の何回か児童発達支援事業所に通っていました。発達支援コーディネーターは、保護者と彼のことを話すだけでなく、その事業所でどのように過ごしているかも見学に行きました。そして、保護者の願いや、Ｓが社会で生きていくために必要な力について担任や園長だけでなく職員全員で話し合いました。答えはありませんが、彼が心地よくいられること、まわりの子どもも大人も、彼は彼と認められることが今できることだと考えています。

　Ｓは、給食のときのおかわりの順番も守ります。かたづけも自分でします。ときには、散歩に行ったみんなを追いかけて公園に行くようになりました。「ゾンビごっこしよう」とみんなを誘うこともあります。いやになったらすぐにやめますが、誰も文句はいいません。それがＳくんだとわかっているからです。

（4）まとめ
　間違えてはいけないことは、彼を受け入れることは大切ですが、彼がまわりの子どもたちのことも友達として認められるようにすることも大切なことです。違いはあっても誰もが一人の人として大切にされることは当たり前のことです。

　私たちの使命は、彼が集団の一員として、どこにいっても心地よく過ごすことができる力をつけてあげることだと考えています。

（事例提供：川崎市宝翠保育園　宮本園長）

　保育所には、多様な個性をもった子どもが入所しています。一人ひとりの特性を大切にしながら社会の一員として身につけていかなければならないことの一つに基本的生活習慣があります。無理なく児童のペースに合わせながら必要な力を

つけていっている事例の紹介をしました。上のまとめにあるように、「違いはあっても誰もが一人の人として大切にされることは当たり前のこと」とあります。このことは、どの子どもにもしっかり居場所があることが、保育をする上で大切なことであることを表しています。また、保育者間で共通認識がしっかりされていることも事例から読み取れるでしょう。個別対応の場合はもちろん、障害のあるSにとっても、その行動を見守っているということ、行動制限をしないということから、どの職員（保育者）も温かでていねいな対応をしていることが大切なのです。Sは、保育所の全職員（保育者）の愛情を受けていることがこの事例からうかがえるでしょう。

【事例3】 社会性・仲間関係を育む

（5歳児　ダウン症、肢体不自由児）

　5歳児のYは、ことばは、「あ」「う」などの音声のみ。歩けない、食事（流動食）、排泄（おむつ）、移動、生活面など、全介助です。保護者の願いから「Yはこの先、健常な子どもたちと交流する機会は少ないと思われるから、小学校に行く前に、せめて同年齢の子どもたちとの関わりを持たせたい」ということで、保育所の年長児クラスに入所してきました。

　保育者は、Yが全介助であり、さらに肢体不自由ということ、そして食事については口腔機能的な問題があり流動食であることなど、食事を詰まらせることがないだろうかなど、保育をする上で難しいケースということで受け入れに不安を持っていました。

　一方、子どもたちはというと、仲間の一人としてすんなり受け入れました。Yを愛称で呼ぶようになり、仲間として見ていました。Yができないところは、世話をするなど、手伝う姿もありました。また、行事のときには、どうすればYが参加できるかなどを子どもたちが考えてくれました。全介助ということでは、1対1で保育者がつき対応をしていました。年長児の子ども集団であるということが、Yにとって過ごしやすかったと思われます。

　この事例から障害がある子ども、障害がない子どもの違いにかかわらず、子どもたちの姿から保育者は教えられることが多くあり、その子どもたちにとっても社会で過ごすことを体験できる場であったと考えられます。そして、子どもたち（健常児）にとって、多様性を理解し、豊かな人間性を育む機会となったといえるでしょう。保育者は、子どもの姿を把握しながら、Yができることや変化していることを見つけ、家族と話し合うこと、共有することが大切なことになります。どの子どもにとっても、人間関係、いわば社会性を育むことにつながります。障害のある子どもの関わりにくさ（一人遊び、ルールが理解できない、人の思いや気持ち、自傷行為や他害行為への対応など）があるなかでも、子どもたちが社会性を身につける場をつくることが、保育者の役割の一つです。

3 保育者の専門性

(1) 3つの事例から保育者の役割とは

　汐見は、保育者の仕事はまず「子どもを見ることから始まる」[5]といいます。「子どもが主体的になれる環境を用意すること。子どもが資質や能力を培うには、「させる」「教え込む」のではなく、主体的に取り組む必要があるからです」[5]とも述べています。障害がある子どもの保育は、まず、その障害を理解することから始めなければなりません。障害をひとくくりにしたり、発達状況で決めつけたりしないことが大切になります。一人ひとり子どもは異なり、個人差もあり、それぞれサポートが必要であることを意識して援助することが大切になります。基本は、子どもを尊重すること、子どもの人権を大切にし、その子どもにとっての最善の利益を尊重する保育であることが大切です。

　特別支援教育、障害児保育は、保育の原点であるという考えに立ち、工夫をすることが大切になります。つまりどの子どもであっても、障害のある子ども、障害がない子どもではなく、その子どもが健やかに育つことを援助することが大事なのです。そして、保育者間の共有の大切さ、コミュニケーションの大切さであるとも考えます。これは信頼関係が基盤となります。保育の基本は信頼関係なのです。どの子どもにとっても、安心して過ごすことができる環境は、人との信頼関係が基盤になるのです。保育者の専門性につながる信頼関係の構築は、とても大切なことです。

　筆者が現場の保育者として過去に関わった子どもたちは、視覚障害の子ども（0歳児入所）、聴覚障害の子ども（1歳児入所）、自閉症の子ども（1歳児入所）、ダウン症の子ども（4歳児入所）、身体障害の子ども（5歳児入所）、発達の気になる子ども（5歳児入所）たちと関わってきました。時代的には1980年代でしたが、1974（昭和49）年の「障害児保育事業実施要綱」では、「一般の幼児とともに、集団保育する」とされ、「国の事業としての幼稚園や保育所における障害児の教育・保育は、原則として「一般の幼児とともに集団保育をする」形態であり、統合保育でした。現在は、インクルーシブ教育・保育といわれています。

　いずれにしても、集団の保育の場で、「障害がある子ども」と「障害のない子ども」が過ごすことは、一緒の場所にいることで何らかの関わりを持つことができます。つまり直接的に関わりが持てない場合でも、会話ができず、ことばを交わすことができないとしても、一緒にその遊びができなくても、同じ場所で生活や遊びが展開されていることは、何らかお互いに影響し合い刺激となるのです。これらはどちらにとってもメリットになります。そして、社会性を育む環境であ

---
[5] 汐見, 2023.

るといえるでしょう。

（2）今後の課題として

　2017（平成29）年告示の「保育所保育指針」（第4章）には、保育所の役割に「子育て支援」が位置づけられています（幼稚園教育要領には「子育ての支援」〔第3章〕、幼保連携型認定こども園教育・保育要領にも「子育ての支援」〔第4章〕が記述されています）。保育所に通う子どもの保護者の支援だけではなく、地域の子育て家庭に対する支援の役割が示されています。保育所のみではなく、幼稚園、認定こども園などにおいても同様です。

　今後、さらに保護者支援の役割が重要になることを踏まえ、保護者との連携や関係機関との連携、また、地域との連携が大事になります。障害がある・なしではなく、どの子どもにとっても関わる人、機関との連携は必要なことです。その子どもにとってさまざまの人間関係づくりが発達保障になるのだと考えるからです。保育者の役割も関係をつなぐ役割が、今後、強化していくことが大切でしょう。また、地域支援の役割を考えると、地域の子育て中の親子の状況に関わることで、支援が必要な状況にある親子へのアプローチをしていくことがますます必要になるでしょう。保育所の役割から、地域子育て支援にも専門性を発揮していくことが重要なのです。

引用文献
- 汐見稔幸（2023）『汐見先生と考える　子ども理解を深める保育のアセスメント』，中央法規出版．
- ベネッセ教育総合研究所（2022）『第6回　幼児の生活アンケート』．https://benesse.jp/berd/up_images/research/YOJI_all_P01_65_6.pdf　2024年1月31日閲覧
- 松田純子（2014）「幼児期における基本的生活習慣の形成—今日的意味と保育の課題—」，『実践女子大学生活科学部紀要』，第51号，pp.67-76．
- 森上史朗・柏女霊峰編（2015）『保育用語辞典（第8版)』，ミネルヴァ書房．

参考文献
- 安藤忠・諏訪田克彦編著（2023）『これだけは知っておきたい！　発達障害のある子とのかかわり方—専門家から学ぶ保育の困りごと解決BOOK—』，Gakken.
- 厚生労働省（2017）『保育所保育指針』，フレーベル館．
- 厚生労働省（2018）『保育所保育指針解説』，フレーベル館．
- 内閣府・文部科学省・厚生労働省（2017）『幼保連携型認定こども園教育・保育要領』，フレーベル館．
- 乳児保育研究会編（2010）『資料でわかる乳児の保育新時代』，ひとなる書房．
- 文部科学省（2017）『幼稚園教育要領』，フレーベル館．

Column ⑫　楽しかった幼稚園生活

　筆者は、特別支援学校に通う息子を育てている保護者の立場から本コラムを執筆しています。本書を手にとる人の多くが、これから保育者として現場に出ていく学生の皆さんということから、息子の幼稚園時代の出来事を振り返りました。

　幼稚園では、先生2人の年少を2回（前例のない留年をさせていただきました）、年長は加配の先生についていただいて過ごしました。変化が苦手な特性ゆえ同じ教室や先生にする配慮がありました。また、下駄箱やロッカーの個人用シールは、本人が好きな苺のものにしてもらいました。

　クラス全体への呼びかけは、自分に向けられた指示とは気づけないので、副担任の先生に本人が気づく距離で名前を呼び、短く具体的かつ肯定的な表現をお願いしました。クレヨンを取りに行くなら、本人がよく使う青クレヨンの絵や箱の写真、園庭で遊ぶなら好きな遊具の写真や靴を見せるなど、何をする、どこへ行くかをイメージできそうなものを先生方が探ってくださいました。

　1日のスケジュールをホワイトボードに絵で伝えるようお願いしたら、ほかの子どもたちにもわかりやすいと先生によろこんでもらえました。本人とボードの目の前で確認し、終わったら消すと、より伝わりやすいようでした。タオルをかける、水筒を置くといった身支度も、背景のないタオルの絵や水筒の写真を置く場所に貼っておくと、目で見て確認でき、自信を持ってできるようになりました。

　体幹が弱く協調運動も苦手なので的に向かって排泄という同時に2つのことをするのは難しく、トイレに座る秒数の記録は伸びるものの、いきむことにつながらず、また共有トイレは落ち着けないので、オムツ交換は職員用トイレを拝借していました。

　いつもと違うこと・知らない人・大人数が苦手なので、幼稚園の行事は一大事です。運動会の前、幼稚園の全職員に息子の取扱説明書を渡しました。また、卒園生であるお向いさんに事前にビデオを見せてもらい、定番のプログラムを一緒に練習してもらいました。全体練習は嫌がりチラ見程度で後はぶっつけ本番でも、息子は記憶力が凄いので、ちゃんと覚えていました。当時、大人気だったエビカニクスは楽しさが勝って、苦手な被り物もつけて踊れました。障害物くぐりは、本人が知っているクラスのママが協力してくれてクリアできましたが、パン食い競争のパンは、当日はじめて見たものなので拒否。本人の好きなものをぶら下げて、引っ張る練習をしておくんだったと後になって気づきました。

　衣装に関しては、服に直接飾りをつけ、当日に着ていく作戦でクリアできることもありました。誕生会などの名前を呼ばれて前に出ていくイベントでは、事前に司会の先生に目の前で名前を呼んでもらう練習をしました。待つ時間が長い卒園式は、別行動にさせてもらい本人が呼ばれる直前に滑り込みました。

　幼稚園生活を息子が楽しく過ごせたのは、保育所等訪問支援事業で療育機関の先生に定期訪問していただけたことも、とても大きかったです。不可解・不適切と思える息子の言動の理由を解説をしてくださり、困惑しているのは周囲の大人

ではなく、本人だということがわかって目から鱗が落ちました。注意する前に、なぜそうした言動をするのか理由を探ることが大事。福祉のプロにお聞きしたことを先生方にお伝えして、本人の困りごとをどう解消するか、一緒に考えていただけたことに本当に感謝しています。

14 基本的生活習慣や社会性を育てる

第15章

保育者の保育力を高めること

1 保育現場の現状

（1）保育・幼児教育施設における特別な支援を必要とする子どもの在籍の現状

　近年、どこの保育所、認定こども園、幼稚園に出向いても、特別な支援を必要とする子どもと出会います。保育者になるために保育実習、教育実習に取り組んだ学生からも、実習を通して特別な支援を必要とする子どもと出会い、対応のあり方について実践的に学んだという報告を受けます。大学等の養成校で得た知識を活用して、子どもに応じた対応ができた学生もいれば、「一人ひとりの特徴に応じた関わりができなかった」「支援を必要とする子どもを含めたクラス全体での活動の進め方がうまくいかなかった」などの課題が残り、実習後の課題解決学習で取り組む姿があります。どこの保育現場でも特別な支援を必要とする子どもが在籍していることは当たり前となり、保育者には特別な支援を必要とする子どもへの対応が求められています。

　このことは、2018（平成30）年11〜12月に日本全国の保育所、認定こども園、幼稚園を対象として行った「第3回幼児教育・保育についての基本調査」からもわかります。「国公立幼稚園の92.9％、私立幼稚園の80.6％、公営保育所の89.5％、私営保育所の76.9％、公営認定こども園の91.9％、私営認定こども園の84.9％に障害のある園児や特別に支援を要する園児がいる」[1]と回答しています。このことから約7〜9割の園に特別な支援を必要とする子どもが在籍していることがわかります。さらに、2007〜8（平成19〜20）年調査、2012（平成24）年調査、2018年調査を比較することで、経年増加していることも示されています。

　つまり、これからの保育・幼児教育は、幼稚園教育要領の前文にあるように

1）ベネッセ教育総合研究所, 2018, p.10.

「一人一人の幼児が、将来、自分のよさや可能性を認識するとともに、あらゆる他者を価値ある存在として尊重し、多様な人々と協働しながら様々な社会的変化を乗り越え、豊かな人生を切り拓き、持続可能な社会の創り手となる」[2]、いわば全員参加型の共生社会の担い手を育てる、そんな保育が求められているといえます。

（2）保育者の特別な支援を必要とする子どもに対する理解の現状

　保育士資格を取得しようとする学生は、「障害児保育」科目を1単位は必ず履修することが義務づけられています[3]。これは、1991（平成3）年の保母養成課程の教科目見直しの際に「障害児保育」が選択科目として新設されました。2001（平成13）年に保育士養成課程の改正が行われ、「障害児保育」科目は必修科目となり、一部の保母に障害児の保育についての知識・経験などを期待された時代から、すべての保育士に必要な知識・技術であることに変化した経緯があります。

　また、幼稚園教諭免許状を取得しようとする学生は、教育職員免許法施行規則により2019（平成31・令和元）年度入学生から、教員養成段階で発達障害や軽度知的障害をはじめとする「特別支援教育」の基礎的内容を1単位以上修得することが義務づけられました。

　さらに、保育士等キャリアアップ研修の専門分野別研修には「障害児保育」[4]があり、2022（令和4）年度に廃止されましたが幼稚園教諭免許更新講習の必修領域に「子どもの発達に関する脳科学、心理学等における最新の知見（特別支援教育に関するものを含む）」[5]がありました。そのほかにも自治体や保育団体などが主催する研修でも、特別な支援を必要とする子どもに関する研修が行われています。近年の子どもの実情から、必要不可欠な学びといえます。

　実際の保育現場では、生後すぐに診断が確定するダウン症候群、脳性まひのある子ども、乳幼児健診にて知的障害や自閉スペクトラム症などの障害が予測された子どもたちなどについては、その子どもに対応する保育者が確保され、一人ひとりの特性に応じた保育がなされています。

　しかしながら、集団での活動に興味が持てない子ども、気持ちの切り替えが難しい子ども、周囲の子どもとのトラブルが絶えない子どもなど、保育所、認定こども園、幼稚園などに入園してから特別な支援が必要であることがわかった子どもは、その子どもに関わる保育者の確保が十分にされていないことや保護者の理解が得られないなど、対応に苦慮している様子がうかがえます。

2）文部科学省, 2017, p.3.
3）厚生労働省, 2009.
4）厚生労働省, 2017.
5）文部科学省, 2012.

（3）特別な支援を必要とする子どものための支援体制の現状

　筆者が勤務していた幼稚園には、設置の目的に「幼児期における特別支援教育の充実」があり、設置当初から特別な支援を必要とする子どもを優先的に受け入れていました。また、特別な支援を必要とする子どもの人数に応じて教員が加配されていました。その加配教員は正規採用の教員、もしくは非正規教員の場合でもフルタイムで勤務していました。支援担当の教員は、個別の支援計画・指導計画、週日案を作成して計画的に保育にあたり、保護者や関係機関との連携も中心になって行っていました。週に一度の保育の打ち合わせの際には、週案をもとに子どもの育ちの様子や翌週の保育の計画を全職員に伝え、ときには子ども理解や子どもへの関わり方、保育のあり方などについて、ほかの保育者からアドバイスを受けながら、全職員の理解と協力のもと、保育にあたることができました。以上のような体制があることで、自分一人で悩むことなく周囲の仲間に支えられながら、日々の保育にあたることができました。

　特別な支援を必要とする子どもを受け入れるための支援体制については、「第3回幼児教育・保育について基本調査」にて明らかになっています。具体的には、「①行政の補助金を利用して特別な要員を配置している、②行政の補助金は利用しないが特別な要員を配置している、③自治体が雇用した要員が派遣されている、④クラス担任をもたないフリーの保育者や園長・主任が対応している、⑤複数担任やクラスの園児数を減らすなどクラス編成上の配慮により対応している」[6]の5つがあげられています。

　多様な子どもが在籍することが前提となった現在、一人ひとりの子どもの特性に応じ、発達の課題に即した指導を行うためには、その指導を行う人員の確保が必要になります。保育所においては、田中によると「厚生省より『障害児保育事業の実施について』（昭和49年12月13日児発第772号厚生省児童家庭局長通知)』および『障害児保育事業要綱』が出され、日本では国による保育所における障害のある子どもを対象とした障害児保育事業が始められました」[7]とあり、障害児保育事業を行う保育所を指定して助成を行う制度がスタートしました。幼稚園においては、文部省において1974（昭和49）年度より私立特殊教育費補助が私立幼稚園も助成対象としたことから、私立幼稚園での特殊教育が拡充していきました。保育とは人が人と関わることで人を育てる行為なので、特別な支援を必要とする子どもに対する支援を実践するためには人員の確保は必須であるといえます。

　さらに、その支援のための人員がどのような知識・技術に基づいて支援しているのか、どのような形態で勤務しているのか、保育者間の連携のあり方はどのようにされているのかが重要となります。

　支援を必要とする子どもに対する保育体制が整えられている園では、支援担当

---

6) ベネッセ教育総合研究所, 2018, p.10.
7) 田中, 2018, p.32.

保育者が個別の指導計画にもとづいて、ほかの保育者と共通理解・連携を図りながら、その子に応じた支援をします。また、別の園では複数の保育者でクラスを担当し、チームで保育しながら支援を必要とする子どもの育ちを支えます。さらに、支援を担当する保育者には、特別支援に関する研修を受ける機会を積極的に設けています。

一方で、短時間勤務の保育者が保育打ち合わせに参加していないため、その日の保育の意図を知らぬままに場当たり的に対応している園があります。これは、ベネッセ教育総合研究所の調査に、どの保育施設にも3割程度のパートタイム保育者がいる[8]という調査結果から、そのような対応をする園が一定数あることが予想されます。特別な支援を必要とする子どものための人員は確保されてきていますが、その保育者が有効に機能できる体制が十分に整っていない園が一定数あります。また、園長・主任・フリーの保育者が担当している園があります。これらの園は、その保育者がほかの対応があり、しばしば保育中に担当者がいなくなるなど、その子どもの保育に専念できていない状況があります。

2 保育者の保育力を高めるための取り組み

(1) 保育のあり方を考える

そもそも保育所、認定こども園、幼稚園は、すべての子どもの個人差に十分配慮し、一人ひとりの発達の過程に応じた保育をすること。また、保育者が何かをさせるのではなく、子どもの主体的な活動や子ども相互の関わりのなかで育っていけるようにすることが求められています。

保育所保育指針（(3) 保育の方法）には、以下のような記述があります[9]。

> ウ　子どもの発達について理解し，一人一人の発達過程に応じて保育すること。その際，子どもの個人差に十分配慮すること。
> オ　子どもが自発的・意欲的に関われるような環境を構成し，子どもの主体的な活動や子ども相互の関わりを大切にすること。特に，乳幼児期にふさわしい体験が得られるように，生活や遊びを通して総合的な保育すること。

また、幼稚園教育要領（第1 幼稚園教育の基本）には、以下のような記述があります[10]。

---
8) ベネッセ教育総合研究所, 2018, p.12.
9) 厚生労働省, 2017, p.5.
10) 文部科学省, 2017, p.5.

> 2　幼児の自発的な活動としての遊びは、心身の調和のとれた発達の基礎を培う重要な学習であることを考慮して、遊びを通しての指導を中心として第2章に示すねらいを総合的な達成されるようにすること。
> 3　幼児の発達は、心身の諸側面が相互に関連し合い、多様な経過をたどって成し遂げられていくものであること。また、幼児の生活経験がそれぞれ異なることなどを考慮して、幼児一人一人の特性に応じ、発達の課題に即した指導を行うようにすること。

これらのことが忠実に実践されたなら、特別な支援を必要とする子どもも、自分の好きな遊びを過ごしやすい空間で、信頼できる保育者や親しみの持てる仲間とともに体験し、成長・発達していけることでしょう。

では、現在の保育現場の保育の実際はどのような状況かというと「保育園・こども園・幼稚園向け『これからの保育を考えるための園基礎調査』結果報告書」[11]

図1　「子ども主体」の捉え方・取り組み方
（ベネッセコーポレーションKids & Familyカンパニー（2023）「保育園・こども園・幼稚園向け『これからの保育を考えるための園基礎調査』結果報告書」）

11）ベネッセコーポレーションKids & Familyカンパニー, 2023, p.6.

で「子どもの主体性」に関する園の捉え方・取り組みの状況をクラスター分析しています。

　その結果によると「子ども主体を尊重」する園は、「子ども同士の豊かなかかわりの中で、子どもが主体的に思考錯誤しながら、挑戦的な活動に取り組んでいる」とのことです。これを実現するためには、「計画の立案は柔軟で、子どもの『やりたい』を尊重」しているとのことです。このような保育を行っている園は、22.2％を占めており、特別な支援を必要とする子どももやりたいことに存分に取り組め、遊びの楽しさを味わいながら周囲の子どもとの関わりのなかで育つことができるので、多様性を認め合える集団で安心して過ごすことができると考えます。

　一方で、「集団としての自主性を尊重」したり、「集団としての指導を重視」したりする園は、「先生の統制的なかかわりが多く、先生が決めた一斉活動に取り組む傾向が高め（強い）」とのことです。保育の計画についても「計画通りに取り組む傾向が強く、計画の柔軟性は低め（ほとんどない）」とのことです。支援を必要とする子どもはそもそも先生の統制的な関わりに応じることが難しく、一斉活動からはみ出がちです。さらに、計画の柔軟性は低め（ほとんどない）なので、特別な支援を必要とする子どもにとっては、気持ちがのらないとき、参加が難しい活動時などは、逃げ場のない状況であることが予想されます。「集団としての自主性を尊重」している園が26.6％、「集団としての指導を重視」している園が20.6％と２つを合わせると47.2％と約半数を占めており、高い割合を示していることがわかります。残る30.6％の園は「子ども主体」へ試行錯誤中とのことで、今後の取り組みに期待したいところです。

　特別な支援を必要とする子どもが無理なく園生活を送り、その子らしく日々生活しながら成長していくには、園の保育のあり方が問われます。つまり、すべての子どもに質の高い保育を行っている園は、支援を必要とする子どもの成長・発達にも効果をもたらすこととなります。今一度、園の保育のあり方を見直す必要があります。

　そして、特別な支援を必要とする子どもたちに対しては、保育所保育指針（（２）指導計画の作成）に、以下のような記述があります[12]。

　障害のある子どもの保育については，一人一人の子どもの発達過程や障害の状態を把握し，適切な環境の下で，障害のある子どもが他の子どもとの生活を通して成長できるよう，指導計画の中に位置付けること。また，子どもの状況に応じた保育を実践する観点から，家庭や関係機関と連携した支援のための計画を個別に作成するなど適切な対応を図ること。

12）厚生労働省，2017，p.9.

また、幼稚園教育要領（1障害のある幼児などへの指導）には、以下のような記述があります[13]。

> 障害のある幼児の指導に当たっては、集団の中で生活することを通して全体的な発達を促していくことに配慮し、特別支援学校などの助言又は援助を活用しつつ、個々の幼児の障害の状態などに応じた指導内容や指導方法の工夫を組織的かつ計画的に行うものとする。また、家庭、地域及び医療や福祉、保健等の業務を行う関係機関との連携を図り、長期的な視点で幼児への教育的支援を行うために、個別の教育支援計画を作成し活用することに努めるとともに、個々の幼児の実態を的確に把握し、個別の指導計画を作成し活用することに努めるものとする。

幼保連携型認定こども園教育・保育要領にも同様のことが書かれています。

保育所、認定こども園、幼稚園ともに、一人ひとりの障害の状態に応じた指導内容・指導方法の工夫を行うことが求められています。そのためには、個別の支援計画、指導計画、週日案などを作成し、意図的・計画的に保育を展開しなければなりません。計画を立てるためには、その子どもの様子を振り返り、育ってきたこと、今後の課題を見いだすことにつながります。また、指導計画を立てることで、場当たり的な関わりではなく、その後の育ちを見通しながら関わることにつながります。また、保育者同士で共通理解をした上で、子どもに関わることにつながります。

（2）園内支援体制の構築

現在の保育所、認定こども園、幼稚園には、さまざまな機能が求められています。特別な支援を必要とする子どもへの対応はもとより、待機児童問題解消後の新たな園児の獲得、子育て支援活動の充実、小学校との連携、開園・開所時間の延長、子ども誰でも通園制度への対応など、保育者が不足しているなかでも果たさなければならない役割は増大の一途をたどっています。

そのような実情から、保育者がすべてのことを熟知して実践するのは困難であることが予想されます。例えば、特別な支援についてはA先生、子育て支援についてはB先生のように、園内の誰かが特定のことに詳しくなり、その保育者が中心となって推進したり、対応に迫られる保育者の相談にのったりサポートしたりする体制を取ることで、多岐に渡る機能を効率よく果たすことができるのではないでしょうか。研修などについても、すべての保育者が受講することが難しいのであれば、受講した保育者が園内の保育者に伝えることで、園全体の保育の質を

13）文部科学省, 2017, p.12.

高めることができます。

　特別な支援を必要とする子どもへの対応についても、園内支援体制の構築が求められると考えます。保育形態にもよりますが、子どもはいろいろな場で、さまざまな保育者や園児と関わりながら生活をします。担任保育者・担当保育者のみではなく、すべての保育者が支援を必要とする子どもの実態、関わりのポイント、配慮すべきことなどを理解した上で関わることが、支援を必要とする子どもが困ったり混乱したりすることを避けられます。

　ときに、担任保育者・担当保育者は、支援を必要とする子どもへの対応のあり方に悩み、迷うことがあることでしょう。また、子どもの困っている状況に気づかないということもあり得ます。そんなとき、園内の保育者同士が「こんな対応をしたらうまくいったよ」「こんな環境を構成すると落ち着くことができたよ」「あの子、こんなことにとまどっているのでは？」など、気軽に話し合える関係性にあると、一人で悩んだり、必要な支援を見過ごしたりすることがなくなるのではないでしょうか。

（3）特別な支援を必要とする子どものための保育実践

　保育とは子どもを育てる行為であり、目の前の子どものことを理解していないと保育は成り立ちません。とくに支援を必要とする子どもは、生まれながらの特性や発達の特性があります。入園に際して、今までの育ちの様子を確認し、入園後はともに暮らすなかで理解を深めていきます。それも、複数の目で見ることでより深く、幅広く理解することができることでしょう。

　子どもを理解する際には、どのようなことに興味をもって遊んでいるのか、どこに課題があるのか、これから何が育つことが期待できるのか、本人は何に困っているのか、保護者はどのように育つことを願っているのかなどを確認していく必要があります。

　保育実践するにあたっては、まずはその子の居場所をつくることが大切になります。自分のクラスの保育室が居心地いいかもしれないですし、ほかの子どもがいない静かなところが落ち着くかもしれないです。また、クラスのみんなとともに生活する保育室のなかにその子が落ち着ける居場所をつくるという方法もあります。支援を必要とする子どもの居場所をつくり、毎日無理なく園生活を過ごせるようにすることが一番大切なこととなります。

　そして、保育者との信頼関係を構築していきます。園生活は、保護者から離れて自分でさまざまなことに対処していかなければなりません。一緒に楽しく遊んだり、困ったときは助けを求めたりと、心の拠り所となる保育者の存在が必要になります。保育者はありのままのその子を受け止め、共感的で応答的な関わりに心がけながら、子どもとの信頼関係を構築していきます。なかには、保育者ではなく同年齢・異年齢の友達との関係を求める子どももいるかもしれないです。子どもの発達やニーズに応じた特定の人との信頼関係の構築に努めます。

保育実践では、誰もがわかりやすい遊びや生活の展開に心がけます。一日の生活の流れがわかるように、前日の降園時に翌日の予定を予告する、その日の流れを全体に伝えるとともに支援を必要とする子どもに視覚的にスケジュールがわかるようにするなどの方法で、一日の見通しを持ちながら安心して生活できるようにします。

　また、遊びの展開では、その子のペースで楽しめるように時間配分の配慮や遊びの終わり方の工夫などを行います。一斉活動等があれば、支援されながら参加する、別の場所や時間でじっくり取り組む、別の遊びを行うなど、その子の育ちの実態に応じた参加のあり方を考えます。さらに、ことばだけでなく視覚教材なども活用しながら、わかりやすく遊び方を伝えます。特別な支援を必要とする子どもにとってわかりやすいということは、ほかの子どもにとってもわかりやすいということなので、子どもの側の視点にたって保育内容・保育方法を考えます。その上で、子どもの取り組み状況を観察し、その子なりの取組を認める、ほめる関わりも大切だと考えます。支援を必要とする子どもは、注意される機会が多くなりがちです。注意するときは個別に、ほめるときはみんなの前でというように，周りの子どもから厳しい評価を受けないように、また自己肯定感が育くまれるように関わる必要があります。

引用文献

- 厚生労働省（2017）『保育所保育指針』，フレーベル館．
- 厚生労働省（2009）『保育士養成課程の見直しの経緯』．
https://www.mhlw.go.jp/shingi/2009/11/dl/s1116-7d.pdf　2023年12月31日閲覧
- 厚生労働省雇用均等・児童家庭局保育課長（2017）『保育士等キャリアアップ研修の実施について（雇児保発0401第１号平成29年４月１日発出文書）』．
- 田中謙（2018）「障害のある子どもの保育の歴史や制度」，久保山茂樹・小田豊編著『障害児保育』，光生館．
- ベネッセ教育総合研究所（2019）『第３回幼児教育・保育についての基本調査』．
- ベネッセコーポレーション Kids & Family カンパニー（2023）「保育園・こども園・幼稚園向け『これからの保育を考えるための園基礎調査』結果報告書」．
https://hoiku.benesse.ne.jp/assets/pdf/report/BasicSurveyOnTheQualityOfChildcare/　2023年12月31日閲覧
- 文部科学省（2017）『幼稚園教育要領』，フレーベル館．
- 文部科学省（2012）『教員免許更新制』．
https://www.mext.go.jp/a_menu/shotou/koushin/001/1315296.htm　2023年12月31日閲覧

Column⑬　うちの子、ほかの子どもに近づけないでください
—園内支援体制で支える—

　Ａ男は、３歳児健診で自閉スペクトラム症と診断され、特別な教育的支援を必要とする子どもとして４歳年中から入園してきました。

　入園して２か月を経過した頃、周囲の子どもたちの遊びに興味を示すようになりました。同じテーブルで担当保育者、Ｂ男、Ｃ男の４人で空き箱製作をしていると、Ｂ男が「Ａくん車つくっているの？　見せて」と、Ａ男の顔のすぐ近くで話しかけました。Ａ男はそのＢ男の両頬に爪を立ててひっかいてしまいました。突然のことに驚くＢ男と担当保育者。「Ｂくん痛かったよね。ごめんね」と保育者がＡ男とともに謝りました。

　その出来事を降園時にお迎えにきたＡ男とＢ男の母に別々にお話をしました。話を聞いたＡ男の母はすぐにＢ男の母に謝罪をしました。担当保育者はＡ男の行動を理解できず、園内の教員に相談しました。Ｄ先生が「Ａ男はＢ男の顔が近すぎたのが嫌だったのではないかしら？　前に担当したＥ子もそんなところがあり、私も顔を近づけたら眼鏡を取られて投げられたことがあったの」と教えてくれました。担当保育者はＤ先生の考えを参考に、Ａ男の理解を深めていきました。

　その後もほかの子どもが自分のすぐそばにくると、Ａ男は相手の顔をひっかく、突き飛ばすことがありました。そのたび、Ａ男の母に状況を伝えたところ、「うちの子がほかの子に危害を加えていると思っただけで辛くなるので、うちの子、ほかの子どもに近づけないでください」とお願いされました。保育の現状を考えると実現しづらいことですし、何より周囲の子どもたちと関わりながら、人との関わり方を身につけていくと保育者は考えていました。しかし一方で、今のＡ男の母の気持ちを受け止めなければ園にこなくなるかもしれないと判断し、「わかりました」と答えました。

　担当保育者は、この状況をすぐさま保育打ち合わせで、全保育者に伝えました。そして、Ａ男が周囲の子どもをひっかいたり突き飛ばしたりすることのないように、ほかの子どもとの適度な距離が保てるように見守ってほしいこと、Ａ男の母に聞かれたときには、ほかの子どもが近づかないように配慮していることを伝えるようお願いしました。

　同じクラスの子どもたちには、「Ａくん、友達の顔が近くにくるとびっくりしちゃうんだって。このくらい離れてお話しようね」とＡ男の状況を伝え、併せて具体的な距離も伝えていきました。全職員の協力のもと、２か月ほど他児とのトラブルがない日々を過ごしました。ときにはＡ男の手が出そうな場面がありましたが、保育者がＡ男と他児の間にすかさず入るなどの対応をして回避しました。Ａ男の母から「落ち着いてきたようなので、うちの子にほかの子と遊ぶ機会を設けてください」といわれました。担当保育者は「そのようにしていきますね」と回答し、今までと変わらずＡ男が驚いて手が出てしまわないように、まわりの子どもとの距離を保つように配慮しながら、他児との関わりのなかで具体的な関わり方を身につけられるようにしていきました。

第4部

インクルーシブ保育・教育の実践に向けて

終　章◎からだ・あたま・こころを育てる
　　　　―発達の喜びを引き出すムーブメント教育・療法―

終 章

からだ・あたま・こころを育てる
―発達の喜びを引き出すムーブメント教育・療法―

1 「からだ」「あたま」「こころ」の機能が結びついて進む子どもの発達

　子どもの発達は、大きく分けて「からだ」（身体運動能力）、「あたま」（認知能力）、「こころ」（情緒・社会性能力）の3つの機能で捉えることができます。

　赤ちゃんはからだの動きによって感覚を働かせ、環境の刺激を受け取ります。例えば、おっぱいを飲む動きを通して、味や温かさを知り、満腹感を覚えます。そのうちに意図的に「飲む・食べる」動きができるようになり、口に入る物の違いを理解していきます。また、原始反射によって、触れてつかんだ物の質感や音を体験します。その後、意図的におもちゃやガラガラをつかんで振ったり、打ちつけたり、なめたり、見つめたりしながら、そのおもちゃの特徴を理解するようになります。

　さらに、抱っこされ、あやされるときの触刺激や揺れ刺激、声などのさまざまな感覚刺激は、快感情と結びつき、それをもたらしてくれる他者との情緒的な絆を形成します。

　このように、子どもは、自分の動きを用いて（「からだ」の機能）、環境からさまざまな情報を取り込み、その意味を理解し、活用するとともに（「あたま」の機能）、心が満たされ、人との関係を獲得します（「こころ」の機能）。こうして、「からだ」「あたま」「こころ」の働きが相互に結びつきながら、子どもの発達の全体像、すなわち一人の人としての、子どもの全人的な発達が伸長していくのです（図1）。

（1）発達を促進する子どもの喜び

　子どもの「からだ」「あたま」「こころ」の発達の過程には、必ず喜びが伴います。

　例えば、歩きはじめの子どもは、おぼつかない足取りで何とか母親に近づこう

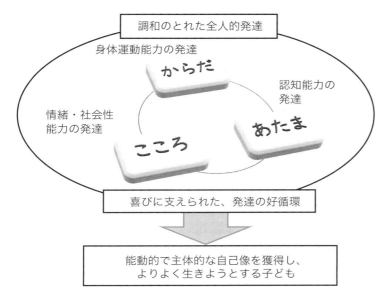

図1　発達の好循環とは

とします。母親が期待に満ちた笑顔で待っていてくれるので、勇気が湧いてきます。とうとうたどり着いたとき、子どもから得意そうな笑顔があふれます。母親が、「すごい」と抱きしめてくれるので、その喜びは倍増します。こうして、「自分はきっとできる」と感じた子どもは、何度も歩くことに挑戦し、歩く能力は、どんどん磨かれていきます。

　このように、「挑戦」→「やり遂げた喜び」→「自己効力感（きっと自分はできるはずという期待）」→「挑戦の拡大」の循環が起こり、子どもの発達は伸びていきます。喜びを原動力として、子どもが挑戦を繰り返し、発達が促進される循環を「発達の好循環」と呼びます（図1）。

（2）発達の喜びを引き出す要因

　発達の好循環は、子どもと環境（もの、人）との相互作用によって起こります。この相互作用において、喜びが引き出されるためには、環境に働きかける子どもの「動き」と、対象となる「取り組みたくなる環境」「応答的環境」「人」[1] が必要です。

①子どもの意思が伴う「動き」

　子どもは、自分のからだをさまざまな方法で動かし、環境（もの、人）に働きかけ、環境に変化を引き起こします。その過程で、子ども自身にもさまざまな変化が起こります。この自身の変化こそが、発達そのものです。自分が成し遂げた

---

1) 小林・阿部・日本ムーブメント教育・療法協会, 2023, pp.36-37, p.111.

変化の過程や結果を実感できると、子どもに喜びが生まれます。
　重要なのは、動きに際し、本人の意思が働いていることです。子どもによっては、思うようにからだを動かせず、介助を必要とするかもしれませんが、たとえそうであっても、その動きは子どもの意思によって始まり、自身によって過程や結果が確認される必要があります。動きを通して、自分の意思が達成される喜びは、新たな動きへの意欲を引き出し、その結果、新たな環境と自身の変化がさらに拡大・発展します。

②子どもが、つい「取り組みたくなる環境」

　子どもが意思をもって動くときには、対象となる環境の誘引性が必要です。走りたくなる、跳びたくなるなど、からだ全体を使う動きから、触りたくなる、叩きたくなるなど、手指を使った細かな動き、さらには見たくなる、聞きたくなるなど、子どもが興味・関心をもって、働きかけたくなる魅力的な環境があると、子どもは動きを自発し、工夫し、集中してその動きを継続し、意思を達成しようとします。

③子どもが即時フィードバックを得られる「応答性のある環境」

　子どもが動きによって環境に働きかけると、必ず環境になんらかの変化が生じます。子どもが喜びを感じられるためには、その変化と子どもの動きの結びつきを明確に理解する必要があります。つまり、自身の動きが間違いなく環境の変化をもたらしたことを瞬時にわかる必要があるのです。
　例えば、子どもが太鼓を叩くと、瞬時に音が鳴ります。叩き方を変えれば、音も瞬時に変化します。すると子どもはうれしくて、何度も繰り返し、いろいろな動きで太鼓を叩き続け、その結果を何度も確かめます。太鼓という環境がもたらす迅速な応答が、子どもの喜びを引き出し、動きの集中と継続、拡大を支えるのです。
　このように即時フィードバックが得られる環境は、子どもに「できる自分」を自覚させ、達成の喜びを引き出し、新しい挑戦へと駆り立てます。

④子どもの喜びを共有する「人」の存在

　子どもを取り巻く大人や自分以外の子どもなどの「人」もまた、子どもにとって、動きを引き出す環境の一つです。「人」も、上記の②、③で述べたように取り組みたくなる環境、応答性のある環境となります。人がもたらす、子どものやる気が起こるようなことばかけ、動きを遂行するために必要な見本や援助、励まし、そして、目的を達成した際の称賛などは、子どもの発達に必要な自発的な動きの拡大を支えます。
　しかし、「人」環境が「もの」環境と決定的に異なるのは、子どもと喜びをともにする点にあります。環境である人も、子ども本人と同じように、意思をもっ

て自らの動きで子どもに関わり、子どもとともにやり遂げることに喜びを感じます。喜びの共有はお互いの間に情緒的絆を生み出し、それに支えられて、子どもは安心してさらなる動きに挑戦します。こうして、子どもの発達の好循環が促進されます。

2 「障害」とは、発達を促進する「喜び」が阻害された状態

(1) 障害のある子ども本人にとっての「障害」とは

　障害のある子ども本人から見ると、「障害がある」とは、これまで述べてきたような発達の好循環が阻害されている状態といえます。

　視覚や聴覚がうまく働かない、あるいは、手足が思うように動かせないという身体状況や、さらには、いろいろなことを年齢相応にうまく獲得できなかったり、些細なことであちこち気が散ってしまったり、他者の意図をうまく読み取れなかったりするなどの、いわゆる発達障害の特性は、その子どもが生まれながらに持っている特徴であり、弱さといえるかもしれません。

　しかし、これらの特徴のために、子どもが自らの動きをもって環境に働きかけ、その意思を達成することが妨げられてしまうなら、喜びは失われ、さらなる働きかけを行う意欲が低下し、発達そのものが停滞するリスクが高まります。また、子どもから環境への自発的な働きかけが十分なされないと、人的な環境である、身近な養育者（保護者や保育者）の応答性が低下し、ともすると養育者側の子どもへのかかわり意欲や頻度までも減退するリスクがあります。

　このような状態こそが、「障害」です。すなわち、障害のある子ども本人の視点に立つなら、障害とは本人の弱さそのものではなく、その弱さのために、環境（ものや人）との相互作用が滞り、発達を促進する喜びが得られない状態を指すといえるでしょう。

(2) 障害のある子どもの発達支援における「喜び」を保障する活動の必要性

　弱さをもつ子どもの発達を促進するために、障害状態を打開し、発達の好循環を動かすことが求められます。つまり子どもの喜びを十分に保障する活動が必要となります。

　子どもの弱さを克服するために、弱い部分ばかりを取りあげ、繰り返し練習させ改善しようとする活動は、子どもにできないことを強く自覚させ、辛く、苦しいものです。やる気を失い、自己効力感を低下させてしまう可能性があります。

　発達を促進する喜びを保障するためには、逆に、子どもの強み（ストレングス）に着目します。つまり、今現在、すでに子どもが持っている力を活用して、無理なく働きかけることができる環境を設定し、子どもが確実に達成の喜びを獲

得できるように、活動を展開します。こうして得られた喜びは、「もっとやりたい」意欲を引き出し、子どもなりのペースとやり方で、その弱さを克服するための新たな挑戦へとつながります。

3 喜びを核に、子どもの発達を伸ばす「ムーブメント教育・療法」

（1）ムーブメント教育・療法とは

　子どもの発達に不可欠な「喜び」を最重視して、発達の好循環を生み出す支援方法が、ムーブメント教育・療法です。「ムーブメント（movement）」とは、英語で「動き・運動」という意味です。ムーブメント教育・療法では、「取り組みたくなる環境」「応答性のある環境」「人」を用いて、楽しく動く遊び活動を設定し、子どもの意思のある「動き」を実現し、子どもの喜びを引き出しながら、「からだ」「あたま」「こころ」の調和のとれた、全人的な発達を促します。

　「調和のとれた発達」とは、「からだ」「あたま」「こころ」が均等な状態に発達するという意味ではありません。誰にでも発達の凸凹はありますが、第2節でも述べたように、支援にあたっては、その子どもの好きなことや強み（ストレングス）を生かし、それをさらに伸ばす一方で、強みを手がかりに弱さの部分に無理なくチャレンジしたり、カバーしたりできるように促します。その結果、子どもは自分の持っている能力を十分発揮できるようになり、全体としてその人らしい、まとまりのある発達の姿が実現します。これが「調和のとれた発達」です（図1）。

（2）ムーブメント教育・療法の目的

　ムーブメント教育・療法の創始者である、フロスティッグ博士は、「ムーブメント教育の目的は健康と幸福感である」[2]と述べています。ムーブメント教育・療法は、発達支援のための方法ですが、その最終目的は子どもが、現在、そして将来にわたって、いきいきと自分らしく幸せに生きることにあります。自分の持てる力を信じ、それを最大限に生かして、環境（人やもの）にかかわり、その楽しさや、やり遂げた喜びを味わいながら、能動的で主体的な自己像を獲得し、よりよく生きようとする子どもの姿を実現することが、ムーブメント教育・療法が目指すゴールです（図1）。

2）フロスティッグ, 小林, 1970/2007, p.1.

（3）ムーブメント教育・療法の特徴

①子どもの自発的な動きを引き出す「遊具」の活用

　子どもが取り組みたくなる魅力的な環境を作るために、ムーブメント教育・療法による活動（以下、「ムーブメント活動」）では、遊具を活用します。さまざまな使い方が可能な、柔軟性、応用性の高い遊具は、動きのバリエーションを広げやすく、たとえ集団で同じ遊具を共有していても、全員に同じ決まった動きを求めるのではなく、実態に応じて、どの子どもも、自分にとって必要な動きに挑戦できる活動を展開できます。

　このような特性のある遊具（ムーブメント遊具）が独自に開発されています。例をあげると、子どものからだより少し大きめの伸縮性のある5色のオーガンジー布でできた「ムーブメントスカーフ」（図2）、子どもの手のひらよりやや大きめのマジックテープ素材でできた丸・三角・四角各5色のお手玉である「ビーンズバッグ」（図3）、直径3mや5mの大きな円形シートの「ムーブメントパラシュート」（図4）、厚手の布でできた「ユランコ」（図5）など、十数種類の遊具[3]があります。もちろん、それ以外にも、日常環境にあるすべてのものが、使い方次第で遊具となります。

図2　ムーブメントスカーフで隠れる

図3　ビーンズバッグを選んで運ぶ

図4　パラシュートに乗って揺れる

図5　ユランコで揺れを楽しむ

3）小林・阿部・日本ムーブメント教育・療法協会, 2023, pp.35-49.

②人や音楽を用いた「動的な環境」の設定

　ムーブメント活動では、上記①で述べた「遊具」に併せ、「人」「音楽」を用いて、柔軟に変化するダイナミックな環境を設定します。ともに活動を楽しむ大人や仲間は、活動の推進役・助け手となり、彼らから得られる注目や称賛は、子どもの達成感を高めます。また、音楽は、動きにリズムやイメージを与えて、自発的な動きの誘引となるだけでなく、活動に動・静のメリハリをつくり、集中を導きます。

　このように「人」「音楽」のある動的な環境は、子どもの動きだけでなく、子どもの情緒に働きかけ、勇気・感動・期待・楽しさ・喜びなど、活動におけるポジティブな感情を動かします。そして、子どもの意欲と挑戦を引き出します。

③子どもの「強み（ストレングス）」を生かす、アセスメントに基づくプログラム作成

　活動プログラムは、子どもの実態に基づいて作成する必要があります。MEPA-R[4]は、プログラム作成に役立つ発達アセスメントツールです。「運動・

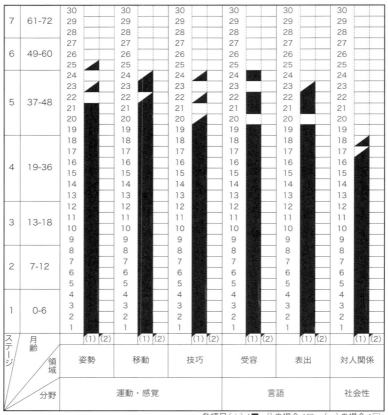

図6　MEPA-Rプロフィール表

---
4) 小林, 2005.
5) 小林・藤村・飯村・新井・當島・小林・阿部・大橋・碓田, 2025.

感覚」(「姿勢」「移動」「技巧」)、「言語」(「受容言語」「表出言語」)、「社会性 (情緒を含む)」(「対人関係」) の3分野6領域の項目をチェックする方法で、発達の全体像を捉えることができます。

　評定結果は「プロフィール表」に整理し、一覧できます。例を図6に示します。黒く三角形に塗られている項目は、できたりできなかったりする「芽生え反応」で、まさに伸びようとしている項目といえます。プログラムは、色が塗られていない、すなわちできない項目ではなく、黒い四角で塗られている項目、すなわち安定してできている、子どもの「強み (ストレングス)」といえる項目をベースに構成し、そのなかで、今まさに伸びようとしている力に十分チャレンジできる機会を設けます。また、できない項目については、全面的な支援により、体験量を増やします。

　なお、障害の重い子どものために、より初期の発達アセスメントツールであるMEPA-ⅡR[5]が開発されています。

④柔軟性と称賛のあるプログラム展開

　実践の際は、あらかじめ作成したプログラムに固執することなく、その場の子どもの動きや関心に応じて、プログラムのねらいを保持しながら、展開を柔軟に変更します。例えば、からだとムーブメントスカーフの関係を意識させるために、スカーフでからだを隠す活動を設定したところ、スカーフを揺らし始める子どもがいます。そこで、子どもの動きを取りあげて、「ひらひら～」とより大きく揺らしてから、ふわりとからだを隠す動きに切り替えると、多様な動きとからだとの関係を体験できます。子どもからすると、自分の発想が採用されたので、うれしく、活動意欲も高まります。

　活動の節目で、拍手や、「やったね！」「OK！」などのほめ言葉を使い、こまめに称賛をおくります。また、みんなの前で動きを発表するなどして、他者からの称賛を受ける機会を設けます。称賛を得ることは、子どもの喜びと自信を引き出します。

(4) ムーブメント教育・療法で育つ力

　子どもは、ムーブメント活動で、「動くことを学ぶ (Learn to move)」と、「動きを通して学ぶ (Learn through movement)」の2つの学びを体験し、発達を伸ばします。

　「動くことを学ぶ」とは、いろいろなからだの動きを獲得すること、すなわち、「からだ」の能力 (身体運動能力) が育つことです。一方、「動きを通して学ぶ」とは、動きによって得る体験により獲得する能力すべてを含みます。すなわち、「あたま」(認知能力)、「こころ」(情緒・社会性能力) が育つことです。その概要を表1に示します。

表1　ムーブメント教育・療法で育つ力の概要

動きを学ぶ	「からだ」（身体運動能力）	「姿勢」（抗重力姿勢）	首座り、座位、立位、片足立ちなど、バランス能力を発揮して、からだを静止した状態で安定させる能力。姿勢が重力に対抗する「抗重力姿勢」の発達は、能動的な動きの拡大を支える基盤となる。
		「移動」（主に、粗大な運動）	歩く、走る、跳ぶ、転がる、スキップするなど、自分の位置を別の場所に移すため、身体各部を協応させてスムーズに動かす能力。主に、大きな筋肉や関節を使う「粗大運動」が中心となる。
		「技巧（操作）」（主に微細な運動）	握る、つまむ、はじく、鉛筆やはさみを使うなど、手指で物を扱う動き。ボールを蹴るなど、足を使う場合もある。主に、細かな筋肉や関節を使う「微細運動」が中心となる。
動きを通して学ぶ	「あたま」（認知能力）	「感覚」の活用	動きによって、視覚、聴覚、触覚、前庭感覚（揺れを感じる感覚）、固有感覚（関節の動きを感じる感覚）、筋感覚など、からだの各部にある感覚への刺激が脳に伝わり、脳はそれを手がかりに新しい動きを生み出すことにより、感覚活用力が育つ。
		「知覚」の獲得	対象によって動きが変化すると、各感覚から伝わる刺激の質や量も変わるので、脳は、その感覚の違いを区別し、整理するようになる。こうして、対象の大きさ、色、形などの特徴に応じて、感覚情報を意味づける「知覚」の力が育つ。
		「概念」の獲得	特定の対象について知覚されたいくつかの特徴が、一つにまとめ上げられると、「概念」が獲得される。たとえば、リンゴは、赤くて、丸くて、硬くて、甘い果物であるというひとまとまりの概念となる。
		語いの獲得	上記の「概念」の発達に伴い、意味のわかる言葉（語い）の獲得が進む。
		身体意識	以下の①②③からなる。自分のからだについて把握している総体のこと。自分と環境の大きさ、広さ、位置、方向、その他の特徴を理解する基準であり、知的発達の基礎となる能力。
		①身体像	からだに何かが触れている感じ、おなかが減っている感じ、揺れている感じなど、感じられるありのままのからだのイメージ。
		②身体図式	からだ各部の使い方の取扱説明書のようなもの。からだをどのように動かせば、着替えができるか、椅子に座れるか、文字が書けるかなど、目的に応じた動きを実現するため、頭の中で瞬時に作られる段取りであり、実際に動いて確かめ、その精度が高まっていく。
		③身体概念	からだ各部の名前、位置や働きを把握する能力。
		時間・空間意識、その因果関係意識	速く歩けば短い時間で着く、長く歩けばより遠くまで行く、鬼ごっこで捕まらないように逃げるのように、空間と時間の中で、自分の動きの結果として生じるできごとを理解する意識。身体意識と結びついて発達する。
		高次認知機能	模倣する・覚える・連合する・イメージする・想像する・問題を解決する・判断する・実行するなどの、思考を伴う知的な働き。
	「こころ」（情緒・社会性能力）	愛着関係	特定の人との間で形成される情緒的な絆。
		他者意識・集団参加	自分との直接的なかかわりで生まれる他者への関心の拡大と、相互交流の促進。
		協力・役割分担と遂行	同じ目的を共有し、共同で達成しようとする関係の獲得。
		コミュニケーション	あらゆる方法を使って、意思や感情、情報などを相互に伝え、理解し合う能力の拡大。

4 ムーブメント活動プログラムの具体例

(1) 発達が初期にある子ども、重度・重複障害のある子どものためのプログラム例

例を表2に示します。触れる、揺れる、見る、聞くなどの活動により、この発達期の子どもにとって必要な、触覚・前庭感覚・視覚・聴覚などの感覚刺激と、抗重力姿勢を十分体験できるように構成したプログラムです。自己意識・他者意識の基礎となる「名前」を意識できるように、最初に、呼名−応答−応答へのフィードバックの流れを取り入れています。また、快をもたらす揺れ刺激をベースに、自分の好きな揺れ方を選び、自分の動きを使ってその意思を支援者に伝え、実行される経験を組み込むことで、子どもの喜びを引き出し、自己効力感を高めていきます。

(2) 発達がおおよそ1〜2歳期にある子どものためのプログラム例

例を表3に示します。風船を使って、この発達期の子どもにとって必要な、這う、歩くなどの移動と、つかむ、叩く、引く、蹴るなど技巧（操作）の能力を伸ばすプログラムです。最初に、ロープを使って一つの空間を共有し、ともに活動する他者への関心と集団意識を高めます。新たな遊具が加わって少しずつ環境が変わると、動きのバリエーションも変わる流れになっており、子どもは、集中を切らさず、また、自分のペースで、風船で遊び込むことができます。さらに、リーダーの動きを手がかりに、興味を持った動きを選択して取り組める活動が組み込まれ、自分で選び、挑戦し、やり遂げるという、子どもの自発性と達成感を重視した構成になっています。

(3) 発達がおおよそ3〜4歳期にある子どものためのプログラム例

例を表4に示します。「忍者」になることで、子どもにとって必要な、バランス能力の向上と、それに基づくさまざまな姿勢変化や粗大運動の力を楽しみなが

図7　手裏剣をそっと乗せる

図8　筒を倒さないように間を通り抜ける

表2 発達の初期にある子どもや、重度・重複障害のある子どものためのプログラム例「いろんな揺れを楽しもう」

配時	活動内容	支援・配慮すべき点	ねらい	準備物
5	あつまり ・音楽が聞こえたら、マットの上に集まる。 ・名前を呼ばれる順番がきた子どもは、リーダーからマイクをもらう。リーダーの「せ〜の」のかけ声で、みんなでその子どもの名前を呼ぶ。呼ばれた子どもは返事をする。 ・次に名前を呼ばれる子どもと握手をし、マイクを渡す。	・集合を意識できるように、「始まる音楽だね」と声をかける。 ・自分が呼ばれることを意識できるように、マイクを渡す。 ・友達の顔が見やすい姿勢、発声しやすい姿勢をとる。 ・名前を呼ばれたときに、子どもが反応するのをできるだけ待つ。反応したことをことばなどで返すようにする。	他者意識 仲間意識 姿勢保持 コミュニケーション	音楽 活動カード マット おもちゃのマイク キーボード
5	ふれあい体操 ・マットの上で座位や背臥位などになり、子どもにいろいろな体の部位を触ってもらう。	・リラックスできる姿勢で行う。 ・曲に合わせ身体部位をことばで伝えながら、優しく触れる。	身体意識	クッション 音楽 マット
15	ユランコでゆれよう ・リーダーから、グループ分けのくじの説明を聞く。 ・引いたくじの色を見て、自分のグループを知る。 ・順番にユランコに乗り、歌に合わせ揺らしてもらう（上下、左右の揺れ）。 ・リクエストタイムでは、自分の好きな揺れ方を選んで揺らしてもらう。 ・好きな揺れ方の選択肢が示されたら、返事をする。	・ビーンズバッグ3色（赤、青、黄）を提示し、「赤色を引いたら赤グループ」と伝える。 ・自分の色とグループの色を見て確認できるようにする。 ・揺れ方によって歌を変えることで、リクエストタイムのとき歌を聴いて揺らし方が選べるようにする。 ・子どもが反応するのをできるだけ待つ。反応したことをことばなどで返すようにする。	色の認知 活動の理解 手指の操作性 姿勢保持	くじ引き箱 ビーンズバッグ ユランコ 歌
10	スクーターボードでゴー！ ・ボードには好きな姿勢で乗り、押してもらったり、引っ張ってもらったりして進む。 ・ムーブメントスカーフの下をくぐったり、スカーフに触れたりして進む。 ・段ボールを倒したり、よけたりして進む。	・乗る姿勢や動くスピードは子どもの様子を見ながら調整する。 ・ムーブメントスカーフで低いトンネルをつくる、段ボールを積みあげるなど何種類かの通り方ができるようにする。	空間認知 姿勢保持	スクーターボード（車輪付移動用ボード） クッション 段ボール スカーフ 音楽
5	パラシュートでリラックス ・マット上で座位や背臥位になり、ムーブメントパラシュートを見たり、風を感じたりする。 ・パラシュートのなかに入り、飛んでいく様子を見る。	・パラシュートを見やすい姿勢をとるようにする。 ・リラックスできる姿勢で行うようにする。	空間認知 手指の操作性 姿勢保持	ムーブメントパラシュート 風船 音楽

（富山ムーブメント教育・療法学習会「親子で楽しむムーブメント教室」花グループ作成）

表3　発達がおおよそ1～2歳期にある子どものためのプログラム例「風船いっぱい！」

配時	活動内容	支援・配慮すべき点	ねらい	準備物
5	輪になろう ・ロープにつかまり、ロープを円形にして集まる。 ・あいさつする。	・他児とぶつからないように、ゆっくり子どもを移動させる。 ・ロープがつながると円になることに気づかせる。	他者意識 集団意識 空間意識	ロープ 音楽
5	風船トンネルを歩いてみよう ・ムーブメントパラシュートの上に貼られた風船をよけたり、またいだり、蹴ったりしながら歩く。 ・歩くのが難しい場合、四つ這い、手つなぎで移動する。	・PPひもの長さに長短をつけ、子どもの動きによって、風船にも動きが出るようにする。 ・パラシュートがめくれないように、床に固定する。	移動に伴うバランス 歩行 蹴る操作 空間意識	風船をPPひもで張りつけたパラシュート 音楽
10	風船トンネルを歩いてみよう ・ムーブメントパラシュートからぶら下がる風船の下をくぐって通り抜ける。 ・風船を叩いたり、引っ張って取ったりする。	・パラシュートをひっくり返し、トンネルのようにして揺らし、一方からリーダーが、子どもを呼ぶ。 ・子どもの背よりも少し高い高さにして、手が届くようにする。 ・子どもが、座位・つかまり立位・立位など挑戦したい姿勢を取れるように、パラシュートの位置を調整する。	姿勢保持に伴うバランス 空間意識 つかむ＆引く手の操作	同上
10	風船でなにができるかな ・リーダーの手本を見ながら自分が挑戦したい方法で風船を操作する。 　・風船アタック　風船運び 　・風船キャッチ　風船転がし 　・風船サッカー　など ・後半に、風船を大きな袋に入れ、おしくらまんじゅう、風船トランポリンなどに挑戦する。	・子どもの興味関心や、操作の発達の状況を踏まえ、チャレンジしてほしい動きの見本を見せて、遊びに誘う。 ・子どもの集中の様子を見ながら、遊びを変えて誘う。 ・徐々に風船を袋に入れる流れを作り、子どもが自分で袋に入れる動きを導く。	目と手、目と足の協応 多様な操作 自己選択と決定 バランス 姿勢保持	45リットル以上の大きめのナイロン袋
5	パラシュートに集まろう ・オーガンジーパラシュートの下に集まり、風船を抱っこしたり、風船袋の上に乗ったりしながら、パラシュートの動きを見て、クールダウンする。 ・リーダーの話しかけることばを聞いて、活動を振り返る。	・子どもたちが風船袋を持っている上から、ゆっくりオーガンジーパラシュートを揺らす。 ・リーダーは、子どもが活動をイメージしやすいように、擬音語などを用いながら、活動のキーワードを伝える。	終了の理解 活動の想起 体験や気持ちの言語化	オーガンジーパラシュート 音楽

（阿部美穂子作成）

終　からだ・あたま・こころを育てる

表4 発達がおおよそ3〜4歳期にある子どものためのプログラム例「忍者になろう」

配時	活動内容	支援・配慮すべき点	ねらい	準備物
10	あつまり ・ロープにつながり、輪になる。 ・音楽に合わせて、速い、遅いなど、スピードを変えながら歩く。 ・タンバリンの音で止まる。 ・今日のプログラムの説明を聞く。	・最初は、通常の歩く速さから始め、子どもの動きが安定してきたら、スピードを変化させる。 ・切り替えまでの時間を短くしたり、より早く、より遅くなど変化を増やす。 ・ホワイトボードに図で示し、忍者修行のイメージを持たせる。	聴覚―運動連合 活動の見通し	音楽 ロープ タンバリン ホワイトボード 活動内容を示した図
5	忍者歩きだ！ニンニン ・座位で、「ニンニン」のかけ声に合わせて、肩や頭などをタッピングする。 ・「ニンニン」のことばかけに合わせて、カニ歩きで次の集合位置まで移動する。	・「ニンニン（2回）」「ニンニンニン（3回）」のように回数を変えて、集中を促す。 ・リズムよく移動できるように、無理のないスピードで行う。	身体意識 数の理解 リズム 聴覚―運動連合	
10	手裏剣シュシュシュ ・障害物コースを通って、手裏剣を手に入れる。 （ロープをまたぐ→ブロックの上を渡る→ムーブメントスカーフの下をくぐる→ロープにぶら下がっている小さな手裏剣を取る→パラシュートに向かって手裏剣を投げる） ・上記に何度も挑戦し、手裏剣を集める。	・個々の子どものペースで挑戦できるように、励ます。 ・子どもの実態に応じて、ロープやスカーフの高さを変えたり、繰り返し取り組むうちに徐々に難易度をあげたりする。 ロープ　ブロック　スカーフ　手裏剣　パラシュート	身体意識 バランス 粗大運動 投げる操作	ロープ ブロック ムーブメントスカーフ 手裏剣 パラシュート 音楽
10	手裏剣の花を咲かせよう ・筒を床に立てて並べる。 ・手裏剣と筒の色を対応させ、手裏剣を筒の上に乗せる。 ・手裏剣と筒を倒さないように、隙間をスタートからゴールまで通り抜ける。 ・ゴールでタンバリンにタッチして、繰り返し行う。	・倒さないように慎重にできるようことばかけする。 ・筒を並べる際は、筒同士の距離が近すぎないように、指差ししながら、気づかせる。 手裏剣 筒	空間意識 注意集中 身体意識 立てる・乗せる・投げる手の操作 色のマッチング	赤・青・黄の色の20〜30cm長の筒 集めた手裏剣 音楽
5	パラシュートで雲隠れの術 ・スピードや方向を変えて移動するパラシュートの下から外れないように、移動する。 ・パラシュートの風を浴びてクールダウンする。	・子どもが集団でパラシュートに合わせて動けるように、スピードを調節する。	空間認知 身体意識 集団意識	パラシュート
5	忍者認定証をもらおう ・個人別に認定証をもらう。	・一人ひとりのがんばったことを取りあげて認める。	達成の振り返り	認定証

（富山ムーブメント教育・療法学習会「親子で楽しむムーブメント教室」月グループ作成）

表5　発達がおおよそ5～6歳以上期にある子どものプログラム例「季節を味わう～夏の巻」

配時	活動内容	支援・配慮すべき点	ねらい	準備物
10	あつまろう！ ・テーマソングに合わせて指定された色の線上に並ぶ。 ・ホワイトボードに書かれた今日の活動の説明を聞く。	・床に色テープを貼っておく。 ・夏をテーマに、いろいろな活動を行うことを伝える。	活動の見通し 結果への期待 注目・集中	音楽 テープ ホワイトボード
15	夏のことばを集めよう ・「夏といえば」の質問に、想像したことばを発表する。 ・文字カードをつなげて、上記の言葉を構成し、洗濯ばさみでロープに止める。 ・ロープで道をつくり、ことばを確認しながら歩く。 ・ゴールしたら、どんなことばがあったか、発表する。 ・ことばのカードをロープから外して集め、スカーフの上に、カテゴリー別（生物、食物、自然など）に並べる。	・平仮名がまだ読めない子どもにはリーダーが一緒に文字を探して、子どもが考えたことばを構成する。 ・ほかの人が考えたことばにはどんなものがあったかをたずねて、思い出せるように促す。 ・ことばの仲間集めをすることを伝え、「どの仲間かな？」と子どもに問いかける。	語いの拡大 手指の操作 バランス 記憶 概念整理	ひらがなカード セロハンテープ 洗濯ばさみ付ロープ ムーブメントスカーフ
10	海の生き物に変身だ！ ・2人一組で、スカーフを使って海の生き物になり、動いてみる（魚、クラゲ、クジラ、海藻、イソギンチャクなど）。 ・発表タイムを設け、考えた動きをお互いに模倣する。	・「海には何がいるかな」と問いかけ、イメージを膨らませる。 ・全員が発表できるように促し、肯定的なコメントを加える。	想像性 イメージ表現 協力 空間意識 模倣	ムーブメントスカーフ 音楽
10	スカーフの魚を泳がせよう ・スカーフを海の魚に見立てて、結んだり、丸めたりする。 ・スカーフを小パラシュートに乗せる。 ・大波・小波など、小パラシュートを動かして、海の生き物を踊らせる。 ・大パラシュートに魚を移し、クジラに見立てて、全員でドームをつくる。 ・「1，2の3」でパラシュートを宙に飛ばす。	・子どもが見立てた魚の名前をたずね、ほかの子どもに紹介して共有する。 ・パラシュートが大きいとうまくスカーフを躍らせることができないので、小パラシュートを複数枚使ってチームに分ける。 ・ドームをつくるときにイメージしやすいように大きな鯨の絵を見せる。	手指の操作 想像性 イメージの共有 協力	ムーブメントスカーフ 小パラシュート 大パラシュート
10	あつまろう！ ・テーマソングに合わせて指定された色の線上に並ぶ。 ・ホワイトボードを見て、活動を振り返る。 ・がんばり認定証をもらい、がんばったところや楽しかったことを発表する。 ・友達の発表を聞き、拍手を送る。	・どのような活動をしたか、想起できるようにフィードバックする。 ・言語化が難しい子どもには、ヒントを出す。 ・称賛コメントを加える。	活動の想起 自己評価と気持ちの言語化 自信・成就感 他者へ関心と称賛	がんばり認定証

終　からだ・あたま・こころを育てる

（富山ムーブメント教育・療法学習会「親子で楽しむムーブメント教室」風グループ作成）

ら伸ばすプログラムです（図7、8：251ページ参照）。手裏剣を加えることで、手指の巧緻性や空間意識を高めています。さらに、立てた筒を倒さないように手裏剣を色別に上に乗せ、その間を通り抜けるという、集中力と身体意識を要求される課題に挑戦する機会を設け、自分でコースを選んで難易度を決め、やり遂げた達成感を十分味わえるように構成されています。

最後に、一人ひとり認定証をもらって終わる展開により、他者からも称賛を得られ、自分がやり遂げた内容についての自覚と喜びを強めています。

（4）発達がおおよそ5〜6歳以上期にある子どものプログラム例

例を表5（255ページ参照）に示します。このプログラムは、季節ごとに連続したシリーズで行うもので、今回は「夏」がテーマです。複雑な動きの工夫と実行、思考力、想像力、および他者とのイメージの共有や協力など、総合的に子どもの発達を伸ばします。子どもの夏に関するイメージを広げながら、語いの文字構成やカテゴリー分けにより概念化を図ったり、生き物になりきって動きで表現したり、スカーフを魚に、パラシュートを波に見たてて協力して動かしたりなど、多様な活動を展開していきます。

本プログラムと上記（3）のプログラムでは、最初に集まって活動の流れを確認する活動と、活動終了時に再度集まって、自身が達成できたことを振り返る活動が組み込まれています。子どもが、自分なりに活動の見通しと達成目標を持ち、挑戦し、結果を確認して、称賛を受け、自己効力感を高めるという、好循環を生み出しています。

5　おわりに

子どもの喜びを核に、発達の好循環を生み出すムーブメント活動は、多様な実態の子どもが一緒に活動できるので、インクルーシブ教育・保育の実践に適しており、保育所・幼稚園・認定こども園などでの保育や、小学校の「共同及び交流学習」「体育」などにも取り入れられています。さらに、高齢者向けに応用したプログラムも開発されています。

また、活動にともに携わり、いきいきと活動する子どもの姿を共有することは、保護者や支援者にとっても、子育てや保育の喜びを感じられ、力が湧いてくるものです。障害のある子どもと家族が参加するムーブメント活動のアンケート調査[6]では、活動後に保護者の子どもへの見方がポジティブに変化するとともに、約80％の保護者が「楽しい」「うれしい」などの気持ちを味わい、「明日からがん

---

6) 阿部, 2009.
7) 阿部, 2011.
8) 小林・阿部・日本ムーブメント教育・療法協会, 2023, p.14.

ばろう」と前向きな意識を持てたとする声が聞かれました。また、児童発達支援センターの保育者がムーブメント活動を体験した際の意識変化調査[7]では、保育者の年代や経験年数を問わず、「爽快感」が高まり、「疲労感」「抑うつ感」「不安感」が減少したことが確認されています。

　このように、ムーブメント教育・療法は、子どもだけでなく、保護者や支援者も含めた誰もが喜びを実感できる「人間尊重の理念に基づいた教育・療法」[8]です。

　すべての子どもとそれを取り巻く人々が喜びの力を味わいながら、いきいきと自分の力を伸ばしていくムーブメント活動の実践を拡大していきたいと思います。

引用文献

・阿部美穂子（2009）「親子ムーブメント活動が障害のある子どもの親に及ぼす効果」，『富山大学人間発達科学部紀要』，4(1)，pp.47-59.
・阿部美穂子（2011）「ムーブメント活動による保育士の気分の変化に関する研究」，『富山大学人間発達科学研究実践総合センター紀要』，5. pp.105-111.
・小林芳文（2005）『MEPA-R ムーブメント教育・療法プログラムアセスメント（Movement Education and Therapy Program Assessment- Revised）』，日本文化科学社.
・小林芳文・阿部美穂子・NPO法人日本ムーブメント教育・療法協会（2023）『実践！ムーブメント教育・療法』，クリエイツかもがわ.
・小林芳文・藤村元邦・飯村敦子・新井良保・當島茂登・小林保子・阿部美穂子・大橋さつき・碓田美保（2025）『MEPA-ⅡR 重症児（者）・重度重複障がい児のムーブメント教育・療法プログラムアセスメント（Movement Education and Therapy Program Assessment-Ⅱ Revised）』，萌文書林.
・マリアンヌ・フロスティッグ，小林芳文訳（1970/2007）『フロスティッグのムーブメント教育・療法―理論と実際』，日本文化科学社.

Column⑭　失敗から生まれた多世代交流会　―施設間の交流から、真の地域での多世代交流を目指して―

「あのおばあちゃんにさわってくるだけでいいから行ってきて。」

今にも泣きだしそうな男の子に、引率の先生がこっそりと耳打ちしたことばを聞いてしまったことが、筆者が高齢者と幼稚園の子どもたちの交流会を変えていこうと思ったきっかけでした。

筆者の勤める高齢者施設では、毎年の行事として子どもたちとの交流会を企画しています。交流会は、子どもたちとお年寄りが一列に並び向かい合う対面スタイルで行われます。会はまず、子どもたちの朝の挨拶から始まります。その後、手遊び、お遊戯会で披露した演目などを次々に披露してくれます。交流会の最後を飾る演目は、子どもとお年寄りとの握手です。

先生の号令でステージ上の子どもたちが一斉にお年寄りの元へと駆け寄ります。握手を終えた子どもたちは、ほっとした表情でステージに戻り始めます。そんなとき、筆者はステージから一歩も動けない男の子の姿を見つけました。友達が次々ステージに戻ってくる様子を、その子は先生の陰に隠れながら、不安げな表情でじっと見つめていました。筆者が冒頭のことばを偶然先生から聞いてしまったのは、そのときだったのです。

さわってくるだけでいい、そのことばを聞いた瞬間、その子はステージから一番近くに座っていたおばあちゃんの元へ駆け出し、膝にちょっとだけ触れてステージに帰ってきました。その子も、引率の先生も、ほっとした表情が印象的でした。

「多世代交流会」、筆者はお年寄りと子どもたちとの握手に象徴される「絵になる場面」「感動的な場面」を追い求め、企画を進行させてしまったのではないだろうか、子どもにストレスを与え、引率の先生に感動の場面を強要してしまっていたのではないだろうか、と反省しました。

交流会終了後、幼稚園の先生と話し合う機会を設けました。先生から高齢者施設では行儀よくしなければならない、先生との約束をしっかりと守るように、と何度も子どもたちに言い聞かせていたということがわかりました。そのことばを聞いたとき、筆者は驚きと後悔とともに、施設側は一切そのようなことは考えておらず、むしろ元気いっぱいな普段の子どもたちの様子を見せてほしいことを伝えました。幼稚園の先生からは、普段は元気いっぱいな子どもたちが一様に緊張している姿を見ることが辛かったと話しをしてくれました。幼稚園側、施設側、お互いこうしなければならないというイメージにとらわれていることがわかりました。

これ以降、多世代交流会は劇的に変化しました。定番の手遊び、遊戯の披露をなくし、施設に保管してあるおもちゃで自由に子どもたちに遊んでもらい、楽しい表情、元気な様子を見せてもらうスタイルに方向転換しました。施設のおもちゃを使用してもらうことで、徐々にお年寄りと子どもたちが一緒に遊ぶ場面が増えてきました。お年寄りが子どもたちに遊び方を教えたり、子どもたちから一

緒に遊ぼうと声をかけられたりする場面も多くみられました。笑い声が響くフロアに、泣き出しそうな子どもの姿は見られなくなりました。

　お互いが自然な形で遊ぶ「場」をつくったことで徐々に距離が縮まり、おもちゃを使わなくても話しができる時間が増えていきました。交流会開始早々からおばあちゃんの膝の上に座りお話をする子、自慢の絵を持参し熱心におじいちゃんに説明してくれる子、自由な交流がホール内で展開されます。それぞれバラバラな活動ですが、すてきな時間が流れるようになりました。筆者は、この姿こそが本当の「多世代交流会」なのだと考えました。筆者は、交流とは企画者が意図してコントロールするものではなく、子どもたちとお年寄り、当事者同士がお互いを理解し大切な存在として思いあうこと。そして誰にも強制されず自由にその時間を楽しむことだと考えています。

　「多世代交流会」は、その後も進化を続け、お互いの施設を通年を通して訪問しあうスタイルへと変化しました。保育施設に行った際は、子どもたちが遊戯室までお年寄りをエスコートしてくれます。その様子はベテランのガイドさんのようです。廊下に貼ってある絵のこと、世話をしている金魚のこと、遊戯室で遊ぶ際の約束など、思い思いにお年寄りに話しかけてくれます。お年寄りたちも子どもガイドさんの説明を熱心に聞き、次々に賞賛の声をあげています。大人の足ではすぐに到着してしまう廊下も、子どもガイドさんの手にかかればたちどころに園の名所となってしまいます。そのため、なかなか交流会場の遊戯室には到着しないのですが、幼稚園の先生、施設職員は、そんなすてきな時間を見守ることにしています。これからも「多世代交流会」は、形にとらわれることなく、お互いを大切に思いあう時間、場を尊重し継続していきたいと思っています。

　筆者は、交流会を行うなかで、お年寄りは「聞きたがり」、子どもたちは「話したがり」なのではないかと考えています。この両者の相性はよく、出会いの場をつくることが筆者のいる高齢者施設と保育施設の先生の役割だと思います。そして子どもとお年寄りが仲良くなる前に、保育施設と高齢者施設の職員同士が仲良くなることも大切だと筆者は考えています。このコラムを読む皆さんには、子どもの専門家として意見を高齢者施設側にアドバイスしてほしいと思っています。お互いの専門分野を共有することで、あっと驚くような化学反応が生まれるでしょう。コラムを読み、興味を持ってくれる皆さんが、お年寄りと子どもたちとの本当の意味での交流に興味を持ち、活動を継続することで、いつの日か施設のなかでの交流を超えて、子どもとお年寄りが住む地域のなかでも自然に交流する場面がみられるようになる日を、筆者は待ち望んでいます。

Column⑮　特別支援学校に通学する児童の放課後の居場所について

　　子どもは、特別支援学校小学部に進学すると、放課後の居場所が課題となります。

　　放課後児童の居場所としては、健全育成を趣旨とする「放課後児童クラブ」があります。その運営上の「ガイドラインについて」を見ましょう[1]。そこでは、「1．対象児童」の項目で、「保護者が労働等により昼間家庭にいない小学校1～3年の就学児童。その他健全育成上指導を要する児童（特別支援学校の小学部及び小学校4年生以上）」を対象とするとあります[1]。また「5．職員体制」の項目では、「放課後児童指導員を配置すること」とし、その「放課後児童指導員は、児童福祉施設最低基準第38条に規定する児童の遊びを指導する者の資格を有する者が望ましい」とあります。他方、特別支援教育を受ける子どものために、2012（平成24）年に「放課後等デイサービス」が法制化されています。これは、児童福祉法第6条の2の2第3項で規定されている、児童福祉事業です。

　　松山によると、放課後等デイサービス事業と特別支援学校との連携や法制化にいたる経緯について次のように紹介されています[2]。「2012（平成24）年に創設された放課後等デイサービスの事業所が急増している。障害のある子供が、放課後等デイサービスを学校終了後から家庭に帰るまでの居場所として利用している状況がある」。また、「放課後等デイサービスは、…（中略）…子供の活動の場が家庭から学校への広がりを保障されたあと、放課後を過ごす場所を保障するものとなっている。しかし、…（中略）…同年代の健常児との交流、居住する地域で遊ぶこと、地域社会とのつながりが強くなったとは言えないため、地域生活支援についての議論が必要である（牛木・定行,2020）と主張されている。」

　　以上の指摘に対し、こども家庭庁では「放課後等デイサービスガイドライン」[3]の「役割」のなかで、「全てのこどもが共に成長できるよう、学校、特別支援学校、専修学校等（以下「学校等」という。）と連携を図りながら、小学生の年齢においては放課後児童クラブ等との併行利用や移行に向けた支援を行うとともに、学齢期全般において地域の一員としての役割の発揮や地域の社会活動への参加・交流を行うことができるよう支援（移行支援）を行うことも求められる」と、障害を持つ子どもとともに放課後児童クラブとの併行利用も求めています。しかし保育所等では、特別支援員の加配などがなされているのに対し、放課後児童クラブの職員は、児童厚生施設の職員に相当すると考えられており、マンパワーとして十分に支援がなされるのか疑問です。

　　今後は、放課後においても「全てのこどもが共に」過ごせる居場所としての機能を果たせるように、専門職性のある職員の配置をすべきでしょう。

---

1) 厚生労働省雇用均等・児童家庭局長, 2007.
2) 松山, 2021, p.13.
3) こども家庭庁, 2024.

参考文献

- こども家庭庁（2024）「放課後等デイサービスガイドライン」．https://www.cfa.go.jp/policies/shougaijishien/shisaku　2024年9月28日閲覧
- 厚生労働省雇用均等・児童家庭局長（2007）「放課後児童クラブガイドラインについて（平成19年10月19日通知）」．https://www8.cao.go.jp/kisei-kaikaku/minutes/wg/2007/1108/item_071108_03.pdf　2024年9月28日閲覧
- 松山郁夫（2021）「知的障害特別支援学校小学部教員における放課後等デイサービスへの見方」，『九州生活福祉支援研究会研究論文集』，第15巻第1号，pp.13-22.

監修者・著者紹介

● 【監修・著】

小林　芳文（こばやし・よしふみ）　　　　　　　　　　　　★第1章, Column ③
　　横浜国立大学名誉教授 / 和光大学名誉教授

● 【著者代表】

武藤　篤訓（むとう・あつのり）　　　　　　　　　　　　　★第2章, Column ④
　　合同会社レーベン大泉教室児童指導員 / くしろせんもん学校非常勤講師

● 【著者（本書執筆順）】

滝澤　真毅（たきざわ・まさき）　　　　　　　　　　　　　★序　章
　　帯広大谷短期大学社会福祉科教授

袴田　優子（はかまた・ゆうこ）　　　　　　　　　　　　　★第1章
　　鎌倉女子大学非常勤講師

小林　保子（こばやし・やすこ）　　　　　　　　　　　　　★第3章
　　元鎌倉女子大学教授

庄司　亮子（しょうじ・さやこ）　　　　　　　　　　　　　★第3章
　　鎌倉女子大学児童学部講師

石渡健太郎（いしわた・けんたろう）　　　　　　　　　　　★第4章
　　東京光の家理事長

池田　法子（いけだ・のりこ）　　　　　　　　　　　　　　★第5章
　　足利短期大学こども学科講師

玉置　佑介（たまおき・ゆうすけ）　　　　　　　　　　　　★第6章
　　明星大学教育学部特任准教授

赤松　広美（あかまつ・ひろみ）　　　　　　　　　　　　　★第7章
　　フェリシアこども短期大学国際こども学科准教授

林　　恵（はやし・めぐみ）　　　　　★第8章, 11章1節, 4節, 5節, Column ①
　　作新学院大学経営学部准教授

久保山茂樹（くぼやま・しげき）　　　　　　　　　　　　　★第9章
　　国立特別支援教育総合研究所上席総括研究員インクルーシブ教育システム推進センター長

野田　敦史（のだ・あつし）　　　　　　　　　　　　　　　★第10章
　　高崎健康福祉大学人間発達学部准教授

今西　良輔（いまにし・りょうすけ）──────────────── ★第11章2節，3節
　　日本医療大学総合福祉学部准教授

古橋真紀子（ふるはし・まきこ）──────────────────── ★第12章
　　東京成徳短期大学幼児教育科准教授

井上　宏子（いのうえ・ひろこ）──────────────────── ★第13章
　　明星大学教育学部特任教授

山下　晶子（やました・あきこ）──────────────────── ★第14章
　　フェリシアこども短期大学国際こども学科教授

工藤ゆかり（くどう・ゆかり）────────────── ★第15章，Column ⑬
　　北翔大学教育文化学部准教授

阿部美穂子（あべ・みほこ）──────────────────────── ★終　章
　　山梨県立大学看護学部教授

● 【著者（コラム執筆順）】

伊深　博喜（いぶか・ひろき）──────────────────── ★Column ②
　　地域活動ホームガッツ・びーと西職員

福本　光夫（ふくもと・みつお）──────────────────── ★Column ⑤
　　認定こども園西那須野幼稚園・児童発達支援センターシャローム理事長

菊地美由紀（きくち・みゆき）──────────────── ★Column ⑥，⑦
　　東京光の家・光の家栄光園職員（社会福祉士）

北構　和代（きたがまえ・かずよ）─────────────────── ★Column ⑧
　　昭和どんぐりの家保育園園長

瀬戸　朝子（せと・あさこ）──────────────────────── ★Column ⑨
　　帝京平成大学人文社会学部講師

川崎　晶子（かわさき・あきこ）──────────────────── ★Column ⑩
　　くしろせんもん学校講師

塙　　榮子（はなわ・えいこ）──────────────────── ★Column ⑪
　　認定こども園ぽぷら園長

松下亜弥子（まつした・あやこ）──────────────────── ★Column ⑫
　　障がい当事者の保護者

桂　　裕二（かつら・ゆうじ）──────────────────── ★Column ⑭
　　特別養護老人ホーム鶴の園職員

松川　秀夫（まつかわ・ひでお）──────────────────── ★Column ⑮
　　明星大学教育学部教授

装幀：	大路浩実	
イラストレーター：	西田ヒロコ	
イラスト協力（13章）：	江藤愛（日野市立第二幼稚園園長）	
レイアウト・DTP制作：	有限会社ゲイザー	

保育者・教育者になる人のための特別支援教育
―当事者の声を聴く―

2025年2月26日　初版第1刷発行

監 修 者	小林　芳文
著者代表	武藤　篤訓
発 行 者	服部　直人
発 行 所	㈱萌文書林

〒113-0021　東京都文京区本駒込 6-15-11
TEL 03-3943-0576　FAX 03-3943-0567
https://www.houbun.com
info@houbun.com

印刷・製本　シナノ印刷株式会社　　　　　　　　　　〈検印省略〉

© 2025　Yoshifumi Kobayashi, Atunori Muto.　Printed in Japan　ISBN 978-4-89347-435-3　C3037

●落丁・乱丁本は弊社までお送りください。送料弊社負担でお取り替えいたします。
●本書の内容を一部または全部を無断で複写・複製、転記・転載することは、法律で認められた場合を除き、著作者および出版社の権利の侵害となります。本書からの複写・複製、転記・転載をご希望の場合、あらかじめ弊社あてに許諾をお求めください。